REMOTE VIEWING - DAS LEHRBUCH

Technik der Fernwahrnehmung
Der direkte Weg in die Matrix

Teil 2

REMOTE VIEWING - DAS LEHRBUCH

Technik der Fernwahrnehmung
Der direkte Weg in die Matrix

Teil 2: Stufe 4+5

Manfred Jelinski
Remote Viewing – das Lehrbuch
Teil 2

3. Überarbeitete Auflage 2012

Titelseite:
Gestaltung: Indigo Kid und Bacherdesign
Titelfoto: Indigo Kid

Layout: Indigo Kid

Printed in EU
ISBN: 978-3-933305-12-1

Ahead and Amazing Verlag, Jelinski GbR,
Magnussenstr. 8, 25872 Ostenfeld
www.aheadandamazing.de
www.rv-akademie.de

Das Geheimnis von Remote Viewing ist, keine Erwartungen zu haben, und trotzdem interessiert zu sein. Im Prinzip die Quadratur des Kreises.

Disclaimer

Dieses Buch ist eine Darstellung der Technik des Remote Viewing und wie man mit dieser Methode umgehen kann.

Der Autor ist nicht verantwortlich für die Wahl Ihrer Targets und die Inhalte Ihrer Sessions.
In diesem Rahmen kann es nur den Versuch einer Hilfestellung geben mit Tipps, wie Sie mit den geviewten Informationen umgehen können.

Für Gisela Müller.

Dank an alle, die mich unterstützt haben, besonders: Monika, Martina, Kathy, Simone, Ute, Dirk und Dirk, Frank und Frank, Günter, Michael, Volker und natürlich Tina.

Deutsche Bücher und Videos über Remote Viewing bei AAA:

Geheimnisse des Remote Viewing, Frank Köstler, AAA, 2002, 224 S.
Verdeckte Ziele, Frank Köstler, AAA, 2003, 220 S.
Der verborgene Plan, Frank Köstler, AAA, 2006, 350 S.
Alltägliche Wunder, Frank Köstler, AAA, 2010, 350 S.
Tanz der Dimensionen, Manfred Jelinski, Kopp-Verlag, 2000, 400 S.
AAA, Überarbeitung 2008, 420 S.
Remote Viewing – das Lehrbuch Teil 1, AAA, 2001/12, 220 S.
Remote Viewing – das Lehrbuch Teil 2, AAA, 2003/08/12, 210 S.
Remote Viewing – das Lehrbuch Teil 3, AAA, 2004/12, 230 S.
Remote Viewing – das Lehrbuch Teil 4, AAA, 2007/12, 290 S.
Schritte in die Zukunft, Manfred Jelinski, AAA, 2002, 220 S.
Schatzsucher der Matrix, Guido Schmidt, AAA, 2004, 200 S.
Die Bar am Ende des Universums, 1. Anflug 2003, AAA, 220 S.
Die Bar am Ende des Universums, 2. Anflug 2007, AAA, 270 S.
Die Bar am Ende des Universums, 3. Anflug 2011, AAA, 240 S.
Sportwetten mit Remote Viewing, AAA, 2009, 170 S.
Das Ende aller Geheimnisse, Video, AAA, 1997, ca. 80 min.
Erkenntnisse aus dem Unsichtbaren, Video, AAA, 1998, ca.150 min.

REMOTE VIEWING – DAS LEHRBUCH
Technik des Hellsehens
Teil 2: Stufe 4-5

Inhalt:

Vorwort zum zweiten Teil des Remote Viewing Lehrbuches

Wenn dieses Buch fertig auf dem Tisch liegt, ist seit der Fertigstellung des ersten Bandes viel Zeit vergangen. Für mich sind es fast zwei Jahre. Für die meisten Leser wird diese Feststellung unbedeutend erscheinen. Vielleicht haben sie den ersten Band gerade vor einem Monat gekauft und jetzt den zweiten Band entdeckt, oder aber sie haben nun gleich beide Bücher „im Paket" eingekauft.

Dennoch ist mir diese Feststellung wichtig. In diesen zwei Jahren hat sich nämlich in Sachen Remote Viewing fast unglaublich viel bewegt, jedenfalls vom Standpunkt des Jahres 1995 aus gesehen, als diese Technik der Informationsgewinnung zum ersten Mal in Deutschland vorgestellt wurde, nachdem sie gerade durch den „freedom-of-information-act" in den USA aus der Geheimhaltung „entkommen" war.

Viele verantwortungsbewusste Menschen begrüßen das mit Nachdruck, sie behaupten, diese Technik wäre für alle da, sie dürfe nicht als geheime Verschlusssache nur wenigen vorbehalten bleiben. Und richtig: Remote Viewing hat sich enorm verbreitet, eine ganze Szene hat sich gebildet, unzählige Internetpräsenzen zeugen von weitverbreiteter, intensiver Beschäftigung damit. Aber damit ist auch ein für diese Menschenwelt geradezu typischer Effekt aufgetreten: Fast jeder dieser öffentlich präsenten Remote Viewer bietet „seine" eigene Methode an. In Amerika kann man diese sogar rechtlich schützen lassen.

Ist damit Remote Viewing wieder in den Fängen einiger Weniger? War es doch vorher schon durch den zu zahlenden Preis eines persönlichen Trainings elitär genug.

Zum Glück: nein! Remote Viewing bringt prinzipiell die Erkenntnis, dass jeder Mensch übersinnliche Fähigkeiten hat und sie auch nutzen kann. Die einzelnen hier verwendeten Techniken gibt es schon seit ewigen Zeiten. Das Geheimnis von Remote Viewing ist, warum diese Techniken funktionieren und wie man sie miteinander kombinieren muss, damit sie den optimalen Effekt geben.

Diese Umstände lassen sich nicht patentrechtlich schützen.

Das wäre genau so, als könnte man sich den elektrischen Strom schützen lassen, nur, weil man seine Funktionsweise erklären kann. Aber man kann sich einzelne, spezielle Geräte schützen lassen. In dieser Form sind einige Remote Viewer auf der ganzen Welt auch vorgegangen, sie haben sich ihr ganz spezielles Design als „Trademark“ eintragen lassen. Das macht aber gar nichts. Wenn Sie Remote Viewing wirklich begriffen haben, können Sie sich ihr eigenes Protokoll basteln.

Dieses übergreifende Verständnis dem Leser nahezubringen ist Ziel dieses Buches. Das sogenannte Ur-Protokoll des Coordinate Remote Viewing ist ohnehin Allgemeingut, wie wir uns erinnern: Es wurde an wissenschaftlichen Instituten mit Staatsgeldern entwickelt und aus der Geheimhaltung entlassen. „For all mankind“ sozusagen, für jeden verfügbar. Über den Tellerrand der persönlichen Rangeleien ist aber auch von einem gewissen Unterhaltungswert, (ich würde sogar das Wort „putzig“ gebrauchen) welche akrobatischen Details die einzelnen „Erfinder“ angewandt haben, um „ihre“ Methode vorzulegen.

Über diese „Kreativität“ muss mindestens informiert werden, schon damit Sie sich nicht das Gleiche ausdenken. Aber wie gesagt, das Remote Viewing-Protokoll ist ein weites Feld. Zum Glück wird es wohl absehbar nie möglich sein, sich eine Form der aktuellen Wetterermittlung schützen zu lassen, in der es zentraler Bestandteil ist, die Hand aus dem Fenster zu halten.

Ein weiteres Thema, das ich in diesem Vorwort ansprechen möchte, ist das Selbststudium von Remote Viewing mittels dieses oder eines vielleicht später von jemand anderem erscheinenden Lehrbuches oder Fernlehrkurses. Ich bin Anhänger einer grundsätzlich ehrlichen Geschäftshaltung. Aus diesem Grund muss ich mit der Ansicht aufräumen, selbst und allein irgendwo in seinem Zimmer Remote Viewing zu lernen, wenn man nur die richtigen Unterlagen besitzt, sei ein Kinderspiel. Das ist es beileibe nicht! Fragen Sie diejenigen, die es versucht haben. Es ist die Härte. (Obwohl es geht, wohlgemerkt!)

„Es gibt nicht Unterschiedlicheres als Menschen“, versuche ich diesen Umstand immer begreiflich zu machen. Ein Lehrbuch oder ein Fernkurs können nur die grundsätzlichen Kenntnisse vermitteln, die persönliche Vorgehensweise ist nur nach Kenntnis der eigenen Befindlichkeit des Interessierten zu beraten. Eine sofortige persönliche Interaktion mit einem Trainer schafft in sekundenschnelle Irrtümer aus der Welt, die sonst vielleicht zur Aufgabe des Projektes „Selbststudium“ führen können. Frank Köstler hat darüber ein Buch geschrieben. In „Geheimnisse des Remote Viewing“ erzählt er von seinem eigenen, dornenreichen Weg und gibt Tipps und Hilfen für diejenigen, die immer noch nicht abgeschreckt sind. Ansonsten ist sein Buch aber auch sehr unterhaltend und auf jeden Fall lesenswert. Ich bin ihm sehr dankbar für die Mühe, die er aufgewendet hat.

Wenn Sie also großes Interesse an Remote Viewing haben, versuchen Sie, sich ein persönliches Training zu leisten. Es spart viel Zeit, Frustration und letztlich auch Geld, obwohl ein Kurs „teuer“ erscheinen mag. Es gibt ja zurzeit schon einige Anbieter, auch solche, die ich nicht kenne. Achten Sie aber auf jeden Fall darauf, dass Ihnen nicht nur eine, spezielle, nicht allgemein erklärbare Methode angeboten wird. Ein übergreifender Bezug sollte angegeben, eine Einordnung aufgestellt werden. Schmalspurige Spezialmethoden hinterlassen die Absolventen in die Frustration. (Das ist meine Meinung, siehe oben.) Auch wenn Seminare angeboten werden, in denen zehn oder mehr Interessenten teilnehmen können, sollte man Zurückhaltung bewahren und sich nach genaueren Konditionen erkundigen. Billig allein ist kein Argument. Der optimale Umfang eines Trainings ist und bleibt drei Personen: zwei Viewer, ein Trainer. Kommen mehr Interessenten zusammen, benötigt man mehr Trainer. Oder Co-Trainer. Sonst kommen die Viewer zu kurz, und dafür ist weniger Geld oft doch zu viel.

Und noch eins: Sollten Sie Remote Viewing gelernt haben, werden Sie feststellen, dass es am meisten Spaß macht und auch die besten Ergebnisse bringt, wenn man es in einem nicht zu kleinen Kreis gleich Gesinnter betreibt. Ein viewendes (Ehe-)Paar ist schon sehr schön und heimelig, richtig gut ist aber erst eine Gruppe! Suchen Sie sich Anschluss! Sie müssen ja keinen Swinger-Club aufmachen. Aber erst in einer Gruppe lassen sich viele Projekte einigermaßen zeitlich überschaubar durchführen. Die soziale Interaktion in solchen Gruppen wurde von den Teilnehmern bisher durchweg als sehr anregend und positiv motivierend empfunden.

Anlässlich des dritten Treffens unabhängiger deutscher Remote Viewer haben die Anwesenden beschlossen, für alle, die es interessiert, ein Internetportal zu schaffen, in dem sich jeder beteiligen kann und das nur auf der Basis dieses allgemeinen freiwilligen Engagements funktionieren soll. Vielleicht schauen Sie mal nach, ob diese recht „anarchistische" Idee bis zu dem Moment, da Sie dieses Buch in die Hand bekommen, überlebt hat: www.remoteviewing.info. Ich hoffe doch sehr, obwohl hier Eigenverantwortlichkeit und Zivilcourage von jedem Beteiligten gefordert werden, was erwiesenermaßen sehr unbequem ist... für jeden.

Aber schon der Umstand, dass diese Seite überhaupt ins Leben gerufen wurde, zeigt, welche eingangs erwähnte Entwicklung auch in Deutschland stattgefunden hat. Remote Viewing hat viele begeisterte Anwender gefunden und ich bekomme täglich die aufregendsten Mails über spannende Erlebnisse, ein Umstand, den ich mir vor Jahren nicht vorstellen konnte. 1997 gab es ein TRV-Projekt: „der Durchbruch von Remote Viewing in Deutschland". Das Ergebnis war, dass eine schreckliche Wüste, furchtbare Erlebnisse und eine große Mauer vor uns liegen würden. Viele würden daran scheitern.

Jetzt, wo sich das Jahr 2002 dem Ende zuneigt, wird mir von vielen Seiten die Meinung zugetragen, dass diese Phase offenbar hinter uns liegt. Die allgemeine Akzeptanz von PSI-Fähigkeiten eines jeden Menschen und Methoden, diese zu entwickeln, hat sich stark ausgebreitet.

Es gibt inzwischen deutsche Autoren zu diesem Thema, und, noch besser: Sie haben nach meinem Überblick die international fundierteren Informationen. Aber das können Sie selbst nachprüfen. Denn die deutschen Remote Viewer bieten Ihnen auf den schon erwähnten Internetseiten eine Link-Liste, mittels derer Sie sich weltweit zum Thema einloggen können. Schade, dass es in anderen Ländern nicht so weltoffen zugeht.

Dieses Vorwort abschließend, kann ich Ihnen nur versichern, dass ich persönlich mich bemühen werde, die verschiedensten

Stimmen aus dem Kreis der praktizierenden Remote Viewer dem deutschen Interessenten in Form von Druck- und Filmmaterial zugänglich zu machen. Außerdem hoffe ich natürlich auch, dass mein Versuch einer allgemeinen Einführung in die Techniken, die heute unter dem Oberbegriff **Remote Viewing** angesiedelt sind, ihnen nicht nur Information, Spaß und Unterhaltung, sondern auch Ansätze für eine grundsätzliche Neuorientierung in der Einschätzung der menschlichen Wahrnehmung bietet, und dass Sie diese Erkenntnisse nutzen und weiter entwickeln können.

Manfred Jelinski, Berlin, Dezember 2002

Ach, du liebe Matrix! Sind das schon wieder fünf Jahre? Inzwischen ist der vierte Teil dieses Lehrbuchs fertig geworden. Und so einige andere Bücher. Dabei hat sich eines ganz besonders herausgestellt: wer sich nicht bemüht, kriegt nichts. Solange aber jemand das Protokoll ordentlich abgearbeitet hatte, war er „on target“. Sobald sie oder er anfing, Leistungsdruck zu empfinden, wurde es sehr, sehr problematisch. In diesem Sinne hat sich am Wahrheitsgehalt des Leitspruches nichts geändert.

Manfred Jelinski, Nordfriesland, Dezember 2007

Und noch einmal fünf Jahre! Viele Projekte sind bearbeitet worden, viele Interessenten haben eine Ausbildung gemacht. Und noch viel mehr haben das Buch gekauft und es steht jetzt in ihrem Schrank. Dass die Methode einmal vergessen werden könnte, ist damit völlig vom Tisch. Und noch immer ist mir niemand begegnet, der „es“ nicht konnte. Allerdings gibt es jetzt ein anderes Phänomen, das man von anderen Gehirntechniken, die auch funktionieren, schon kennt, weil sie früher eingeführt wurden. Inzwischen werden mediale Vorgehensweisen, die nichts mit Remote Viewing zu tun haben und auch kontraproduktiv arbeiten, mit der Methode vermischt. Damit sinkt natürlich die Qualität der Ergebnisse.
Aber auch ich habe eine Änderung: Im Laufe der Zeit ist mir eine bessere Übersetzung von zwei Überschriften in der Stufe 5 eingefallen. Also habe ich sie für diese Auflage geändert.

Manfred Jelinski, Nordfriesland, Oktober 2012

Zu diesem Buch

Sie halten nun den zweiten Teil eines Remote Viewing-Lehrbuches in Ihren Händen, eines Versuches, diese PSI-Technik in einem Druckwerk vorzustellen, obwohl viele Kenner der Materie früher und auch heute noch überzeugt waren und sind, das sei letztlich doch nicht möglich. Ich gehöre auch dazu.

Dennoch kann solch ein „unmöglich“ nicht der letzte Schluss bleiben, es wäre, als würde man das Prinzip der Natur verraten, die nur dadurch, dass sie ALLES versucht, auch EINIGES möglich macht. Zum Beispiel das Leben auf diesem Planeten.

So habe ich den ersten Teil geschrieben und siehe, es fanden sich Leute, die sich mithilfe dieses Buches soweit in die Materie hineinarbeiten konnten, dass sie mit der Methode umgehen und Erfolge zu erzielen vermochten. Nun denn, versuchen wir es, weiter voran! Und die Arbeit an diesem Teil hat mir auch die Befriedigung gegeben, die Erkenntnisse der letzten Jahre weitergeben zu können und damit zu verhindern, dass diese Technik wieder in der Geheimhaltung; in den Verfügungsbereich Weniger oder mindestens in Unkenntnis versinkt.

Wie schon mehrfach angesprochen, gehen wir hier mit Menschen um, und schon deren Unterschiedlichkeit macht es schwierig, eine einheitliche Lernstrategie zu entwickeln. Hinzu kommt, dass jedes angepeilte Zielgebiet seine vielfältigen Eigenarten hat und jeder Sessionverlauf eigen, ungewöhnlich und mit überraschenden Wendungen versehen sein kann. Gut, das macht es ja so spannend, führt zu vielen Abenteuern.

Es führt aber auch dazu, dass man nur in begrenztem Umfang klare Handlungsanweisungen geben kann. Ich habe die Bereiche, die sich mit dem Ablaufplan des Protokolles bzw. der Protokolle beschäftigen, in der Form „erst machen Sie dies, dann jenes und dann kommt der nächste Schritt“ dargestellt.

Alle weiteren Texte und Kapitel sind Darstellungen und Erörterungen von Schwierigkeiten und Möglichkeiten in einem Sessionablauf. Durch eigene Praxis werden Sie sicher die angeführten Beispiele ergänzen können, auf jeden Fall aber werden Sie im Laufe der Anwendungen Gefühl und Wissen im Umgang mit der

Methode und mit Menschen entwickeln, das Sie auch nicht mehr so einfach weitergeben können, Sie aber immer sicherer macht. Praxis ist der beste Lehrmeister, wenn Sie die auch immer wieder angesprochene Vorsicht walten lassen.

Ich habe versucht, den zu behandelnden Stoff zu strukturieren und mit richtungsweisenden Überschriften zu versehen. Alles in diesem Universum ist aber miteinander verzahnt, wie im richtigen Leben. Und so ist man auch nie mit einem Kapitel fertig, selbst wenn man es zu Ende gelesen hat. Vielleicht gibt es ein Ergänzungsbuch, vielleicht werden gerade Sie es schreiben. Sicher aber ist, wenn Sie sich ernsthaft mit dieser Methode beschäftigen, werden Sie dieses Buch (er-)leben. Meine besten Wünsche für diesen Weg.

1. Kapitel: Die deskriptive Phase - eine Revision

„Was wir bisher gemacht haben, ist nicht Remote Viewing!" Manchmal erlaube ich mir, ein Training des Blockes 2 mit diesem provokanten Satz zu beginnen. Naturgemäß ist eine Verdüsterung der Gesichter der Anwesenden die Folge. Aber - hatten sie es sich nicht schon gedacht? Und Sie? Weshalb wollten Sie Remote Viewing lernen? Um Postkarten in verschlossenen Umschlägen zu raten? Das ist zwar irgendwie ganz erstaunlich, würde man heute sagen, kann aber nicht das Ziel dieses ganzen Einsatzes und all der Mühen, die wir auf uns genommen haben, sein.

„Wenn Ihr wissen wollt, was in dem Umschlag ist, dann macht ihn auf und schaut rein!" wird Ingo Swann, der Entdecker und Entwickler des ersten modernen Remote Viewing Protokolls, zitiert. Recht hat er. Und das haben wir doch auch schon geahnt, oder?

Mindestens bis zu dem Zeitpunkt, bei dem wir Einzelheiten einer Szenerie beschrieben haben, die auf der Target-Postkarte auch mit der Lupe nicht zu entdecken waren. Sie erinnern sich plötzlich? Ja?

War da nicht die bombastische Aufnahme des ehernen Gebirgsmassivs, und Sie beschrieben einen kleinen Laden mit buntem Tinnef? Ach ja, der Andenkenstand, den der Fotograf pietätvoll außen vor gelassen hatte ... Die Berge tauchten dann auch auf, irgendwie, irgendwo. Aber das Wichtige war dieser Stand, da war sich der Viewer sicher. Hm, na gut, nächste Session.

Sie hatten da ihrem Partner ein Foto aus dem letzten Urlaub in den Umschlag getan. Das schöne Ferienhaus, nicht weit vom Strand entfernt. Und was erzählte dieser „Blinde"? Schwimmende Behälter mit komischen Dingen, „mit denen man untertauchen kann. AUL: Wellenreiten." Gut, zugegeben, in dem Haus hatte man wenig Zeit verbracht, hatte dort quasi nur geschlafen. Und nach einer Bewegungsübung kam das Haus dann auch, unwillig zwar, aber es kam. Naja.

Oder wie war das, als man dieses tolle Van-Gogh-Bild ausgewählt hatte, dieses schöne, ruhige Kornfeld mit den Zypressen? Der Viewer erzählte sofort von einem Lebewesen, einem Menschen bestimmt, schräge Person, sehr eigenwillig. Echt wildes Leben ... Aha.

Mit etwas Überblick stimmte ja alles. Der Andenkenstand, die Surf- und Tauchkurse, der wilde Maler. Aber es war nicht auf der Postkarte gewesen. Außer einer Grundsatzdiskussion der Zentrierung beim Viewen sollten diese Vorgänge doch mindestens die Erkenntnis ausgelöst haben, der Viewer war jedesmal in der Lage, auch das Umfeld der Abbildung zu beschreiben.

So ärgerlich das Auftreten dieses Umstandes beim Verifizieren von Targets im Training ist, als Schlussfolgerung bleibt doch, dass Remote Viewing weitaus mehr kann, als man verlangt hat, eigentlich ... ja, alles. Fragt sich nur, wie. Das werden wir besprechen.

Mit dieser Erkenntnis werden die Stufen 1-3 aber nicht obsolet, ganz im Gegenteil. Wir müssen jetzt nur beginnen, ihre Bedeutung zurechtzurücken. Wir benötigen sie weiterhin, um uns den Informationsfeldern der Matrix zu nähern.

Ohne eine gute Durchführung des Session-Einstiegs werden wir im weiteren Ablauf die größten Schwierigkeiten haben, zum Ziel unserer Wünsche vorzudringen.

Die beste Formulierung, die mir bis jetzt eingefallen ist, um den Stellenwert von Remote Viewing zu beschreiben, ist, dass Remote Viewing eine Art „Hellsehen mit Navigation“ darstellt. In den Berichten über „hellseherische Sitzungen“ und „Ein- oder Durchgaben von überirdischen Wesen“ fällt auf, dass der „Viewer“ hilflos einem Datenstrom ausgeliefert ist, der ihm sozusagen „eingegossen“ wird. Dabei richtet sich bei näherer Betrachtung jede seiner Aktivitäten (und das gilt auch schon für die Einleitung solch einer „Session“ überhaupt) nach den eigenen Interessen bzw. Ängsten und Befürchtungen, aber auch Vorlieben des „Hellsichtigen“. Eine Wahrsagerin, die von ihrer Tätigkeit lebt, wird kaum objektiv und/oder erschöpfend die Nebel der Zukunft aufklären. Ein „Abgesandter der himmlischen Armeen“ hat in erster Linie, gutwillig unterstellt, die spirituelle Besserung der Menschen im Auge, vielleicht sogar mit ganz praktischen Absichten für unser Überleben auf diesem Planeten.

Diese selektive Grundhaltung und auch der Umstand, dass solch ein „Viewer“ über die vorherige Kenntnis des Targets verfügt, machen prinzipiell jede Art von ungefärbter Informationswiedergabe annähernd unmöglich. Die Anzahl nicht eingetroffener Prophezeiungen ist Legion, und die Nennung eines Datums für Ereignisse eigentlich eine unverantwortliche Panikmache. Am 12. Januar 2003 hörte ich von einer solchen „Durchgabe“, die besagte, dass die Amerikaner am 26. Januar 2003 erfolgreich in den Irak einmarschieren würden.

Unsere eigene Timeline für dieses Ereignis war ungenau, etwa gegen Mitte bis Ende März hatten wir dieses Ereignis eingeordnet, und alles deutete darauf hin, dass der Ablauf höchstens am Anfang den Eindruck „unproblematisch, reibungslos“ rechtfertigen würde.

Die unbeeinflusste Abarbeitung von Targets und die Steuerung des Viewer hin zu den wirklich wichtigen Informationen, also eben die „Navigation“, ist genau das, was die Remote Viewing Methode für sich beansprucht und worauf sich Angaben gründen, die als Projektergebnisse bekannt gemacht werden.

Für diese „Navigation“ auf dem Meer der Informationen eignen sie sich aber die Stufen 1-3 des CRV-Protokolls und demgemäß auch alle vergleichbaren Einführungen anderer Vorgehensweisen, nur sehr bedingt.

Gewiss kann man durch eine sehr ausladende Bearbeitung der drei ersten Stufen schon Erhebliches an Aussagen über das Target zusammentragen. Und wer sich aufgrund der „daneben gelegenen“ Sessions schon gedacht hat, Remote Viewing sei mehr als „Postkartenkucken“, stürzte sich vielleicht mit diesen einfachen Werkzeugen in die diffizilsten Aufgabenstellungen.

Ich habe gehört und gelesen, dass Leute, die mit dem ersten Teil des Lehrbuches trainierten, schon soviel herausfanden, dass sie nicht nur das Target für ausreichend beschrieben hielten, sondern auch schon soviel Randinformationen ermittelten, dass sie meinten, mit diesem Ablauf und vielleicht zwei, drei Bewegungsübungen alle benötigten Antworten liefern zu können und damit die Möglichkeiten von Remote Viewing erschöpft hätten.

Sicher stellen wir oft fest, dass bereits in der Stufe eins ein so klarer Targetkontakt hergestellt wird, dass der Viewer bereits beginnt, längere Beschreibungen loszulassen oder kleine Zeichnungen anzufertigen, meist von Details, die er durch den Ideogrammpart repräsentiert sieht.

Ich verhindere dies auch in einem persönlichen Training nicht. Wir haben aber nur etwa eine Stunde Zeit, uns in der „Zone" aufzuhalten, ohne dass es zu allzu starken Dissonanzen mit dem „wegbeschäftigten" Wach-bewusstsein kommt. Diese Zeit können wir zu Beginn eines RV-Trainings vollständig zum Üben des Einstiegs nutzen. Wir können 20 Minuten für die Stufe eins hingeben, uns in jedem Ideogramm räkeln und suhlen, Eindrücken an bunter Aufreihung seitenlang nachspüren und dann auch die Schlussfolgerungen mit Eindrücken ergänzen, für was wir diesen Bereich **nicht** halten.

Wenn ein Viewer in solch einem Fall sagt: „Also, es ist still, da ist **keine** Bewegung, vielleicht auch **keine** Energie. Es fühlt sich **nicht** ganz tot an, da könnte durchaus noch mehr sein, aber es liegt so da und ist ruhig und ziemlich groß. Wie ein Stück Land." Und dann schreibt er sein „B" hin. Das ist für ein Training völlig in Ordnung.

Es ist sehr wohl ein schönes Stück Übung. Der Viewer vertieft nicht nur die Fähigkeit des In-sich-hinein-Lauschens, sondern gewinnt auch Praxis im Umgang mit AULs. Denn so sehr hier eine Flut von einfachen und richtigen Eindrücken induziert werden kann, so schnell kann man sich eine Erklärungs-Offensive des Wachbewusstseins einhandeln, wenn es allzu lange dauert, bis wieder etwas anderes passiert. In diesem Fall kann der Viewer auch gleich ausladend üben, diese AULs wegzubekommen, was ja auch eine Variante im Navigationsspiel darstellt. Das ist unter Umständen eine echte Fleißarbeit, zumal wenn ein Viewer in diesem Stadium noch nicht mit den Werkzeugen der Stufe 5 vertraut ist, die recht schnell helfen würden.

Auch jede Art von kleinen Skizzen können wir im Training der Stufe 1 zulassen. Wir müssen nur darauf achten, dass sie nicht zu detailliert ausfallen. Solche Zeichnungen sind durchaus geeignet, den Viewer weiter in den Zustand zu bringen, der von den Amerikanern mit „Zone“ beschrieben wurde, jene interessierte, aber auch gleichzeitig gleichgültige Art von Aufmerksamkeit, eine innere Haltung, die man relativ schnell als die besondere Stimmungslage in einer Session entwickelt. Nur könnten die Skizzen in einen Sog hinein in Informationsfelder führen, die für das Target völlig unbedeutend sind. Es braucht dann oft einigen Aufwand, den Viewer wieder „zurückzulotsen“. Er verbeißt sich in Details, die er megainteressant findet, während der Monitor genervt auf die Uhr schaut.

Wer einmal erlebt hat, wie sich ein Viewer so „verbeißen“ kann, wird nicht nur verstehen, was ich weiter oben über „unnavigierte Hellseher“ sagte, sondern auch von einer übertriebenen Sorge geheilt sein, beim Remote Viewing würde sich der Viewer leicht von einem Monitor „steuern“ lassen. Die Hauptargumentation der Remote Viewing-Skeptiker ist ja, dass der Monitor dem Viewer versteckte Hinweise geben soll, die ihn hin zum Target führen, wenn nicht verbal, dann mit unterschwelligen (Körper-) Reaktionen des Monitors, was Frank Köstler in seinem Buch „Geheimnisse des Remote Viewing“ so treffend „Tunneln der gesuchten Inhalte“ nennt. So wäre dann Remote Viewing kein PSI-Vorgang, sondern eine ganz alltägliche Interaktion zwischen zwei Menschen, in denen eine nonverbale Kommunikation den gegenseitigen Stimmungszustand abgleicht, eines der glorreichen Erkenntnisse der modernen Psychologie.

Meine Erfahrung ist eine recht gegenteilige. Natürlich habe ich in den ersten Stufen streng darauf geachtet, mich an den Sprachkodex des Remote Viewing zu halten, das zu praktizieren, was ich oft eher scherzhaft in Orwell`scher Diktion „Neutralsprech“ nenne. Und natürlich habe ich das Selbstbewusstsein des Viewers bezüglich seiner Eindrücke aufgebaut, denn nur er kann diese tatsächlich beurteilen. Soweit, so gut.

Die Folge davon ist dann meistens, dass der Viewer, kaum dass er sichtbar in der „Zone“ angelangt ist, sich von keinem „Tunneln“, keiner genervten Geste des Monitors mehr irremachen lässt. Es gab (für den unbeteiligten Zuschauer köstliche) Diskurse, in denen der Monitor den Viewer durch keine Geste, keine verbal oder nonverbal angelegte Beeinflussung davon abbringen konnte, sein Lieblingsziel weiter zu verfolgen, das allerdings weit weg vom Target lag, oder aber ein ungefragtes Detail darstellte. Der Viewer schwingt lustvoll in seiner Überzeugung und das Wachbewusstsein verstärkt diese Haltung durch seine Einstellung, ein einmal eingeschlagener Weg sei doch wenigstens etwas, an dem man sich festhalten könnte.

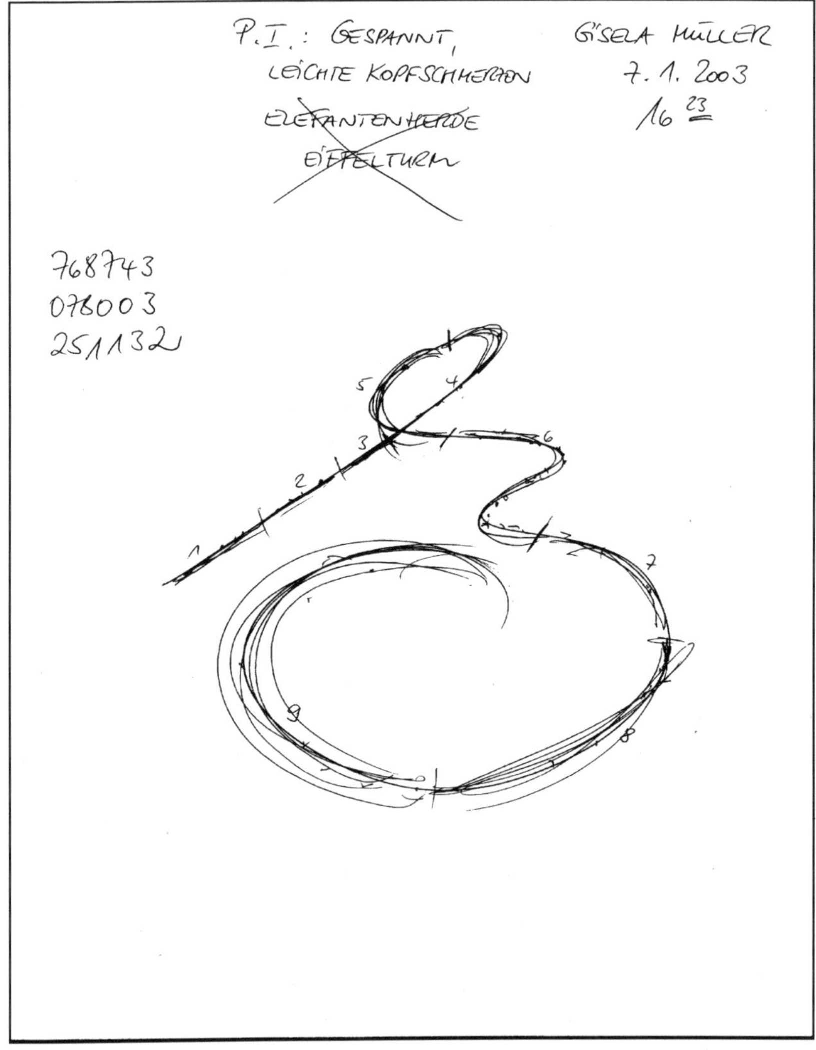

S. 2

A_1: steiler Anfang
abrupt
hart
schnell
kurz, dann stop
weich
boing!

B: künstlich

A_2: weiter hoch
hart
gerade
hart
Ax: Metallstange
runde Formen
laut

B: künstlich, von Menschen gemacht

A_3: kurzer Strich
zack!
fest, stabil
lautes Klopfen, hämmert
Ax: Fabrik
dick
stark
kräftig
dunkel
gelenkt
stabil

B: künstlich, geplant

A_4: hui!
geht noch weiter hoch
Ai: macht mir Spaß, bin dabei
runder Verlauf
Bogen

zu A_4: abwärts
langsam
gelb
grün
versch. Materialien

B: viele Teile
künstlich
natürlich

A_5: schwungvoll runter
bogig
rot
stachelig, aber
schon vorher da

B: Energie

A_6: Zick zack-Verlauf
runde Ecken
hin und her
Körperwarm
weich
außen
kalt

B: natürlich

A_7: leichter Bogen runter
große Linie
mehrere Aspekte
von fester Struktur
bunt
helle
warm

B: künstlich . . . .

A_8: ↓ usw.

Beispiel für eine ausladende Stufe 1 und 2. Manche bringen noch mehr.

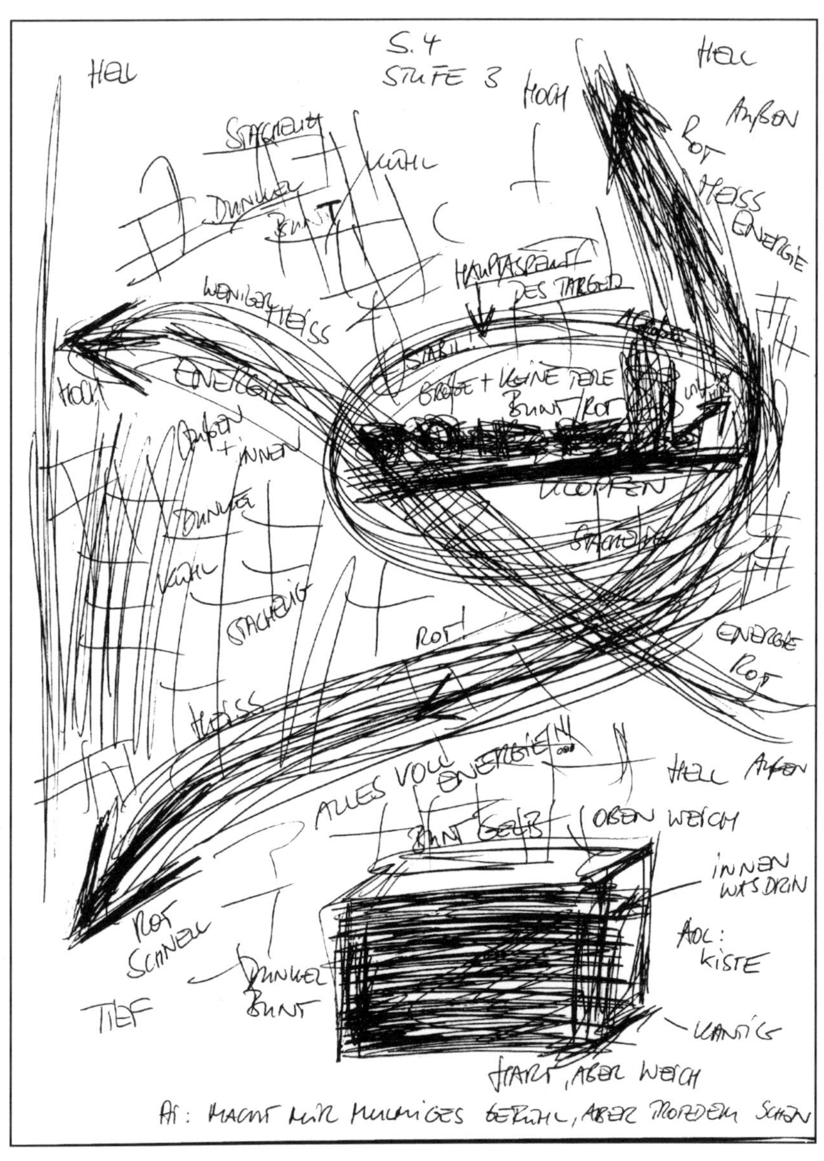

Die „wilde“ Stufe 3 dazu.

Mit diesem Buch wollen wir deshalb nicht nur besprechen, wie man generell zu mehr, ausgewählten und richtigen Beschreibungen eines Targets kommt, zur Erforschung von Umgebungen und Hintergründen zu jeder Zeit und an jedem Ort, sondern auch, wie wir diesen Weg ohne zuviel Blümchenpflücken am Wegesrand (oder sogar querfeldein sich verlaufend) gehen können. Der Viewer hat schließlich auch ein Anrecht darauf, dass seine Zeit nutzbringend verwendet wird. Aussagen wie „das war ja sehr spannend, bringt uns aber in Sachen Target nicht weiter" reduzieren doch oft die Freude am Ausflug in die „höheren" Sphären.

Deshalb möchte ich alle Bereiche und Elemente der Stufen 1-3 noch einmal durchgehen, mit Tipps und Anmerkungen versehen, um Ihnen zu helfen, im Sinne einer optimalen Lotsentätigkeit den Ablauf zu straffen und zu kanalisieren, sodass wir so schnell wie möglich in die wirklich interessanten Aktionsbereiche vorzustoßen können.

Diese Diskussion wird vielleicht so herüberkommen, als hielte ich hier ein Seminar speziell für die Monitortätigkeit ab, aber es ist für Solotrainierende unschwer abzuleiten, wie sie verfahren müssen. Sie haben es eben nur schwerer. Manchmal wird es auch scheinen, als würde ich Inhalte des ersten Teils meines Lehrbuches nur wiederholen. Aber schauen Sie genau hin: Jetzt ist es für die Perspektive desjenigen geschrieben, der schon einiges an Übungen hinter sich hat.

Beginnen wir mit dem Kopf des Protokolls. Nach Datum, Urzeit und Namen wird bekanntlich die Befindlichkeit des Viewers angesprochen, ein erster Anstoß für das links-rechts-hemisphärische Wechselspiel des Protokolls.

Es hat sich als ausgesprochen förderlich herausgestellt, an dieser Stelle in jedem Fall neben den körperlichen Unpässlichkeitsdaten müde, satt, gespannt, frisch etc. auch alle psychischen Gegebenheiten abzufragen, die dadurch, dass sie schon am Anfang vorhanden sind, eine ganze Session beeinflussen können und sich, ohne erkannt zu werden, bis zum Ende durchziehen, ohne dass man die so verfälschten Daten ausfindig machen könnte. Auch Serien von AULs (AOL Drive Break im Englischen = viele unterschiedliche Bilder) oder aufgefächerte AULs (AOL Peacock Break im Englischen = viele Bilder, die von einem Grundbegriff ausgehen) können hier ihren Ursprung haben.

Man tut also gut daran, den Viewer vor der Koordinatenvergabe explizit zu fragen, ob er eine Ahnung habe, um was für ein Target es sich bei der kommenden Aufgabe handeln könnte. Der Viewer sollte dann auch so ehrlich sein, auch die ausgefallensten Vorstellungen niederzuschreiben, die ihm jetzt in den Sinn kommen.

In der Regel werden ein bis drei Begriffe auftauchen, manchmal aber werden besonders die geübten Viewer sich schon soweit durch anfängliche Einstimmung „geleert" haben, dass ihnen einfach nichts (Konkretes) mehr einfällt.

Der Monitor erklärt dem Viewer, dass alle diese Vorstellungen nichts mit dem tatsächlichen Target zu tun haben und der Viewer sollte die niedergeschriebenen Begriffe dann selbst ausstreichen. Für Solotrainierende muss hier eine automatische Aktion eintreten. Gleich ausstreichen und sich davon trennen, heißt die Devise.

Wie wir gesehen haben, ist es ebenso wirkungsvoll, bei manchen Personen sogar noch angezeigter, diese Vor-AULs auf einen extra Bogen Papier zu schreiben. Neben dem Ausstreichen kann man das Blatt als Symbol für die Distanzierung von diesen Begriffen auch noch umdrehen, weglegen oder was immer Sie als Synonyme anwenden möchten.

Wenn ich oben schrieb: „in der Regel" wird sich der Leser und Anwender denken können, dass auch etwas anderes passieren kann, als die Niederschrift von bis zu einer Handvoll von Begriffen.

Der Viewer kann auch plötzlich damit loslegen, eine Flut von AULs zu produzieren, vornehmlich bei Personen vorkommend, die im Alltag und Beruf viel mit Entscheidungen und Beurteilungen zu tun haben und aus diesem Grund über ein ausgeprägtes Wachbewusstsein verfügen, das seine Präsenz jederzeit dokumentieren muss. In diesem Fall ist es am Monitor, zu entscheiden, wie er weiter verfahren möchte. Es gibt folgende Möglichkeiten zur Auswahl:

1. Den Viewer solange und seitenweise seine Vorstellungen herunterschreiben zu lassen, bis ihm wirklich nichts mehr einfällt.

Das kann funktionieren, was man aber im Verlauf absehen kann. Andererseits kann es in dieser frühen Phase dazu führen, dass der Viewer bzw. sein Wachbewusstsein jetzt erst recht aufsässig wird und den Sinn dieser ganzen Prozedur vehement anzweifelt. Unter Umständen ist damit die Session und vielleicht sogar das weitere Fortkommen eines Trainings gefährdet.

2. Angeraten ist es, sobald der Viewer nach vielleicht zehn bis 15 Begriffen eine Pause macht, diese sofort zu nutzen, ihn die bisherigen Begriffe durchstreichen zu lassen und ihm das Feedback zu geben, dass er diesen Job jetzt gut erledigt hätte. Dann sofort die Koordinaten diktieren und weiter wie üblich in die Stufe 1 einsteigen. Man kann schon in den meisten Fällen darauf vertrauen, dass, wenn sich der Viewer ehrlich bemüht, das Protokoll stark genug ist, ihn zu führen. Sollte sich hier aber doch wieder eine starke und unter Umständen auch sehr gerichtete AUL-Neigung ergeben, kann man im weiteren Verlauf der Session, zu gegebener Zeit, wenn der Viewer trotz dieser AULs angemessen beschäftigt ist, versuchen, seine Phantasieeindrücke mittels eines eingeschobenen Werkzeugs der Stufe 5 zu eliminieren oder herauszufinden, welche Ursache sie haben. In jedem Fall gewinnt man eine gewisse Handlungsfreiheit, was oft schon entscheidend sein kann.
3. Manchmal hilft eine totale Unterbrechung der Session. Dann sollte der Viewer „Pause“ hinschreiben und sich mit anderen Dingen beschäftigen. Spazierengehen, etwas meditieren, vielleicht mit der Eisenbahn spielen oder eine unerledigte Arbeit vollenden, die sich in den Gedanken noch eingegraben hatte. Das sind Vorschläge, die durchaus vielfältig variabel und erweiterungsfähig sind. Entweder die Session wird dann ganz abgebrochen, wenn der Viewer sich absolut nicht konzentrieren kann, oder er schreibt dann: „weiter bei ...“ mit Angabe der Uhrzeit und die Session nimmt dann ihren normalen Verlauf.

Selbstverständlich kommt es bereits an dieser frühen Stelle auch gelegentlich zu AUL-Treffern, dass also der Viewer genau das Target nennt, das sich auch wirklich im Umschlag befindet. Auch da muss man hindurch. Hier wird der Monitor die Session nicht abbrechen, nur weil der Viewer das Target genannt hat. Das mag sich für jemand, der sich noch wenig mit Remote Viewing befasst hat, seltsam anhören, aber, und hier kommen wir wieder zu diesem Punkt, wir wollen ja nicht wissen, was in dem Umschlag ist. Wir wollen das Target ja beschreiben, Informationen gewinnen, und zwar besonders solche, die nicht zu sehen sind, bzw. nicht bewusst zugänglich sind. Wir wollen in Gebäude, die auf der Postkarte zu sehen sind, auch hineingehen oder erfahren, was zu einem bestimmten Zeitpunkt geschah, möglicherweise im Gegensatz dazu, was in der Zeitung steht.

Somit kommen wir also nicht weiter, wenn wir bei AUL-Treffern die Session „erfolgreich" abbrechen; wir haben dann im Gegenteil nichts von unserer eigentlichen Intention erreicht.

Der erfahrene Viewer rechnet immer damit, dass er AUL-Treffer hat, aber wenn er erfahren ist, weiß er auch, dass diese nichts Besonderes sind und auch nur bedeuten, dass er „on Target" ist, genau so, als würde er detailliert einen Gegenstand im Targetbereich beschreiben, der aber nicht der zentrale Punkt des Interesses ist.

Deshalb sind diese Treffer dem Viewer auch gleichgültig, analog zu der Grundhaltung, die er sowieso an den Tag legt oder es jedenfalls übt. Und genau so ist auch der Monitor in diesem Moment gefordert. Er schenkt einem AUL-Treffer nur die Beachtung, die er im Sinne der Targetformulierung verdient. Aha, der Viewer hat im Feld der PSI-Informationen offenbar schon an der richtigen Stelle angedockt. Nun gilt es, den Kontakt dazu zu verstärken und die gefragten Informationen herauszuholen, ohne den Viewer zu belasten.

Der Monitor wird also genauso verfahren, wie er mit „normalen" AULs umgehen würde, in denen ja auch fast immer ein kleines Körnchen Wahrheit steckt. Und wenn er den Viewer nicht anlügen möchte, dann sagt er: „Ok, das ist ein AUL, leg es mal zur Seite, beachte es nicht weiter, geh wieder voran im Protokoll!" oder so ähnlich. Und damit diese Redewendung nicht plötzlich auffällig ist, sollte er sich befleißigen, solche Redewendungen öfter zu gebrauchen, auch wenn das AUL im Sinne des Targets völlig daneben ist. Mehr dazu im Kapitel über Sprachregelungen.

Für den Solotrainierenden ist diese Diskussion ohnehin gleichgültig. Er muss stets annehmen, einen Treffer zu erzielen oder meilenweit daneben zu liegen. Deshalb kann ihm das auch egal sein. Womit er auch mal einen Vorteil im Prozedere hat.

Der nächste Punkt, über den man etwas sagen könnte, ist die Übermittlung der Koordinaten. Es ist natürlich höchst unliebsam, wenn durch Nuscheln, Versprechen oder durch sonst einen Umstand der Viewer falsche Koordinaten aufschreibt. Es hat sich zwar nie mit Sicherheit herausgestellt, dass dann der Viewer auf ein anderes Target einrastete, denn grundsätzlich benötigte man gar keine Koordinaten, wie das grundsätzliche Erklärungsmodell von Remote Viewing ja aussagt. Das Unterbewusstsein weiß sowieso, was das Target ist.

Aber es gibt Störungen im Ablauf, mindestens, und die kann man gut vermeiden. Deshalb sollte man sich konzentrieren, wenn man die Koordinaten vorliest, und man sollte auf jeden Fall vermeiden, zum Beispiel am Ende der ersten Zeile zu sagen: „zweite Zeile ...“, denn es führt unweigerlich ab und zu dazu, dass der Viewer tatsächlich eine „2“ schreibt.

Viel besser ist es „darunter ...“ zu sagen. „Darunter“ klingt wie keine Zahl und führt zu keinen Irritationen.

Nach der Übermittlung der Koordinaten folgt bekanntlich jene erstaunliche plötzliche Muskelzuckung, die wir „Ideogramm“ nennen. Neulinge auf dem Gebiet des Remote Viewing staunen immer wieder, wie der Stift von leidlich erfahrenen Viewern über das Papier zuckt, dieses manchmal sogar zerreißend.

Es ist tatsächlich eine vielfach geäußerte Frage, wie diese Reaktion zustande kommt. Einige saßen still da in ihrer ersten Session, unfähig, auch nur eine einzige Bewegung zu machen. Das ist im Prinzip auch gut so. Wo kämen wir denn hin, wenn ständig alle Leute, die einen kurzen Blick auf die Matrix erhaschen (und das sind nicht wenige, auch im Alltag) sich plötzlich in Zuckungen herumwälzen würden. Ein ganz schönes (und gefährliches) Durcheinander wäre das!

Da hat das Wachbewusstsein einen Riegel vorgeschoben, sicherheitshalber sozusagen. Dass dieser Reflex im Prinzip besteht, wurde ja schon in der ersten Hälfte des 20. Jahrhunderts von dem

Forscher Rene Warcolier erkannt und beschrieben. Wir müssen ihn also nur zulassen, was manchmal bedeutet, dass eine allzu starke Blockierung dieses Reflexes durch das Wachbewusstsein aufgehoben werden muss - jedenfalls zum Zeitpunkt der beginnenden Session.

Eine gute Möglichkeit, das zu erreichen, ist die im ersten Teil besprochene Archetypen-Übung. Hier weiß der Viewer, was er gleich zeichnen soll und wird es demgemäß auch auf Kommando sofort tun. Vielleicht sollte man auf diese Weise eine halbe Stunde verwenden und einige Seiten mehr vollkrakeln. Es kann nicht schaden. Sitzt der Viewer dann aber trotz aller Lockerung und Spontaneitätsversicherung wie gelähmt vor seinem weißen Stück Papier, dann lassen Sie ihn irgendeinen Krakel ganz bewusst hinmalen. Es kommt dann nicht auf das Spontane des Vorganges an, es ist wichtig, dass der Trainierende überhaupt etwas tun, damit die Blockade und ein Gefühl wie „ich kann das ja doch nicht" vermieden wird. Vielleicht wird die Session dann nicht so toll, aber Sie werden erleben, dass sich der Viewer trotz allem in das Target hineinarbeitet.

Ich kenne Leute, die eine ganze Weile hübsche, langsame Ornamente malten, Anweisungen und Methodentheorie scheinbar verspottend. Das entwickelt sich. Heute fetzen sie auch über die Fläche, dass man ihnen manchmal noch ein zweites Blatt hinlegen möchte. Besonders hilfreich waren hierbei der Kontakt zu anderen Viewern und der Lerneffekt durch Zuschauen.

Ich habe inzwischen sehr viele Viewer ihre Ideogramme zu Papier bringen sehen, und ich kann auch aus dieser Erfahrung immer aufs Neue versichern, dass auch die Größe des Ideogrammes keine wirklich wichtige Rolle spielt. Menschen sind nun mal unglaublich unterschiedlich, das hat sich immer wieder bestätigt. Deshalb ist es auch sehr schwer, sozusagen als Ferndiagnose mehr generelle Ratschläge als diese für allein Trainierende zu geben. Das Wichtige in der Stufe eins ist, dass man es letztlich schafft, diese Linie aus einem unwillkürlichen Impuls heraus entstehen zu lassen. Manche machen einen kleinen Haken, vielleicht nur drei bis vier Zentimeter lang, manche gießen sich förmlich in vielen wilden Schlangenlinien über das gesamte Blatt aus.

Jede dieser Variationen ist zunächst völlig in Ordnung. Selbst wenn der Viewer versucht, bedächtig eine besonders schöne Linie zu malen, kann der Viewer sich dann durch besonders sorgfältiges Hineinfühlen ebenfalls einwandfrei den Targetinhalten näherte.

Das Abarbeiten des Ideogramms scheint demgemäß der wichtigere Teil der Stufe eins zu sein, und witzigerweise haben wir schon erfolgreiche Versuche mit der Vorgabe durchgeführt, dass der Viewer das Ideogramm einer anderen Person bearbeiten sollte. Das vielleicht als Anregung, wenn Sie mal Lust auf ausgefallene Experimente haben.

Mit einiger Praxis, nach ein paar Dutzend Sessions, etwas Mitarbeit in Projekten und damit nach einiger Zusammenarbeit mit anderen Viewern stellt sich ohnehin der Effekt ein, dass die Leute, die ganz kleine Krakel machen, mutiger werden und die, die das ganze Blatt vollschmieren, etwas zurückhaltender werden. Außer den Vergleichseffekten, die man in Gruppen beobachten kann, ist es auch so, dass durch ständige Übung sich die Armmotorik schließlich auf das DIN-A-4-Format einstellt, so oder so.

Eine Folge dieser Praxis, aber auch eine Notwendigkeit für einen optimalen Verlauf einer Session ist auch, sich von den eingangs beschriebenen, ausufernden Bearbeitungen zu trennen und statt ganzer Romane nur die wichtigsten Stichwörter, die das Ideogramm liefert, aufzuschreiben. Man sollte immer im Auge behalten, dass sonst später, in der Stufe sechs, die Zeit knapp wird, um die wichtigen Daten des Targets zu ermitteln.

Hier ein Beispiel für eine Session mit „normalem“ Arbeitsaufwand:

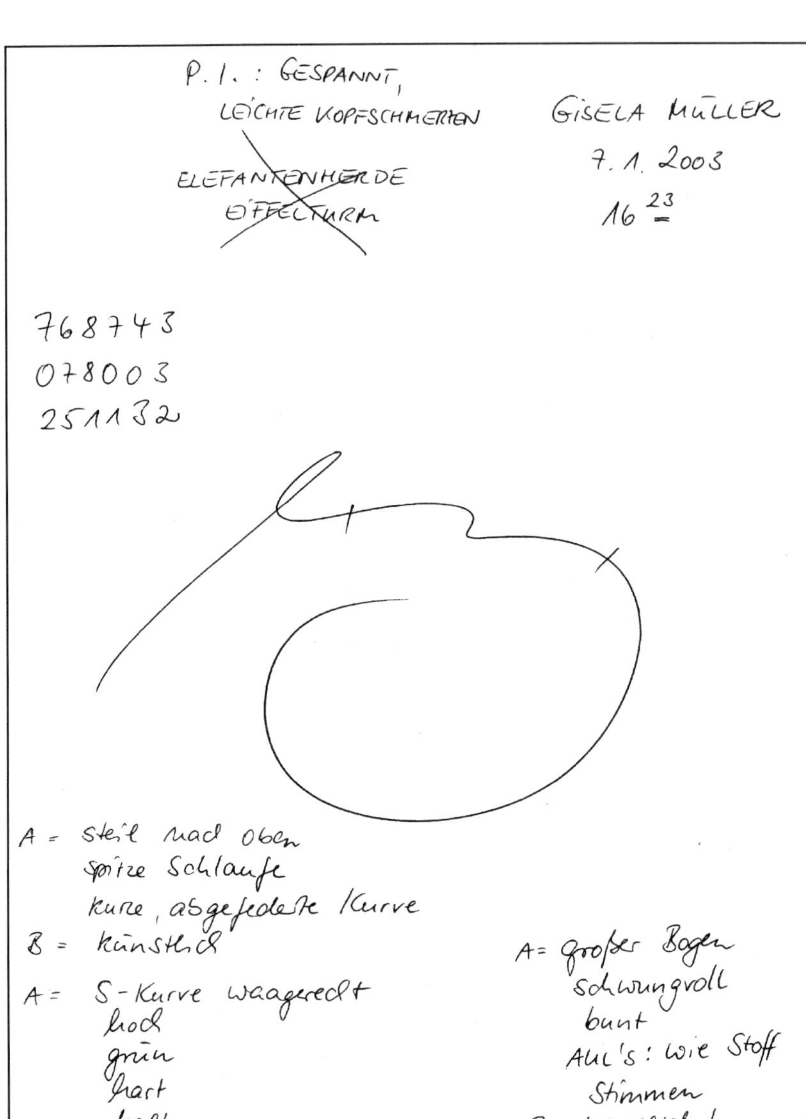

P.I.: GESPANNT,
LEICHTE KOPFSCHMERZEN

GISELA MÜLLER
7.1.2003
16 23

~~ELEFANTENHERDE~~
~~EIFFELTURM~~

768743
078003
251132

A = steil nach oben
spitze Schlaufe
kurze, abgefederte Kurve
B = künstlich

A = S-Kurve waagerecht
hoch
grün
hart
kalt
B = künstlich / natürlich

A = großer Bogen
schwungvoll
bunt
AHL's: wie Stoff
Stimmen
B = künstlich / natürlich

S. 3
Stufe 2

DUNKEL
BUNT
HELL
ROT
GELB
GRÜN
SCHWARZ

HART
WEICH
STACHELIG
HAARIG
OHNE OBERFLÄCHE

SALZIG
WIE REGENGERUCH
BRATWURSTGERUCH
MUFFIG

LAUWARM
KALT
HEISS

SAUSEN
MUSIK
STIMMEN
RAUSCHEN
KLOPFEN WIE AUF METALL

GROß
KLEINE TEILE
RUNDE FORMEN
HOCH UND TIEF
VIELE VERSCHIEDENE BEREICHE

AUßEN UND INNEN

AI: SPANNEND

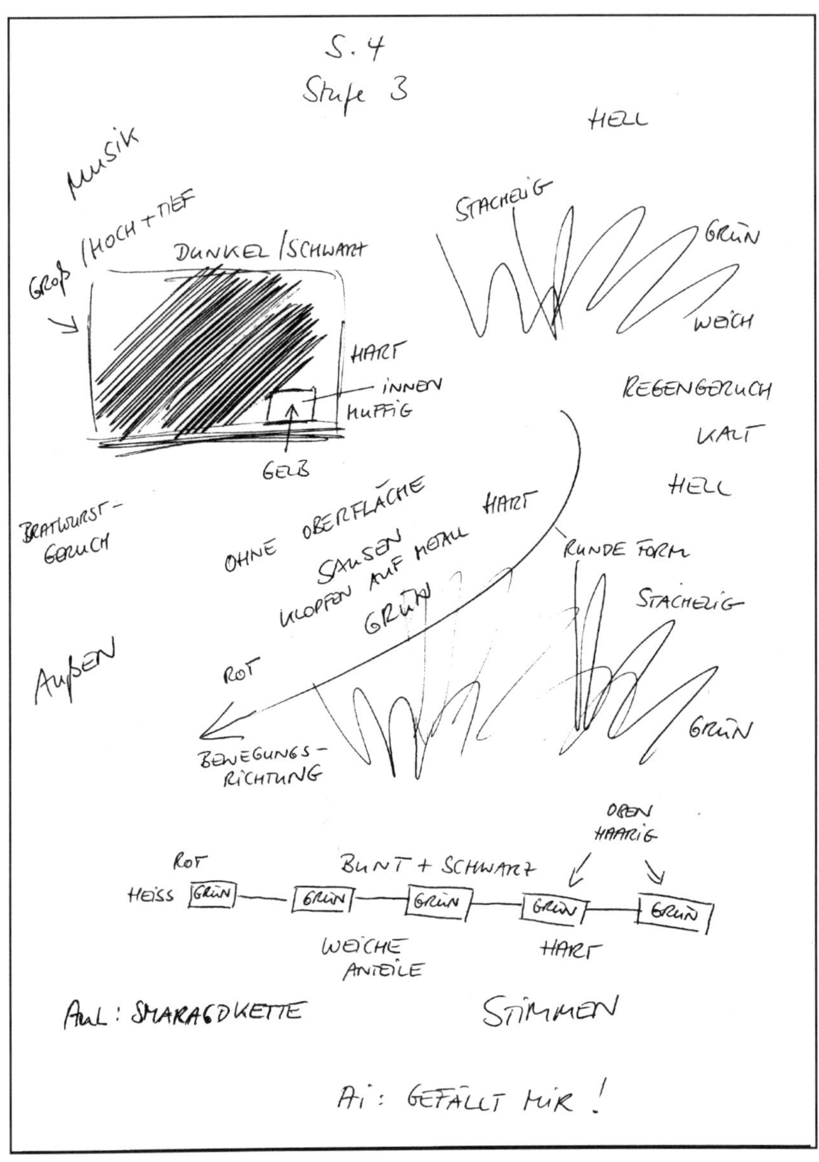

Beispiel für eine Stufe 1-3, geordnet, wenig Details, aber mehrere Bereiche

Eine kurze Verlaufsbeschreibung kann durchaus in Stichworten abgehandelt werden, z. B. „rauf, runter, rauf und grade weg“ oder „Bogen, runter, Schlaufe“ für Verläufe, die man sich nach diesen Beschreibungen auch unschwer vorstellen kann. Der Gefühlsaspekt von „A“ lässt sich auch gut auf drei Begriffe reduzieren, ohne dass man befürchten muss, den Datenstrom zu kappen. Auch über die Beurteilung „B“ sollte man nicht zu lange nachdenken. Wenn einem partout kein treffendes Wort einfällt, reicht auch ein waagerechter oder schräger Strich, um formal das Protokoll einzuhalten und weiterzukommen.

Das Wichtige ist hierbei der sogenannte „Wechsel“. Das ist ein Begriff, der uns gerade bei den Stufen vier und fünf noch oft beschäftigen wird, bezeichnet er doch die grundlegende Technik des Vorankommens im Protokoll und des Balancierens zwischen den Gehirnhälften.

Sich eines Remote Viewing-Protokolls zu bedienen, bedeutet, beständig mit den Fähigkeiten und Abwehrmechanismen der Gehirnhälften zu jonglieren. Beim Wachbewusstsein benutzen wir die im Laufe des Lebens gelernten Einordnungs- und Übersetzungsfähigkeiten, müssen jedoch beständig darum kämpfen, dass es die Herrschaft übernehmen möchte und aufgrund der Ablehnung der unterbewussten Daten seine eigene „realistische“ Erklärung beisteuert. Auf der anderen Seite versucht sich das Unterbewusstsein ständig der Benutzung zu entziehen, muss immer wieder angesprochen werden, die Daten umzusortieren und manchmal muss die „Standleitung“ wieder angewählt werden.

Diesen Vorhang finden wir bereits in der A/B-Phase des CRV-Protokolls. Mit der Kurvenbeschreibung beschäftigen wir unser Wachbewusstsein, dann zapfen wir unterbewusste „Gefühlsdaten“ ab und geben im B-Aspekt schnell dem Wachbewusstsein wieder Gelegenheit, sich abzureagieren.

Damit wird verständlich, weshalb auch aus diesem Grund ausufernde Fühlen-Bereiche (A2) nicht so sehr sinnvoll sind: je mehr Daten der Viewer hier produziert, desto mehr Möglichkeiten für das Wachbewusstsein werden geschaffen, mit Assoziationen einzuhaken, bis diese schließlich die rechtshemisphärischen Eindrü-

cke ersetzen können. Deshalb beende ich gern nach drei bis vier Begriffen, wenn es der Fluss des Viewers zulässt, diesen Bereich.
Das ist manchmal nicht so einfach. Besonders, wenn der Viewer schon in Phantasiebereiche hineingeglitten ist, sträubt er sich, loszulassen und liefert immer weiter Eindrücke, von deren Richtigkeit er völlig überzeugt ist.
Im Training schließt sich hier eine längere Diskussion dieser Vorgänge an, und es kann schon zu emotionalen Entgegnungen des Viewers kommen, dessen Wachbewusstsein natürlich stolz ist, so viele Daten abzuliefern, was doch wohl der Sinn von Remote Viewing sei, oder? Die Mechanismen des schmalen Grates, den man in einer Session betritt, sind dann schwer begreiflich zu machen. Wenn dann Ausführungen folgen, der Viewer müsste sich bei der Session auch immer „etwas disziplinieren", fällt manch-mal vollends die Klappe.
„Ja, was nun, Eingrenzung und Datenfluss? Eins geht doch nur, oder?"
Der Knackpunkt liegt leider ganz woanders. In diesem Moment einer solchen Gegenrede zeigt der Viewer, dass sich sein Bewusstsein noch nicht mit seiner Rolle im Prozess abgefunden hat, dominieren will (wie immer) und das zweite Gehirnprogramm (noch) nicht als Partner akzeptiert. Der Viewer hat noch persönliches Interesse an dem Ergebnis der Sitzung. Das aber ist die Grundvoraussetzung für eine misslungene Remote Viewing-Session.
Wie bitte?
Genau so. Der Viewer muss sich da hineinfinden, dass er während der Sitzung ohnehin keine Aufklärung über das Target bekommen wird als die, die er erarbeitet. Und diese wird, ohne bewusste Kenntnis der Aufgabenstellung, kaum zu einer ernstzunehmenden kognitiven Beurteilung führen. Wenn wir etwas Richtiges über ein Target erfahren, kommt es aus der Matrix, aus den Gedankeninhalten anderer Lieferanten, aus dem Gesamt-Feld. Wichtig muss für den Viewer sein, die Session, nach welchem Protokoll auch immer, gut durchzuführen. Das ist leider eine für das Wachbewusstsein sehr unbefriedigende Situation, entspricht in keinster Weise seinen normalen Ambitionen der Alltagsbeherrschung und

muss deshalb mit allen Waffen, besonders denen der Emotionen, bekämpft werden.

Der interessierte Ist-Mir-Egal-Status, was ja ein Paradoxon darstellt, wird aber schließlich doch als Einsicht nach manchmal recht heftigen Diskussionen vom Viewer akzeptiert und führt dann zu erstaunlichen Erfolgssprüngen. Soweit kann ich alle jene beruhigen, die sich gerade in einer derartig nervenzerfetzenden Auseinandersetzung befinden. Hinterher lachen Sie vielleicht darüber!!

Dieser Abwehrkampf des Ichbewusstseins ist auch zentraler Punkt in allen meditativen Techniken und von West bis Fernost, dort natürlich unter verschiedenem Fokus breit gefächert, aber inhaltlich kongruent, nachzulesen.

In diesem Vorgang finden wir nämlich das tatsächliche Tor zur gestalteten Nutzung unserer PSI-Fähigkeiten.

Hierin liegt auch die Ursache für die oft grandiosen Anfangserfolge eines Trainierenden. Erst wird er sozusagen überrumpelt, dann beginnt er nachzudenken und unter Umständen auch sofort Qualitätsforderungen zu stellen. Der dann folgende innere Diskurs erntet oft einen eklatanten Absturz des Treffer-Quotienten, oder, etwas banaler: Plötzlich geht nichts mehr.

Der einzige Ausweg ist dann, sich tatsächlich und ausschließlich mit der Qualität des Ablaufes zu befassen. Diese Bemühung wird schnell belohnt.

Nach meiner Erfahrung hat ein angehender Viewer diese Entwicklung nach etwa einem halben Jahr durch, wenn er nicht aufsteckt. Zu zweit oder mehreren lässt sich diese beschriebene Barriere selbstverständlich besser überwinden, auch wenn die Diskussionen heftiger und persönlicher werden können, je mehr sich daran beteiligen. Vielleicht hilft es, die Situation schneller zu befrieden, wenn einer in der Runde dann diese Seiten vorliest.

Ich empfehle auch, manchmal zwischendurch, am Ende jeder Seite oder immer, wenn der Viewer abzugleiten scheint, sein AI abzufragen, seinen eigenen emotionalen Zustand. Möglich, dass sich hier schon unbemerkt ein Potential an Unwillen aufgestaut hat, dem man mit der Aufforderung „AI: wie findest du das gerade?“ ein schnelles Ventil bieten kann.

Der Jonglier-Vorgang ist also besonders am Anfang ein beständiger Wechsel zwischen den Hemisphären, ein Ableiten sich aufbauender Potentiale in alle möglichen Stau-Becken, sodass Session und Information ungehindert fließen können.
In gleicher Weise gehen wir optimalerweise in Stufe 2 vor. Es ist zwar sehr befriedigend, viele Daten generiert zu haben, aber spätestens, wenn wir diese in die Stufe drei eintragen wollen, stellen wir fest, dass nicht nur die Zeit davonläuft, sondern sich das Blatt mehr und mehr füllt, bis absolut nichts mehr eindeutig zuzuordnen oder manchmal auch zu lesen ist.
Aus diesem Grund können wir uns im vorangeschrittenen Trainingsstadium vornehmen, uns zu „disziplinieren" und nach vier bis fünf Begriffen pro Abschnitt das Interesse an weiteren Daten fallenzulassen und zum nächsten Abschnitt zu „wechseln".
Natürlich gibt es unter den trainierenden Viewern auch die andere Sorte, diejenigen, die nur einen kargen DatenFluss generieren können. Diese sind hauptsächlich in der Gefahr, durch langes Verharren ohne Eingebung aus der „Zone" zu fallen. Wenn Sie dazu gehören, quälen Sie sich nicht besonders! Ein bis drei Eindrücke pro Abschnitt reichen in der Stufe zwei aus. Den Rest besorgt die ständige Übung. Und falls Sie erhebliche Probleme haben, in der Stufe drei etwas zu Papier zu bringen, versuchen Sie, nach der Seitennummerierung einen Rahmen zu zeichnen. Dieses Mittel der Vorgabe hat schon vielen geholfen, ihre Blockade zu durchbrechen. Man muss ja nur noch „diesen Rahmen füllen".
Der Anfang aber ist gemacht, die serielle Tätigkeit eingeleitet. Wie ja auch beim Schreiben: Der erste Satz ist der Schwerste. Aber wenn man einfach anfängt, kommt man doch in Fluss. Den ersten Satz kann man ja hinterher streichen, das war ja nur der Anstoß.
Insgesamt ist noch zu bemerken, dass die meisten Viewer einen beständigen Kontakt zum Monitor wünschen, der durch gelegentliches „Hm" zum Ausdruck bringen kann, dass er dabei ist, auch wenn es nichts zu sagen gibt. Das gilt zum Beispiel für Viewer, die den Protokoll-Ablauf gut auswendig können und selbstständig voranschreiten. Sollte ein Viewer diesen ständigen Kontakt als sehr lästig empfinden, muss es vor einer weiteren Session eine

Diskussion mit dem Monitor geben. Das Unglücklichste, was passieren kann, ist, dass der Monitor sich gar nicht mehr traut, etwas zu sagen und dann der Viewer plötzlich feststellt, dass er sich verrannt hat.

In dieser Situation ist die Diskussion deshalb sehr unangenehm, weil das Wachbewusstsein des Viewers ohnehin einen Nörgel-Pegel aufgebaut hat. Natürlich können Sie so auch (für Außenstehende) sehr unterhaltsame Video-Aufnahmen machen, wenn Sie Ihre Sessions mitschneiden ...

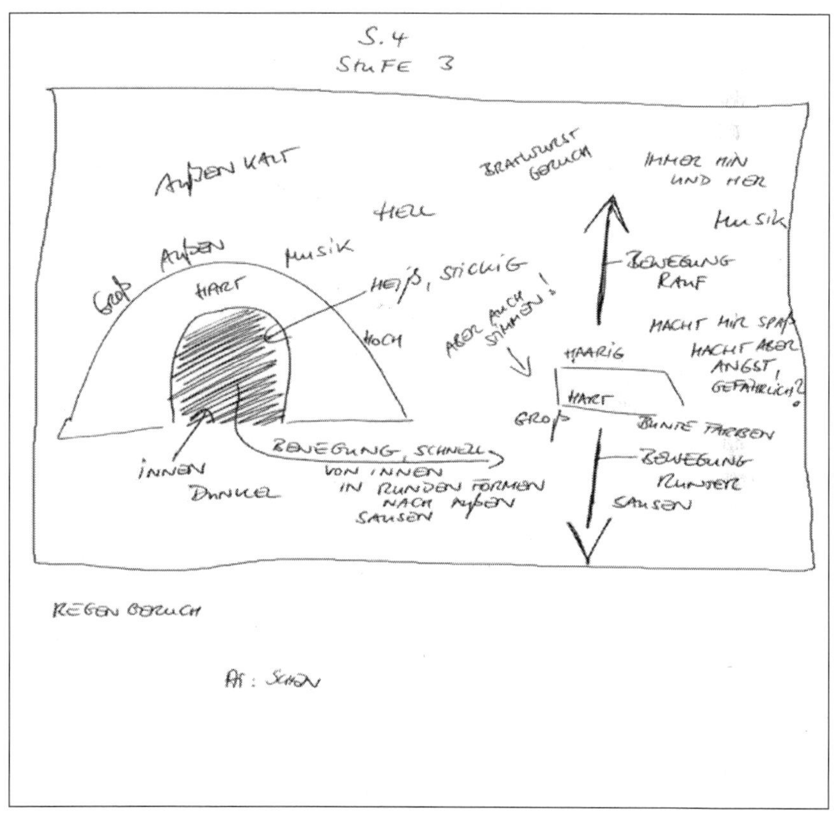

Stufe 3 mit Rahmenvorgabe

Dies ist das Target, das im letzten Kapitel als Beispiel vorliegt:

242510
200110
423211

Drachenbahn im Legoland, Billund/ Dänemark zum Zeitpunkt der Aufnahme

Hinweis für Ihr Training mit diesem Target: Die Drachenbahn fährt teilweise unterirdisch in der „Burg“. Nicht wundern, wenn „unterirdische Aspekte“ auftauchen oder solche Eindrücke wie: „von unten heraus ans Licht“.

2. Kapitel: Stufe 4 - die Kurzeinführung

Nach soviel Wiederholung alten Stoffes sind wir mit Recht ungeduldig geworden und wollen weiterkommen. Diese Situation bestand auch schon, als wir dieses Buch aufgeschlagen haben. Natürlich!

Aber es war wichtig, die drei ersten Stufen noch einmal durchzugehen, und zwar auch mit einem besonderen Blickpunkt, wie Sie gemerkt haben, nämlich dem des funktionalen Überblicks über die Struktur und Wirkungsweise eines Remote Viewing Protokolls. Darauf baut auch jede weitere Stufe auf. Alle Teilabläufe sind in gewisser Hinsicht ähnlich, das Jonglieren zwischen den Gehirnhälften setzt sich auch in Stufe vier fort, auch wenn jetzt die Zentrierung auf die wichtigen Inhalte des Targets einsetzt; der Spürhund, nachdem er erste Merkmale erfasst hat, beginnt, kraftvoll an der Leine zu ziehen. Damit das nicht Holterdipolter über Stock und Stein ins weite Feld geht, brauchen wir eine starke Struktur, die den Gesetzmäßigkeiten parapsychischen Vorgängen genügt und dem Viewer Halt bietet.

Ich möchte im Folgenden dem Interessierten wieder zwei Möglichkeiten anbieten, sich mit der Stufe 4 zu befassen:

1. Die beliebte „kurz-und-schmutzig"-Methode, in deren Verlauf ich einen fiktiven Viewer mit einem Monitor beispielhaft durch die durch das Protokoll vorgegebene Abfolge führe, und
2. die ausführlichere Methode, in der die einzelnen Punkte mit ihren Hintergründen und Möglichkeiten ausgeführt und diskutiert werden.

Wenn Sie die Kurzfassung überschlagen möchten, finden Sie die ausführliche Stufe-4-Darstellung im nächsten Kapitel in einer Art parallelen Fassung, d. h. ohne Einbeziehung der bereits in diesem Kapitel erläuterten Inhalte. Es liegt also völlig bei Ihnen, wie Sie mit Stufe 4 beginnen möchten bzw. welches der beiden Kapitel Sie zuerst lesen möchten. Ich möchte aber auf jeden Fall raten, auch das ausführliche Kapitel zu lesen, denn hier sind wichtige Hintergründe und die Fallen, Schwierigkeiten und Fehler aufgeführt und erklärt, in die Sie geraten können. Für die Stufe 5 finden

Sie ebenfalls einfache, beispielhafte Abläufe, aus (später) einsichtigen Gründen allerdings anders angeordnet.

Wir starten jetzt also mit dem „heißen“, unkommentierten Durchlauf. Die Darstellung ist zwangsläufig aus der Sicht des Monitors ausgeführt. Er zieht den Viewer durch das Protokoll und bestimmt, wann welche Aufgaben erledigt werden. Wer diesen Ablauf allein, also „solo“ unternimmt, muss zwischen diesen Positionen hin und her springen.

Ausgangspunkt ist das Ende der Stufe 3. Der Viewer hat sein abschließendes AI, seine persönliche Einschätzung der Sachlage, abgegeben. Nehmen wir an, er sagt: „AI: find ich spannend!“

„Gut“, sagt der Monitor, „dann lege bitte das Blatt zur Seite und nimm ein Neues!“

Der Viewer schiebt sein Stufe 3-Blatt von sich, aber nicht zu weit, sondern so, dass er sie jederzeit erreichen und auf die dortigen Informationen zurückgreifen kann.

„Schreib jetzt bitte oben die neue Seitenzahl auf!“ sagt der Monitor. Meist ist es die Seite 5, weil wir für jeden Teilablauf je eine Seite gebraucht haben: zwei Seiten für Stufe 1, je eine für die Stufen 2 und 3.

„Darunter: Stufe 4. Dann ziehst du einen waagerechten Strich von links nach rechts über das ganze Blatt. Links darüber (gut ist es, dem Viewer mit dem Finger den Punkt vorzugeben) schreibst du `S´. Daneben in etwa zwei Zentimeter Abstand `D´ und daneben, genauso weit, `AI´, dann `EI´, dann `T´ und schließlich `IT´. Als Abschluss folgen jetzt die Überschriften `AUL´ und `AUL/S´.“

Die Reihe, die der Viewer aufgeschrieben hat, sollte dann so aussehen:

S D AI EI T IT AUL AUL/S

„Jetzt ziehst du noch einen waagerechten Strich quer über das Papier, ungefähr nach zwei Dritteln bis drei Vierteln des Blattes. So weit schreiben wir und nicht weiter.“

„Jetzt setze mal deinen Stift unter das `S´ und schreibe die für dich wichtigsten sensorischen Daten des Targets auf. Was man sehen, tasten, hören, riechen, schmecken kann."

Der Viewer soll die Eindrücke untereinander schreiben. Hält er inne, helfen wir ihm. „Schau noch einmal in die Stufe 3 zurück. Was war da am wichtigsten?"

Wenn der Viewer dies abgearbeitet hat, wird er noch einmal angesprochen: „Hast du noch einen neuen Eindruck? Setze den Stift aufs Papier!"

Wenn nichts mehr kommt, und wir sollten peinlichst die schon bekannte 3-Sekunden-Regel einhalten, gehen wir weiter. Der Viewer sollte jetzt und auch in den anderen Sparten in der nächsten Zeile unter der jeweiligen Überschrift weiterschreiben. Der Monitor greift also wie folgt ein.

„Gut, dann wechsele zu `D´: Was für Dimensionen erscheinen dir am Target am wichtigsten? Bitte wieder untereinander schreiben!"

Macht der Viewer jetzt oder später eine persönliche Mitteilung, z. B. „Das find ich aber blöd!", so lassen wir ihn eine Spalte weiter rücken. „Das ist ein AI, bitte schreib es unter der Spalte `AI´: `find ich blöd´. Hast du noch andere Empfindungen im Zielgebiet?"

Vielleicht sagt der Viewer aber auch, dass ihm das gefällt, was er da betrachtet. „Blöd" war ja nur ein Beispiel. Fakt ist, dass der Monitor aufpassen muss, dass er für jede Äußerung des Viewers ihm die richtige Spalte zuweisen muss. Wechselt der Viewer in seinen Inhalten, muss ihm der Monitor folgen. Hat der Viewer brav seine Dimensionen heruntergeschrieben, initiiert der Monitor den Wechsel zur nächsten Spalte: „Was empfindest du im Zielgebiet? Eigene Emotionen im oder am Target? Schreib bitte unter `AI´."

Möglicherweise wird der Viewer sagen: „Da sind aber noch andere, Menschen glaube ich!" Hier kann und sollte der Monitor wieder die Spalte wechseln. „Gut, dann spüre mal nach: Was sind deren Emotionen im Zielgebiet. Schreib das bitte unter `EI´."

Wenn sich diese Sparte erschöpft hat, sollte man schnell nach `T´ (Tangibles) wechseln:

„Kann man im Zielgebiet etwas anfassen? Gibt es Objekte? Bitte hier unter T!"

Hier, wie in den anderen Spalten kann es vorkommen, dass der Viewer einen Eindruck hat, der thematisch nicht in die aktuelle Abfragung hineinpasst. Solche Eindrücke sollten auf gleicher Höhe, aber an entsprechender Stelle herausgeschrieben werden.

Hoffentlich hat Ihr Viewer jetzt noch nicht beim Schreiben seine Grenzlinie erreicht, denn nun kommen die oft interessantesten Eindrücke, die Fragen nach Sinn und Zweck des Targets. IT steht für „intangibles", also alles, was man nicht anfassen kann, aber mit dem Target verknüpft ist.

„Und weiter unter `IT´: was soll das, was macht das, wozu ist das gut?"

Auch wenn der Viewer die Grenze nicht erreichen sollte, vielleicht weil er ein notorische Mikrokleinschreiber ist, sollte man die Stufe 4 beenden, wenn die `IT´-Spalte abgearbeitet ist.

Die Kennzeichnung von Phantasieeindrücken, auch ästhetische Überlagerungen genannt, müssen wir hier nicht weiter diskutieren. Sie werden in den entsprechenden beiden letzten Spalten eingetragen, jeweils in der Zeile, in der sich der Viewer gerade befindet.

Wir beschließen die Stufe 4 mit dem üblichen Abfragen der Gestimmtheit des Viewers: „Gut, schreib bitte hier unten: AI. Und dahinter: Wie findest du das Target/ die Session bisher?"

Wenn wir nur bis Stufe 4 trainieren, machen wir auch gleich Schluss und schreiben: „Ende, Uhrzeit" darunter. Vergessen Sie nicht, den Viewer anzuweisen, sich von dem Target auch innerlich zu entfernen.

„Schiebe das Target weit von dir. Es verschwindet in der Ferne. Mach drei Striche drunter. Die Sache ist erledigt!"

Gern kann der Viewer nach einer kurzen Pause noch eine Zusammenfassung der für ihn wichtigen Eindrücke und Verknüpfungen aufschreiben. Man kann dies vor oder nach der Auflösung tun, muss aber in jedem Fall diese Situation mitdokumentieren. Also z. B. „Zusammenfassung ohne Kenntnis des Targets" oder: „Zusammenfassung nach Auflösung des Targets".

Hier finden Sie den ganzen Ablauf noch einmal als Schaubild und Gedächtnisstütze in der Session und zum Herauskopieren:

Seite xy
Stufe 4

S	D	AI	EI	T	IT	AUL	AUL/S
sensorische Eindrücke							
	dimensionale Eindrücke						
		eigene emotionale Eindrücke im Zielgebiet					
			andere/ „fremde“ Emotionen im Zielgebiet				
				Eindrücke von realen Objekten im Zielgebiet „was kann man anfassen?“			
					Ideen, Konzepte, Möglichkeiten „Was macht das?“ „Was soll das?“ „Wozu ist das gut?“		
						Ästhetische Überlagerungen, klare Schlußfolgerungen und Bilder	
							Ästhetische Überlagerungen als Vergleich „als ob, wie ...“

AI: („wie findest du das?“)

Ende x Uhr z ____________ (drei Striche)

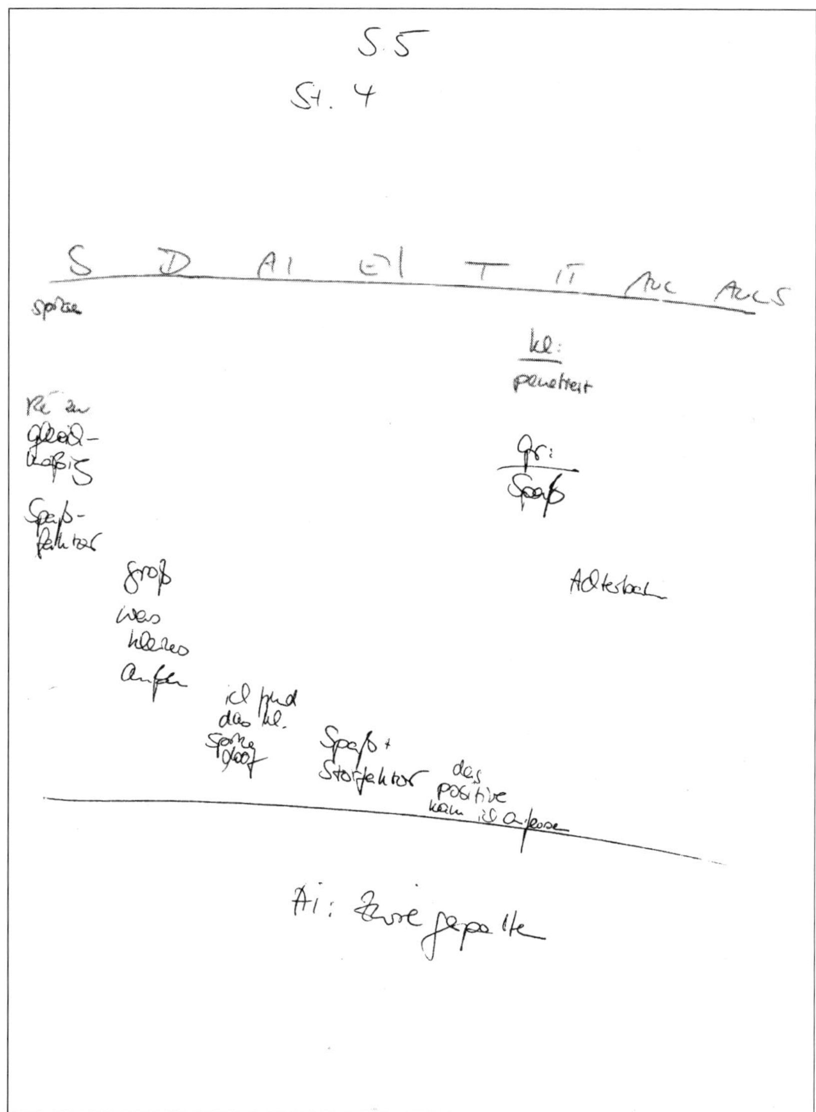

Beispiel für eine Stufe 4: schnell schreiben ist gut, aber lesbar bleiben ...

3. Kapitel: Die neue Ordnung - Stufe 4 in der Diskussion

Der interessierte Leser, durch Training der Stufen 1 bis 3 gut vorbereitet, wird im Ablauf der Stufe 4 bekannte Mechanismen bemerken. Die Art und Weise, wie hier der Viewer zu neuen Ufern geführt wird, ist jedoch von einer neuen Qualität. Sinn der Stufe 4 aller Remote Viewing Protokolle ist es, die Eindrücke des Viewers neu zu ordnen und ihn im Zielgebiet genauer zu justieren.

Ich werde zunächst, sozusagen stellvertretend für andere Protokolle, die Form der Stufe 4 des CRV-Ablaufes vorstellen, um sie dann zu erklären.

Auf den ersten Blick scheint es sich um eine Tabelle zu handeln, die man als Vordruck dem Viewer zum Ausfüllen geben könnte. Der Kernsatz des Remote Viewing ist aber, dass das Wachbewusstsein nach Möglichkeit beschäftigt werden sollte, sodass der Vorgang des Aufschreibens dem Viewer nicht durch einen Vordruck abgenommen werden darf. Wir kennen das aus der Schule: Tests mit vorgedruckten Antworten verlangen weniger Engagement. Aber gerade das brauchen wir in einer Remote Viewing Session.

Auch wird durch das eigenhändige Aufschreiben der Wechsel zur nächsten Stufe, der „Achtung, jetzt kommt etwas Neues!"-Ruf wichtig für die Neuorientierung, mit der wir den jetzt nötigen Zentrierungsvorgang einleiten. Er soll uns Details und deren Zusammenhänge bescheren. Beginnen wir also mit der Struktur des klassischen CRV-Protokolls und malen, nach der obligatorischen Seitennummerierung und dem Vermerk „Stufe 4" oben auf unser Blatt:

S D AI EI T IT AUL AUL/S

Nachdem wir den langen Strich unter die Buchstaben gezogen haben, lehnen wir uns etwas zurück und machen einen eben solchen waagerechten Strich etwa nach zwei Dritteln oder drei Vierteln des vorliegenden Blattes:

Das soll unsere (vorläufige) Begrenzung sein. Darüber hinaus sind wir nicht aufgefordert, Daten zu liefern, kreativ zu sein. Die Qual hat also ein vorgezeichnetes Ende.
Das werden die meisten Viewer an dieser Stelle aber nicht so sehen. Im Allgemeinen muss ich als Monitor dort bremsen, manchmal sogar sehr stark. Denn meistens sprudeln in der Stufe 4 schon die Eindrücke wie aus einem munteren Quell und nicht wenige Personen neigen dazu, plötzlich bildhafte Szenarien in allen Details beschreiben zu wollen. Sie werden es erleben! Die Erklärung dafür wird meist recht banal geliefert: Schließlich sind wir lange genug in der Session und haben jetzt einen optimalen Kontakt mit dem Zielgebiet.

Wenn wir so die formale Vorgabe aufgezeichnet haben, machen wir uns daran, die Aufgabe der ersten Spalte zu erfüllen.

Das „S" steht für ***sensorische Daten***, Eindrücke, die wir durch unsere normalen Sinnesorgane wahrnehmen könnten, wären wir im Zielgebiet unserer Koordinaten.

Hier können wir sowohl eine Zusammenfassung der wichtigsten Daten aus den Stufen 2 bis 3 abliefern, aber auch neue Eindrücke aufschreiben, die uns nach der Stufe drei oder dem Wechsel zur Stufe 4 plötzlich wichtig geworden sind. Das amerikanische Handbuch spricht hier davon, dass der Viewer „nach einer erfolgreichen Durchführung von Stufe 3 mit einer enormen Flut, das Zielgebiet betreffend, in Berührung kommt". Es ist logisch, dass hier eine systematische Struktur hilft. Dass aber jemand zu Beginn der Stufe 4 zu einem „Stop (engl. Break) wegen zu vieler Daten gezwungen" werden würde, habe ich, ehrlich gesagt, selten erlebt. Erst im Laufe der Stufe 4 nimmt der Viewer meist „Fahrt auf". Deshalb sitzt er (sie) bei der Frage nach den sensorischen Eindrücken vom Zielgebiet oft erst einmal da und macht „hm ..." und ich glaube nicht, dass es die Reaktion auf eine Reizüberflutung darstellt, sondern ein Produkt der plötzlichen Sortierungsaufgabe ist. Hier wird nämlich auch eine neue Einteilung vorgenommen, was wiederum Wachbewusstseinsressourcen verbraucht. Da stehen wir nun wie ein alter Computer, dem man ein neues, aufwendiges 3D-Spiel einprogrammiert hat: Wir schlucken erstmal und werden eventuell noch langsamer. Der Datenstau kommt durch die kognitive Vollbeschäftigung, nicht durch „zuviel Daten".

Wie immer im Remote Viewing-Ablauf hilft es, in die vorhergehenden Seiten zurückzugehen, unter Umständen bis zu einer erneuten Kontaktaufnahme mit dem Ideogramm, wo die Eindrucke noch frisch sind. Wenn der Viewer sich bei „**S**" nicht spontan entscheiden kann, gehe ich mit ihm noch einmal in die Aufzeichnungen der Stufe 3 zurück.

„Versuche, einen Überblick zu bekommen. Was sind hier die wichtigsten Eindrücke?"

Diese Entscheidung fällt dem Viewer meist sehr leicht. Er kann Eindrucks-Cluster zusammenschreiben und Rangordnungen vergeben. Dann kommen oft noch ein paar neue Stichworte.

Man muss ein bisschen aufpassen, was hier in Folge angeboten wird, denn fast immer schließt sich nahtlos ein ***Dimensions-Eindruck*** an die Empfindungen an. Der Viewer schreibt diese Begriffe einfach weiter unter „**S**" und muss zum Wechsel zur nächsten Spalte manchmal mit sanfter Gewalt ermutigt werden. Hier liegt natürlich eine Gefahr für den Viewer, der Solo-Sessions macht.

In geleiteten Sitzungen tippt jetzt der Finger des Monitors auf die zweite Spalte „**D**" und der Viewer wird aufgefordert, diesen weiterführenden Eindruck dort niederzuschreiben, und zwar auf gleicher Höhe, wie man ihn unter „S" hingeschrieben hätte. Da man sich bemüht, diesen Vorgang aufrecht zu erhalten und über die anderen Spalten hinweg weiterzuführen, entsteht im Verlauf der Stufe 4 ein nach rechts unten abfallendes Schriftbild. Natürlich kann auch eine bereits erledigte Spalte noch einmal aufgesucht werden. Wir müssen das nur immer entsprechend auf gleicher Höhe tun, sodass der Fortlauf auf der Seite eingehalten wird. Schauen Sie sich das Beispiel auf der nächsten Seite an!

Wenn uns zu den (wichtigsten) dimensionalen Eindrücke nichts mehr einfällt, rücken wir eine Spalte weiter nach rechts vor. „**AI**" steht darüber, das kennen wir schon. AI steht auch hier für „ästhetischer Eindruck". An dieser Stelle nimmt der Viewer aber eine etwas andere Haltung ein. Die Frage lautet nicht, „wie findest du diese Session/das Target so?“ sondern sie ist evident präziser gestellt.

„Was sind deine Empfindungen/Gefühle im Zielgebiet?“, fragt der Monitor zum Beispiel. Der Viewer arbeitet hier also nicht etwa seinen aufgestauten Widerwillen gegen das laufende Vorgehen ab, sondern er wird aufgefordert, sich mit dem Target gezielt auseinanderzusetzen. Dazu muss er zum erstenmal wirklich mit seiner „übersinnlichen Hand hinfassen“, einen direkten Kontakt herstellen. Das kann sehr spontane Reaktionen zur Folge haben. Ein Target mit positiv erscheinendem Charakter muss nicht zwangsläufig auch so empfunden werden! Der Vorgang des „Hinfassens“ kann für den Viewer durchaus unangenehm sein, und das schreibt er dann auch auf. Vielleicht kommt beim nochmaligen Hinfühlen ein anderer Eindruck zustande.

Wichtig ist, dass wir die neuen Qualitäten wie auch die Doppelrolle dieser Spalte begreifen. Zum einen findet natürlich der übliche Abbau von aufgestautem Wachbewusstseins-Frust statt, zum anderen wird der Viewer zu aktivem Tun aufgefordert. So wie er in Stufe 3 eine quasi räumliche Beziehung herstellt, muss er hier eine emotionale Differenzierung und Zuordnung erarbeiten.

Hier kommt die aktive Vorgehensweise der Remote Viewing-Technik gut heraus. Der Viewer „empfängt“ nicht, er muss etwas tun.

Das ist eine gute Vorübung für die „**EI**“- Spalte (***emotionale Impressionen***). Hier steigert sich das aktive Auskundschaften und nimmt schon eine Vorform eines späteren Stufe-6-Werkzeuges an. „Fühl nochmal hinein, gibt es dort andere Emotionen als deine eigenen?“ oder „Wie ist die Stimmung vor Ort?“ könnte die Anweisung des Monitors sein.

Hier wird der Viewer oft zum erstenmal mit einer Sichtweise konfrontiert, die ihm vielleicht noch oft zu schaffen machen mag.

Trifft er nämlich im Zielgebiet mit Menschen zusammen, wird er möglicherweise für ihn ganz neu eine emphatische Wahrnehmung haben, den Eindruck, was ein anderer Mensch fühlt. Ein direkter Kontakt also auf einer geistigen Ebene. Das kann sehr beeindruckend sein, und diese Erfahrung kann sich noch steigern, wenn der Viewer feststellt, dass er „nur“ ein Tier kontaktiert hat.

Ich möchte es hier in keinen direkten Zusammenhang bringen, aber es fällt auf, dass bei Remote Viewern sich der Vegetarismus ausbreitet

Für manche ist der geistige Kontakt zu einem „einfacheren, ja kindlicheren“ Lebewesen von sehr entscheidender neuer Qualität. Die Ansicht, auch Tiere hätten eine „Seele“, wenn auch nur eine ganz kleine, gewinnt plötzlich einen ungeheuren Realitätsaspekt. Aber, um bei der Wahrheit zu bleiben, manche nehmen das auch nicht (oder nicht so) wahr.

Über die Möglichkeit, nicht-menschlichen Intelligenzen zu begegnen, will ich mich an dieser Stelle nicht auslassen. Mein Ratschlag gilt ohnehin: Bitte in einem Training nur „harmlose“ Targets. Von UFOS, Mondrückseiten, dem Jenseits und anderen, von vornherein verdächtigen Zielgebieten lassen Sie, um ihres Wohlbefindens willen, mindestens so lange die geistigen Finger, bis Sie noch ein paar Werkzeuge drauf haben, die Ihnen dann gute Dienste leisten können. Ich scheue mich nicht, dies mehrmals zu sagen, auch auf die Gefahr hin, als Wiederholungs-Langweiler anzuöden. Um mal eine drastische Worthülse zu gebrauchen. Es gibt immer wieder entsprechende Rückmeldungen zu diesem Thema.

Wenn es sich um virtuelle Targets, also nicht-dingliche, handelt oder keine Lebewesen am Ort des Nachschauens anwesend sind, kann es trotzdem zu Eindrücken in der Spalte „EI“ (emotional impressions) kommen, die nicht mit den Emotionen des Viewers gleichzusetzen sind. Die Hintergründe dafür sind nicht ausreichend geklärt. Manchmal scheint es, dass diese Eindrücke, unabhängig vom Viewer, diesem Target „anhaften“ und deshalb immer wieder „abgelesen“ werden. Manchmal sind es auch Emotionen, die früher dort anwesende Lebewesen dort hinterlassen haben. Ein bekanntes wie unangenehmes Beispiel dafür sind zum Beispiel Konzentrationslager der Nazi-Zeit, der Archipel Gulag und andere ähnlich unerfreuliche Orte. Bitte reihen Sie diese Art von Target ebenfalls in die schon vorgestellte Kategorie „nicht hingehen“ ein. Für das Training ist in diesem Sinne vielleicht eher ein Vergnügungspark bei Nacht anzuraten, obwohl dort auch Unfälle möglich sind.

Insgesamt sollten wir darauf achten, dass auch eine Stufe 4 nicht ausufert. Wenn wir schon jetzt an der vorher gezogenen Grenzlinie angekommen sind, haben wir zuviel für den jetzigen Protokollstandort erzählt. Jetzt kommen nämlich erst die interessanten Eindrücke, und zwar deshalb, weil sie uns weiterführen.

Die nächste Spalte „T" verlangt die Nennung von Dingen, die man im Zielgebiet anfassen kann. Im CRV-Protokoll bedeutet „T" Tangibles. Wir haben gemeinschaftlich mit vielen Remote Viewern versucht, diesen Begriff einzudeutschen um ein „heimisches" Protokoll zu erreichen. Eigentlich müsste man deshalb „G" wie „Greifbares" schreiben. Leider(?) hat sich die amerikanische Vorlage bereits soweit durchgesetzt, dass sich ein Umorientieren als völlig witzlos herausgestellt hat. Jeder hatte nun schon von den amerikanischen Bezeichnungen gehört; da stand jemand, der etwas ändern wollte, auf verlorenem Posten. Also gut, dann heißt es eben „Tangibles", das kommt aus dem Lateinischen (tangieren = berühren), und, so beschlossen wir dann, wir sprechen es einfach deutsch aus. Der Vorteil bei der Beibehaltung der Stufe-4-Abkürzungen ist natürlich, dass man das Protokoll überall auf der Welt lesen kann.

Tangible Sachen sind vielleicht Einrichtungsgegenstände einer Wohnung oder Dinge, die auf der Straße herumstehen und vier Räder haben. Hier braucht sich der Viewer nicht zu verbiegen, um ein AUL zu vermeiden. Es wird schon akzeptiert, dass sich der Viewer nun viel tiefer in der Session befindet, einen besseren Zielkontakt hat und deshalb sind Tisch, Stuhl, Auto keine AULs. Bei „Ikea-Möbel" müsste man allerdings schon überlegen, und ein „Mercedes" ist sicher ein AUL, obwohl man diesen Begriff natürlich auch gebrauchen kann, um einen gewissen Typ von Auto zu charakterisieren: massig, teuer, wichtig. Dann ist es ein AUL/S, wie wir es nennen. Es ist wie ein Mercedes mit den schon angeführten Eigenschaften. Wer sagt heutzutage noch „schwarze Limousine" für beispielsweise ein Regierungsfahrzeug oder Gangsterauto? (BMW wäre natürlich auch im Gespräch, in anderen Ländern vielleicht Rolls Royce oder Cadillac.)

S. 5
STUFE 4

S	D	Ai	Ei	T	IT	AuL	AuLS
HART GRÜN SCHNELL DUNKEL STIMMEN	HOCH TIEF GROß AUßEN	GEFÄLLT MIR!	SPAß ETWAS ANGST	BÄUME PLASTIK	VERGNÜGEN UNTERHALTUNG		FAHRSTUHL

Ai: MACHT MIR KEINE ANGST

Ich glaube, durch diese beispielhafte Diskussion der jetzt etwas gewandelten Vorstellung von „einfachen Daten“ ist die Definition dazu für die Stufe 4 klar geworden. Der Viewer darf schon präzise sein, aber nicht zu präzise. Eine Szenerie, die einen genauen Namen hat, ist ein AUL. Der Tower von London, das Atomium in Brüssel, der schiefe Turm von Pisa. Schön, wenn es Treffer sind, aber prinzipiell sind es AULs. Wenn etwas „wie eine mediterrane Landschaft“ herüberkommt, ist es ein AUL/S. Die gesuchte Landschaft kann dann in Südamerika liegen, aber leider war der Viewer noch nicht da, oder es fällt ihm als Vergleich nur der Mittelmeerraum ein. Das AUL daran ist „mediterran“, der wahre Aspekt davon „eine Landschaft in einem Gebiet mit subtropischen Aspekten“. Ob diese Landschaft in Südamerika liegt oder vielleicht unter einer riesigen Glaskuppel in einem germanischen Badeparadies, kann man im weiteren Verlauf der Session ermitteln.
Mit dem besseren Matrixkontakt an dieser schon etwas vorgerückten Stelle des Protokolls ist der Eindruck für den Viewer schon sehr deutlich. Landschaften, Gebäude, technische Bauwerke oder Fortbewegungsmittel sind oft schon recht deutlich. Die können wir weiterverfolgen. Der Viewer braucht sich also nur von den AUL-Anteilen zu trennen. Das hört sich komplizierter an, als es ist.

Wenn man den Viewer seinen AUL-Eindruck in der entsprechenden Spalte eintragen lässt und ihn die „Geh-mal-durch-Prozedur“ vornehmen lässt, wird man feststellen, dass er zu dem Landschaftsbild zurückkehrt. Vielleicht sagt er kurze Zeit später „Copa Cabana“ und gerät quasi in ein antipodisches AUL. Wenn der Grundeindruck richtig war, taucht er wieder auf.

Damit haben wir in einem kurzen Schwenk nach rechts schon einmal die beiden letzten Spalten der Stufe 4 abgehandelt, allerdings im gedanklichen Kontext da, wo sie meistens benutzt werden müssen. Vorher finden wir in der Aufreihung der Bereiche aber noch „IT“.

Nachdem wir beschrieben haben, was man am Ort der Begierde anfassen kann, kommen jetzt die Eindrücke von allem, was man nicht anfassen kann. Im Englischen heißt das „Intangibles“ und wir konnten uns auch von diesem Begriff nicht lösen, um ein rein

deutsches Layout zu kreieren. Im CRV-Original steht nur „I", aber das sieht so spillerig und unbedeutend aus, dass ich schon wegen des Eindruckes immer „IT" zum Viewer gesagt habe, denn diese Spalte ist meist die allerwichtigste in der Stufe 4.
Und so gewinne ich etwas mehr seiner Aufmerksamkeit, ohne ihn aus dem Prozess herauszuholen.
Mit dem „Ungreifbaren" meinen wir nicht „Unbegreifliches", obwohl das hier, wenn dieser Eindruck auftritt, durchaus der Ort wäre, das niederzuschreiben.
Es geht aber meistens um andere immaterielle Aspekte, nicht sichtbare Eigenschaften des Targets, Sinn und Zweck oder Einordnungen. Ich sage an dieser Stelle gern zum Viewer, wenn er so weggetreten ist, dass er die Aufgabe hier nicht mehr formulieren kann: „Was soll das, was macht das, wozu ist das Target gut?"
Die Antwort kann z.B. sein: Transport, Produktion, Schulung, Erhaltung, aber auch negativ besetzte Antworten kommen hier schon. „Um etwas zu verhindern, Leute zu verdummen, alle quatschen nur rum und kommt nichts bei raus." Das hatten wir auch schon. Der letzte Teil davon tatsächlich in Sessions, und zwar mehreren, auf den deutschen Bundestag. Tut mir leid, hab ich mir nicht ausgedacht. Damit muss dann der Monitor rechnen. Manchmal gehört an dieser Stelle, wenn man das Target kennt, auch eine gehörige Portion Selbstbeherrschung zum Job des Navigators.
Andere, hier auftretende Beschreibungen können sein: „öffentlich, geheim, vorsintflutlich, modern, medizinisch, heilend, aufbewahrend, verwaltend, kann besucht werden, religiös, unterhaltend" etc.
Die hier ermittelten Eindrücke sind logischerweise auch wieder Auslöser von AULs. Aber Vorsicht, hier muss der Monitor langsam seine Aktivitäten hochfahren. Jetzt kommen wir in die anspruchsvollen Bereiche des Protokolls, jetzt kann der Viewer schon mal „abgehen". Da heißt es aufpassen. Meint der Viewer, wenn er „wie ein Geschäft" sagt, eine bestimmte Art von Einzelhandel, einen bestimmten Laden, oder ist nur der Aspekt gemeint, dass im Target auf professionelle Weise Ware den Besitzer wechselt. Diese Definition hört sich etwas gedrechselt an, aber genau das sollte überprüft werden. Man muss diese Dinge sehr genau

nehmen, das werden wir immer wieder sehen. Sonst verlaufen wir uns tatsächlich in einer Phantasiegeschichte, die unter Umständen auch noch erheblichen Interpretationsbedarf hat, wie Skeptiker immer wieder anführen.

Wenn der Viewer ständig den Eindruck vom Einzelhändler an der Ecke hat, ist „wie ein Geschäft“ natürlich ein AUL/S. Wenn der Viewer deutlich macht, dass er so einem speziellen Bild nicht anhängt, wie z. B. mit den Worten „na, irgend so ein Geschäft. Wo was verkauft wird. Aber es ist irgendwie überdacht, damit's nicht nass wird“, dann klebt er an keiner festen Vorstellung, sondern beschreibt nur Funktion und Eigenschaften. (Wobei „damit's nicht nass wird“ natürlich auch eine Interpretation ist. Es kann sich tatsächlich auch um ein Sonnendach handeln.)

Ähnlich verhält es sich mit dem Begriff „wie ein Museum“. Das Target kann ein Fundbüro sein. Wenn der Viewer hinzufügt, „na, wo so alte Sachen aufbewahrt werden“, ist alles in Ordnung. Natürlich kann man in jedem Fall solche Begriffe in die AUL-Spalten herausschreiben lassen. Ich persönlich versuche jedoch meistens, die Aufmerksamkeit des Viewers nicht extra zu strapazieren, wenn klar ist, dass ihm der Begriff speziell nichts bedeutet.

Eine Kirche kann natürlich auch ein Tempel sein. Und umgekehrt. „Etwas Religiöses“ wäre die unverdächtigste Äußerung.

„Datenverarbeitung“ können Vorgänge in einem elektronischen Rechenzentrum sein, aber auch Denkprozesse in einem menschlichen Gehirn. Das können wir an dieser Stelle oft noch nicht mit Sicherheit auseinanderhalten. „Wie ein Chemielabor, AUL: Giftküche“ hatten wir dazu auch schon mal in einer Session.

Wie gesagt, man kann in dieser Spalte einige Überraschungen erleben. Deshalb an dieser Stelle ein paar ausgewählte Stufe-4-IT-Beispiele aus längst vergangenen Sessions.

„Kommunikation und Produktion im Sinne von Herstellen, muss aber nicht Fabrik sein. AUL: wie Kommunikationseinrichtung.“ Das Target war eine Zeitschriftenredaktion.

Beispiele

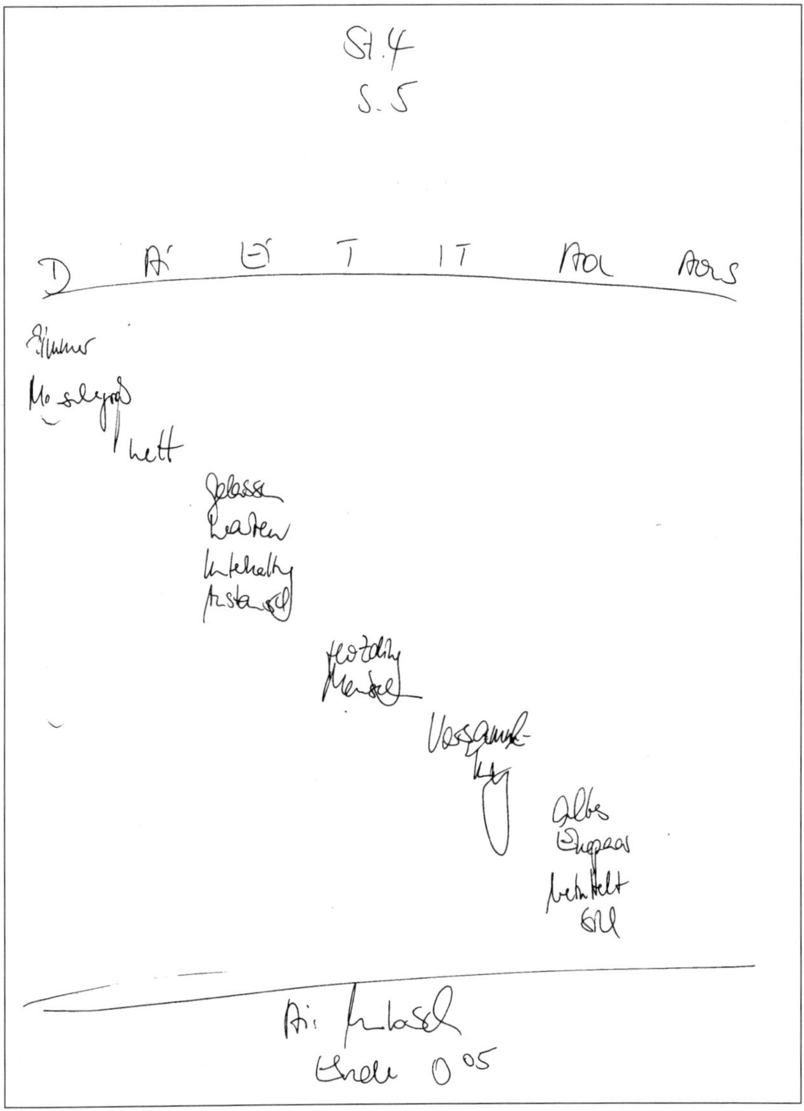

AUL: „Zwei tanzende Frauen“ werden zu „altes Ehepaar betuttelt sich“.

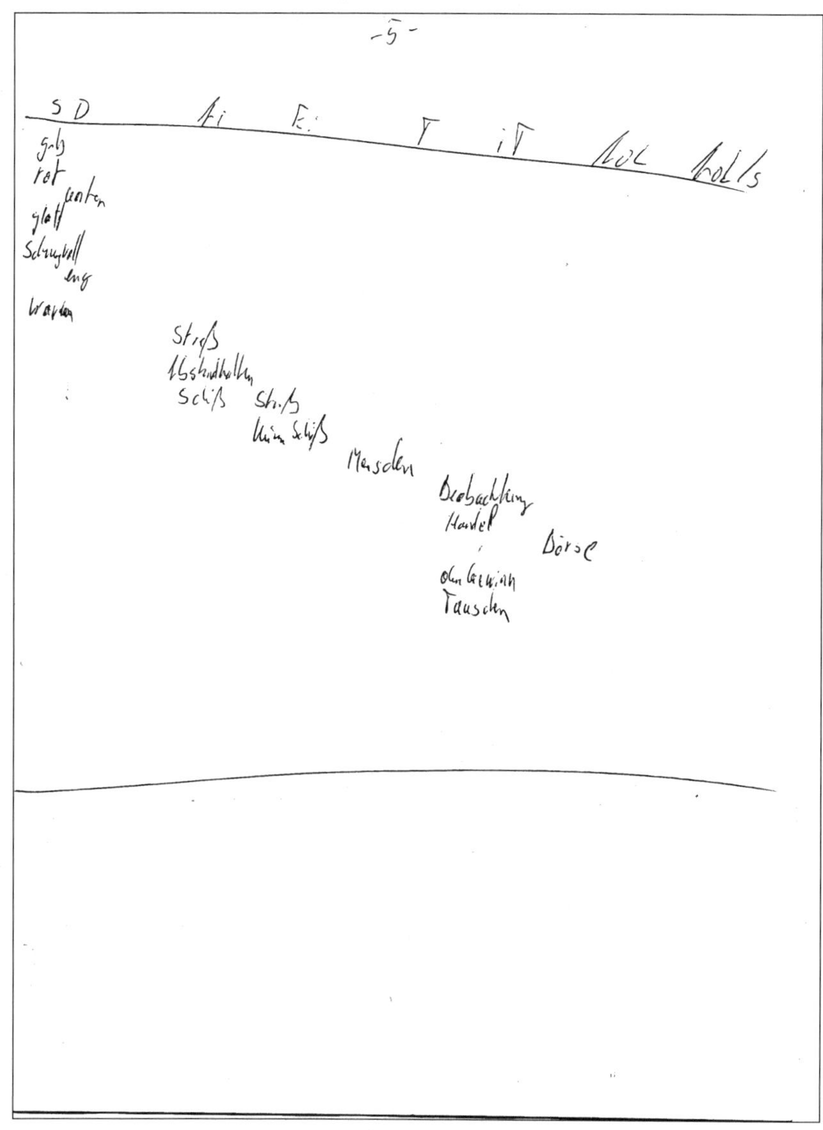

„Lebensweg eines Börsenmaklers“: Beobachtung, Handel, AUL: Börse

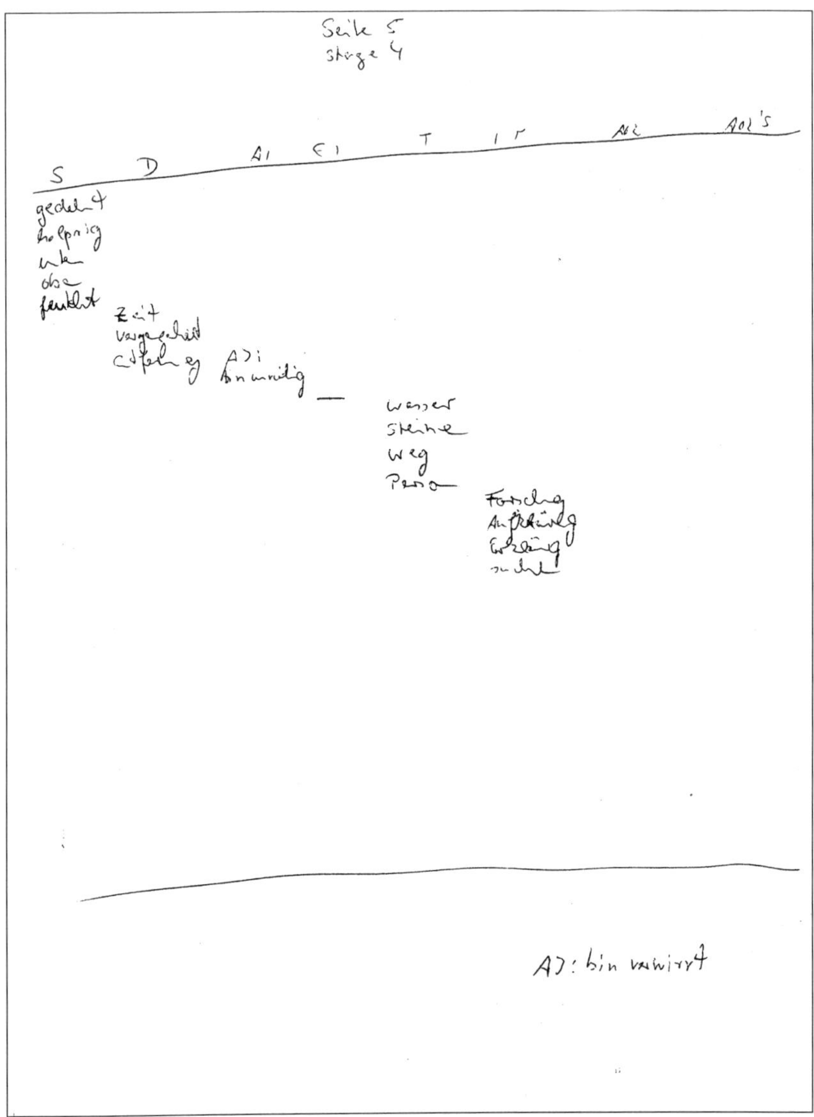

Target: „Kornkreise“. Der Viewer ist ein Kleinschreiber und lange vor der Begrenzungslinie fertig geworden. Er hat auch genügend Eindrücke.

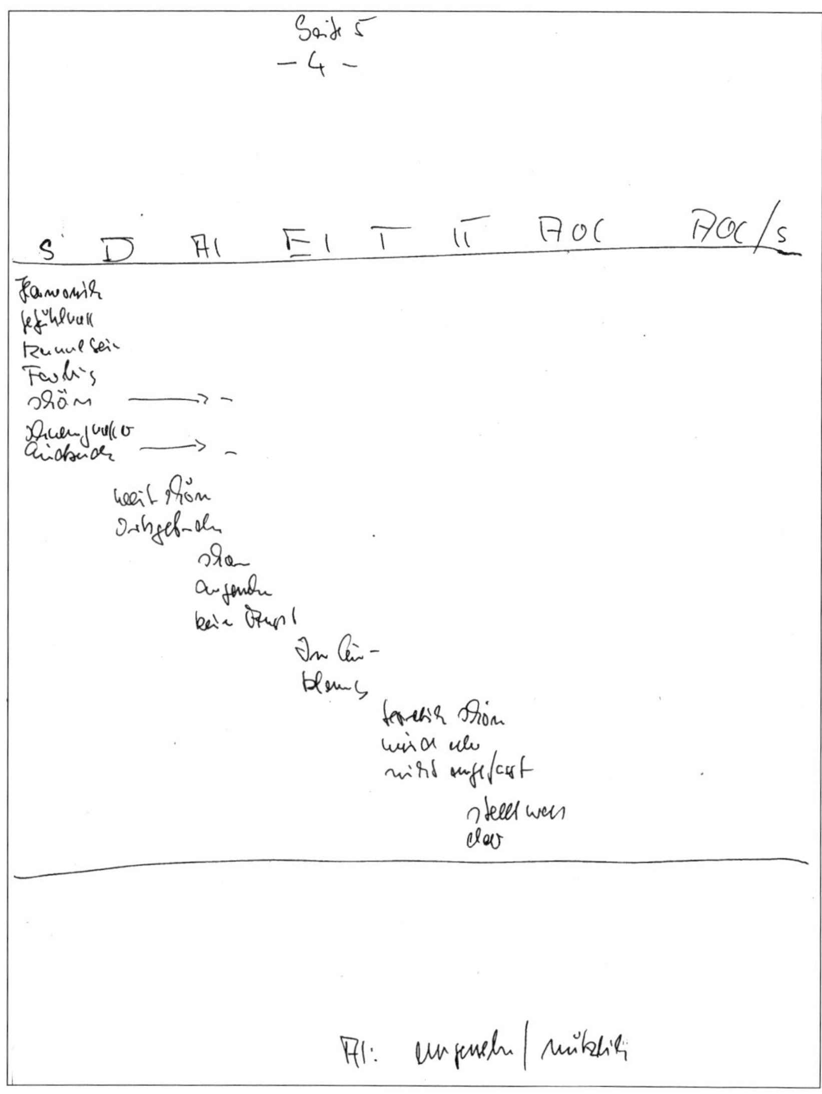

Noch einmal „Kornkreise“. „Feierlich schön und keine Angst.“ Der Viewer ist perfekt mit dem Platz ausgekommen.

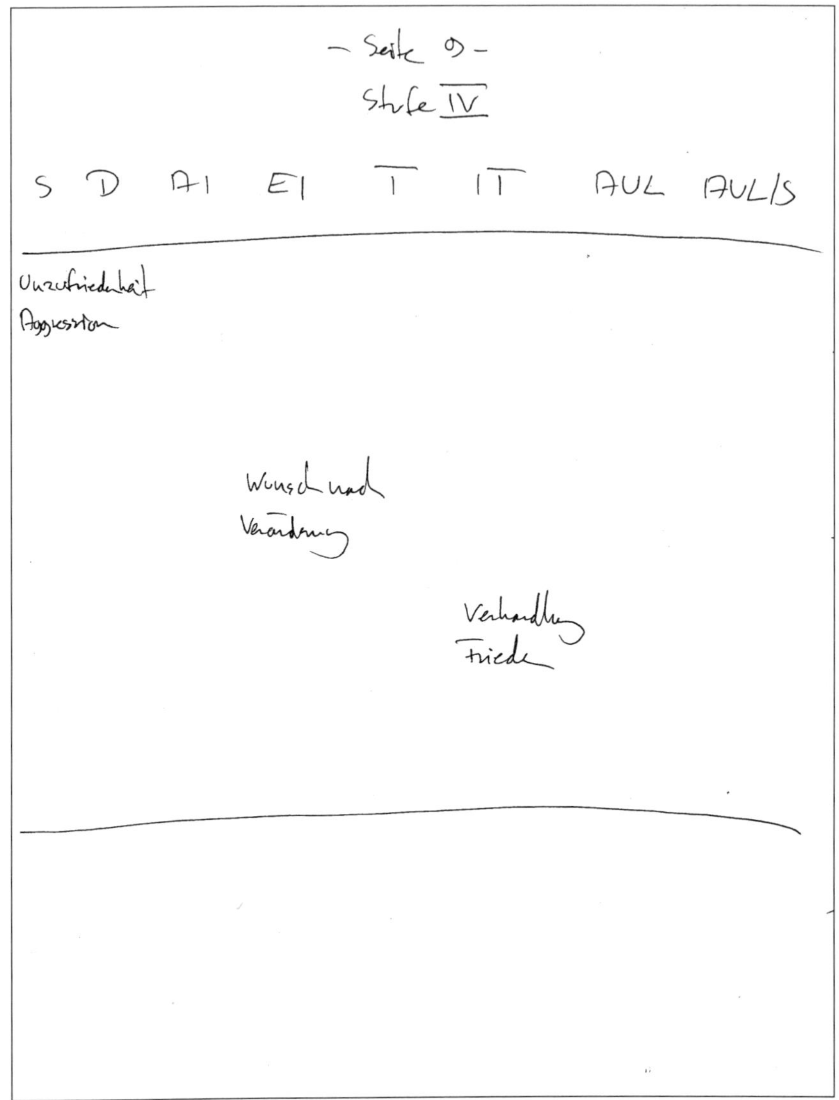

Virtuelles Target: „optimaler Partner". Nur wenige, prägnante Eindrücke, aber treffend abgefertigt. So kann`s auch ergehen.

„Beobachtung, Handel. AUL: Börse. Ohne Gewinn tauschen.“ Der weitere Lebensweg eines Börsenmakler sollte untersucht werden.

„Gruppenkonflikt“, war das einzige Wort auf eine ähnliche Fragestellung, diesmal für einen Politiker.

Eine Werbepostkarte einer Fluggesellschaft holte sich die Bemerkung „zum Anschauen“ und eine meditative Veranstaltung bekam „nicht fassbar“.

Wir sollten beim Umgang mit dem Viewer und seinen Daten immer auf eine Überraschung gefasst sein. Es werden sehr häufig nicht die Eindrücke zu einem Target geliefert, die man erwarten könnte. In der Session ist eine gewisse Ursprünglichkeit der Bemerkungen des Viewers der Normalfall und wir erkennen daran auch, wie sehr sich der Viewer „on Target“, also wirklich in einem Zustand der linkshemisphärischen Auslastung befindet. Die Fähigkeit, eine bestimmte Zensur auf die Äußerungen auszuüben, ist sozusagen ein Programm, das nicht mehr über genügend Arbeitsspeicher verfügt und damit verzögert, nur teilweise oder gar nicht ausgeführt wird. Deshalb gibt es auch Äußerungen, die sehr humorig herüberkommen oder satirisch anmuten. Wie das Beispiel oben für den Bundestag. „Entertainment, Kurzweile“ war auch so ein Eindruck dazu.

Bestimmte Themenbereiche fordern solche Äußerungen scheinbar besonders heraus. Es ist bemerkenswert, wie in manchen Projekten sich die Viewer kichernd ihre Sessions gegenseitig vorlesen.

„Nützliches Gerät, Errungenschaft des Zeitalters der Mechanik“, gab jemand im Lotto-Projekt zum Besten, einem Zielgebiet, in dem für fast alle Viewer die bekannte Fernsehszene mit der Glaskugel und dem Greifarm der Auswahlmaschine auftaucht.

Das Wichtigste für die optimale Durchführung der Session bleibt aber, dass der Monitor informiert ist, wo sich der Viewer befindet, ob er im Zielgebiet ist, etwas weiter ab oder in einem ganz abgelegenen Szenario. Ist er im Zielgebiet, kann es sein, dass er sich vor oder hinter, unter oder über oder sogar in dem angepeilten Ziel befindet.

Die Daten der Stufe 4 geben darüber ebenso Auskunft und diese Position betrifft genauso die virtuelle „IT“-Spalte. In diesem Sinne nennt der Viewer die Eindrücke, die für ihn am Wichtigsten sind, um das Target zu beschreiben. Das kann meilenweit von der Ansicht des Monitors entfernt sein.
Der Viewer kann staunend und unverständig, aber auch mit analytischer Einstellung draufschauen. Im Kornkreisprojekt fand sich „feierlich schön, wird aber nicht angefasst, stellt was dar“, genauso wie „Forschung. Aufklärung, Erklärung suchen“.
Diese Möglichkeiten werden besonders in der Verfolgung von bestmöglichen Lebenswegen, optimalen persönlichen Verläufen vom Viewer geradezu exemplarisch genutzt. Zum virtuellen Targetaspekt der Stimmung, der Wünsche und der Eigenschaften der angepeilten Person kommen auch noch seine konkrete Situation, seine reale Tätigkeit und die Umgebung, in der er sich befindet. Hier ist es wichtig, die Äußerungen zuordnen zu können.
In Sessions auf meine eigene Zukunft fand ich unter anderem folgende Beschreibungen, die ich gut einordnen konnte: „Wie was von Technik in Naturszene.“
„Wunsch nach Harmonie. Leute hinter Idee, Leute aber unwichtig, Idee steht im Vordergrund. EI: Begeisterung, AI: friedvoll.“ (Der Viewer schrieb in mehreren Spalten)
„Energie und Wind. Ort, wo Menschen leben, Gebäude spielt Hauptrolle, Arbeiten werden dort verrichtet, sehr viel Betrieb.“
Es war die Zeit, in der ich mich entschloss, RV-Trainings durchzuführen und überlegte, ob ich Nordfriesland verlassen und mein Haus verkaufen sollte.

Nach all den Sessions, die mich in der gleichen (flachen) Landschaft, dem Haus etc. sahen, entschloss ich mich, die geographisch etwas abgelegene Variante noch einmal zu prüfen.
Es zeigt sich, dass der Monitor auch über ein bestimmtes Grundwissen bezüglich des Targets verfügen sollte, das er sich vor einem Projekt möglicherweise anlesen kann oder das er durch eine Person „vom Fach“ repräsentieren möchte. Davon später mehr im Projektkapitel.

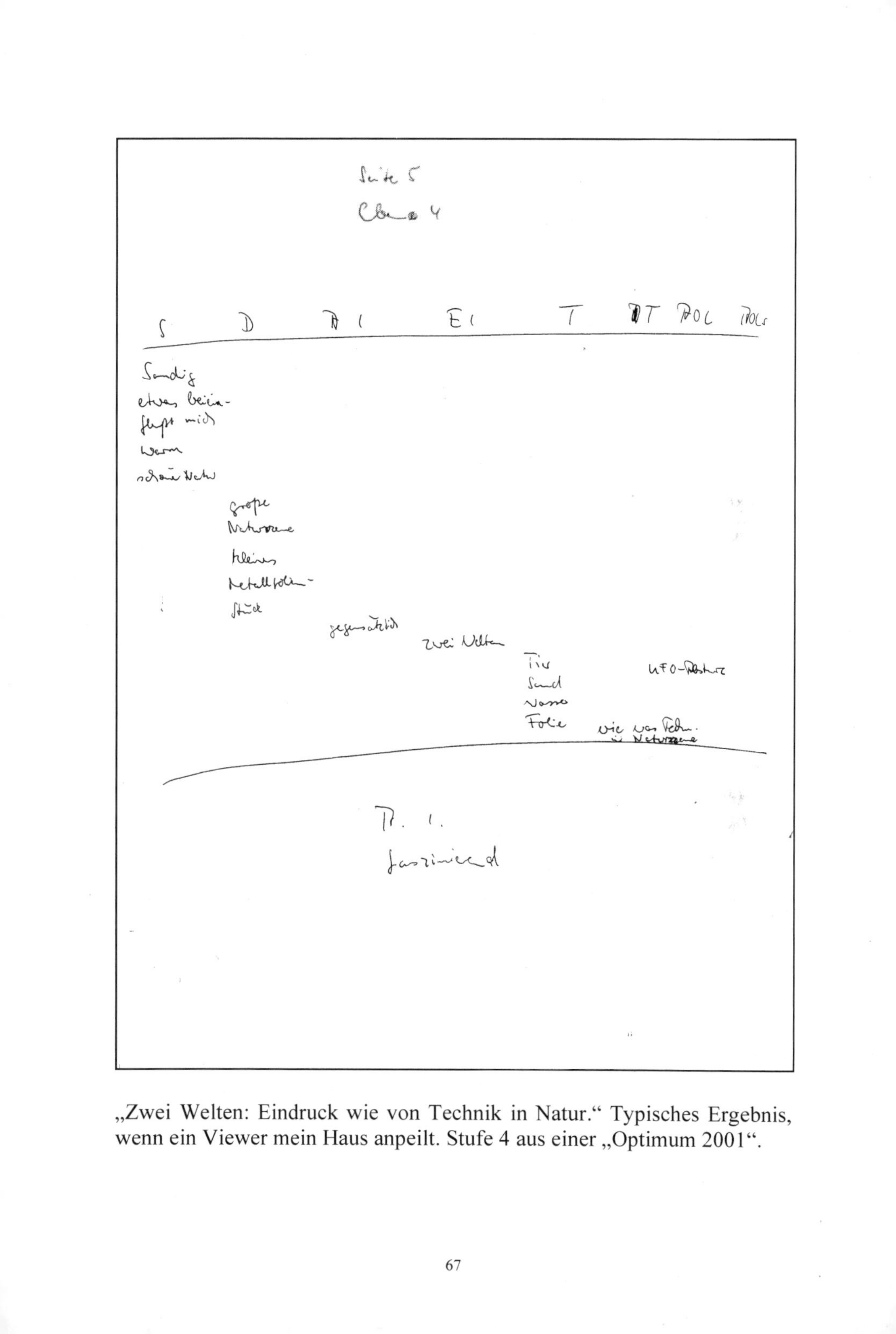

„Zwei Welten: Eindruck wie von Technik in Natur.“ Typisches Ergebnis, wenn ein Viewer mein Haus anpeilt. Stufe 4 aus einer „Optimum 2001“.

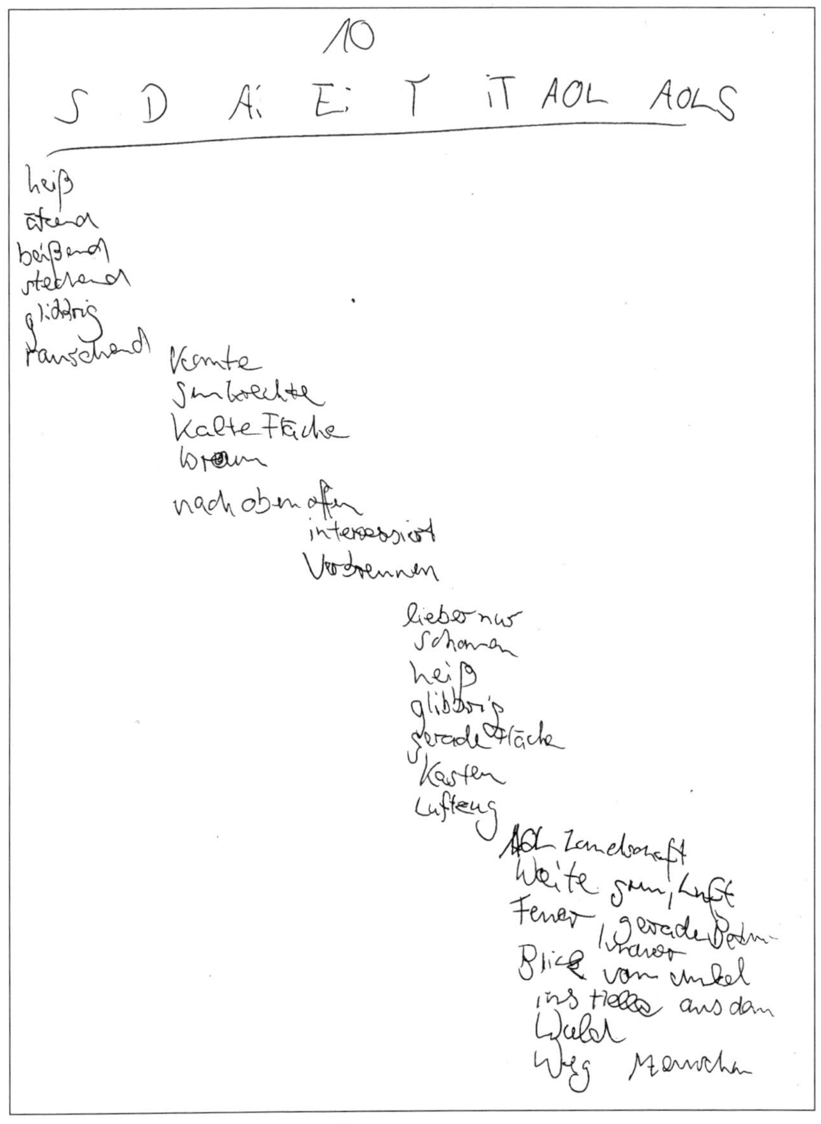

Hier hat ein Blatt nicht ausgereicht. Weiter geht`s dann auf dem Nächsten.

In „Optimums“ werden oft auch unangenehme Dinge gesagt, Wahrheiten, die man nicht so gern im Blickfeld hat.

Optimums für ein (Ehe-)Paar bieten solche unbequeme Analysen. „Altes korrigieren, aus Langeweile zu Experimentierfreudigkeit, Aufbrechen alter Gewohnheiten, mehr Spaß, mehr Risiko“, könnten auch aus einer psychologischen Partnerschaftsberatung stammen. Man muss darauf gefaßt sein, dass es auch intime Dinge sind, die ans Licht getrieben werden. Aber ich denke, da muss man durch, oder man hätte die Frage nicht stellen brauchen. Jeder, der sagt, er würde gern etwas über die Zukunft erfahren, muss damit rechnen, dass auch wenig rosige Eindrücke kommen. Schon deshalb werden meist nur „Optimums“ gemacht, damit auch gleich ein guter Rat, eigentlich im Sinne des Targets *der beste realisierbare Rat*, mitgeliefert wird. Das muss in die Targetformulierung eingehen. Ob dieser Rat unangenehm ist oder nicht, man kann sich immer selbst entscheiden. Ich möchte das an dieser Stelle nicht weiter diskutieren, weil es ein eigenes Buch füllen würde. Dieses habe ich bereits geschrieben und es ist unter dem Titel „Schritte in die Zukunft“ erschienen.

Wenden wir uns also wieder der Diskussion der Stufe 4 zu.

Wie wir gesehen haben, liefern Stufe-4-Daten oft schon klare Antworten zur Fragestellung der Session ab, (und manche Targets können schon hier befriedigend erledigt werden,) in jedem Fall stellen die Daten aber die Basis für das weitere Vorgehen dar. Es steht nicht zu erwarten, dass der Viewer Eindrücke zu allen Bereichen eines Targets niederschreibt, das würde in den meisten Fällen auch jeden machbaren Rahmen sprengen. Aber er schreibt die wichtigsten Eindrücke auf, jedenfalls, wie wir gesehen haben, die für ihn, den Viewer, wichtigsten Eindrücke. Hieraus entsteht ein völlig neues Orientierungsproblem in der Session, das wir so noch nicht wahrgenommen haben. Wenn wir annehmen, dass der Viewer unter der Vollbeschäftigung seiner linken Gehirnhälfte „leidet“, müssen wir dabei auch entscheidende Verluste an Urteilskraft hinnehmen, was zwar im Sinne der Session ist, den Viewer aber auf das kognitive Niveau eines Fünfjährigen herunterfährt.

Wollen Sie in jedem Fall dem Urteil eines Kleinkindes trauen? Ich sage an dieser Stelle offen, dass das *in der RV-Session* oft tatsächlich das Beste wäre. Ich begebe mich jedoch eindeutig in Gegenposition zu der Auffassung, dass dies *immer* der Fall sein sollte.

Die Begründung früherer Generationen von Remote Viewern, dass bei der Befragung des Viewers nach den Eindrücken, die „targetrelevant" sind, ohnehin das allwissende Unterbewusstsein entscheidet, möchte ich in mehrfacher Hinsicht so nicht stehen lassen. Zum Beispiel ist die Entscheidungsfähigkeit des Viewers, dadurch, dass man seine linkshemisphärischen Übersetzungsfunktionen benutzt, nie völlig ausgeschaltet. Die Bandbreite der Targetrelevanz möchte ich ebenfalls in einem gesonderten Kapitel über neue Sichtweisen bei der Bewegungsübung diskutieren. An dieser Stelle soll der Hinweis auf eine solcherweise sich auftürmende Problematik nur der Anlass sein, in bestimmten Spalten der Stufe 4 zu versuchen, je nach Targetinhalt ein paar Daten mehr zu erhalten.

Irgendwann ist aber dann wirklich Schluss mit der Stufe vier, denn sie ist doch dazu da, den Aktionsrahmen für die Session zu liefern, den Claim abzustecken, sozusagen. Die Stufe 4 ist der Flugplatz, von hier aus heben wir ab.

Die Platzgrenze haben wir schon gleich am Anfang gezogen. Natürlich müssen wir auch hier der Individualität des Viewers nachgeben. Deshalb legte ich mich am Anfang auch nicht genau fest, wo genau diese Grenze gezogen werden sollte.

Es gibt Großmaler und Kleinschreiber, es gibt Datenfluter und Spartaner. Gegen keine dieser „Kategorien" ist prinzipiell etwas einzuwenden. Wenn ich jetzt vorgeben würde, vier Eindrücke pro Spalte in der individuellen Art aufzuschreiben und dann eine Linie zu ziehen, um diesen Abstand zum Tabellenkopf dann als Standard sozusagen „einzuprogrammieren", wäre das etwas zu einfach. Tatsächlich lässt man den Viewer nach eigenem Ermessen zunächst irgendwo im angemessenen Bereich nach eigenem Gusto einen Strich ziehen. Er oder sie hat das meist schon gut im „Gefühl", wieviel ihm/ihr einfallen wird. In zwei oder drei Sessions zu sehr unterschiedlichen Targets kann man diese Grenze dann noch genauer einstellen.

Man sollte daraus auch kein Problem machen. Wenn dem Viewer noch ein oder zwei Eindrücke wichtig sind, obwohl er die Grenze erreicht hat, muss er sie schon hinschreiben. Andererseits sollte auch mal Schluss sein, denn man will ja weiterkommen. Und wenn der Viewer ein übermäßig großes Schriftbild hat, dann muss die Grenze eben nach unten verschoben werden, oder er oder sie diszipliniert sich freiwillig und schreibt kleiner. In der Schule hatten wir ja auch zunächst Höhenvorgaben beim Schreibenlernen, diese Größenordnung sollte doch erinnerbar sein.

Wenn wir solchermaßen fertig sind, schreiben wir noch ein AI hin und beenden die Seite und die Stufe 4. Wenn wir nur bis zur Stufe 4 trainieren, folgen natürlich jetzt Uhrzeit, das Wort „Ende“ und vielleicht noch drei Striche, um sich von der Session zu verabschieden.

Wie immer können wir noch eine Zusammenfassung schreiben, welche Eindrücke uns am Wichtigsten erschienen, und ob noch ein Zusammenhang unberücksichtigt geblieben ist.

4. Kapitel: Andere Stufe-4-Organisationen

Die Besprechung einer Stufe-4-Durchführung im letzten Kapitel hatte die Organisation des CRV (Coordinate Remote Viewing) - Protokolls als Vorlage. Als ich mit Remote Viewing in Berührung kam, wurde mir vermittelt, das wäre die Vorgehensweise, wie es funktionierte, und nichts anderes. Dann stellte ich bei Internetrecherchen fest, dass mehrere Personen Remote Viewing anboten, jeweils mit einem anderen Buchstaben vorn dran. Alle verbreiteten die Ansicht, ihre Methode wäre es. Bei genauerem Hinsehen waren die Unterschiede, die einige dieser „eigenen" Methoden aufwiesen, doch sehr marginal. Aber es gab auch Vorgehensweisen, die teilweise erheblich abwichen. Im ersten Teil dieses Kompendiums für ein Selbststudium habe ich die Wichtigsten vorgestellt.

Als wir begannen, uns dafür zu interessieren, weshalb diese Methode funktionierte, und hierbei sind wir Günter Haffelder in Stuttgart und seinem Gehirnlabor sehr zu Dank verpflichtet, stellten wir fest, dass alle diese Methoden funktionieren. Wenn man sie richtig anwendet. Denn womit jeder Trainierende konfrontiert wird, ist, dass man nicht einfach nur den Protokollablauf lernen muss und dann geht`s.

Es geht schon, aber ebenso oft daneben. Auch das „Timing" spielt eine große Rolle. Mit einem optimalen Timing verbessern sich die Ergebnisse sprunghaft. Die ersten deutschen Viewer kamen mit ein paar Regeln und, nach zehn Tagen Training, auch mit einem „Gefühl für die Abläufe" zurück. Die „Drei-Sekunden-Regel", aber auch der Punkt, wann man mit dem Viewer einen „Wechsel" durchführen sollte, gehörten dazu.

In dem mitgebrachten „Handbuch" stehen sehr wohl zeitliche Hinweise, aber der Hintergrund dafür wird nur teilweise und, wie mir Leser immer wieder versichern, sehr kryptisch behandelt, sodass man eigentlich nicht von einer tatsächlichen Aufdeckung der Zusammenhänge sprechen kann. Dafür gibt es sicher mehrere Gründe.

Zum Ersten müssen wir annehmen, dass die Verfasser sich zwar auf Erkenntnisse der Gehirnforschung stützten, diese aber älteren

Datums waren. Die zweite Annahme beruht auf dem Geheimhaltungsaspekt. Einiges an Basiswissen wurde möglicherweise unter den Tisch gefallen. Um das mal so zu sagen. Drittens spielte sicher auch die eben beschriebene egozentrische Ebene eine Rolle, die Verpflichtung, „ein eigenes Remote Viewing“ zu haben. Eine wirtschaftliche Zwangsmaßnahme, methodisch gesehen lächerlicher Separatismus. Ich werde mich auch in der Beschreibung der Stufe vier durch die repräsentativen Varianten hindurcharbeiten und möchte abschließend, im Überblick, die Eigenarten so diskutieren, dass klar wird, dass es sich jeweils nur um eine optionale Fassung handelt.

Beginnen wir, wie schon gewohnt, mit der Darstellung der Änderungen, die Courtney Brown nach seinem Training bei PSITECH dem CRV-Protokoll zufügte. (Ed Dames hatte es im Prinzip unverändert, nur mit Verbesserungen in der Stufe 6, übernommen und TRV genannt.)

Brown beginnt mit einer Umbenennung. Aus „stages“, bei uns „Stufen“ werden bei ihm „phases“. Zu behaupten, dies würde die Methode stark verändern, könnte ironisch verstanden werden, aber in der Tat finde ich den Ausdruck „Phasen“ etwas passender.

Hier wird gefühlsmäßig symbolisiert, dass die militärische Struktur rangfolgender Stufen durchaus auch fließende Übergänge und vertauschbare Stellen haben kann. (Dr. Brown hat seinen Ph. D. in Sozialwissenschaften gemacht.) Er selbst schreibt, dass die „Phase 4“ nur funktioniert, wenn ein starker Kontakt zum Target hergestellt ist. Damit meint er sicher, dass der Viewer Phase 1 bis 3 durchlaufen haben sollte. Doch darüber kann man diskutieren, und das werden wir später tun. Phasen müssen nicht zwangsläufig aufeinander aufbauen, sie kommen und gehen, Phasen eben.

Demgemäß schreibt ein Viewer, der bei ihm trainiert, auch „P4“ auf den Beginn der Seite. Dann folgt eine Gliederung, genau wie wir sie vom CRV-Protokoll kennengelernt haben. Sie sieht bei ihm so aus:

S	M	VF	E	P	SUB	C	GD	D

„S“ steht auch bei Dr. Brown für „sensorische Daten“, alles, was man mit den fünf Sinnen wahrnehmen kann.
„M“ repräsentiert „magnitudes“, und das heißt übersetzt „Größe, Wichtigkeit“. Diese Kategorie hat durchaus eine andere Bedeutungsfacette als wir sie mit „Dimensionen“ vom CRV-Protokoll her kennen. Man könnte sagen, diese Begriffe sind in „dimensions“ enthalten, damit wird aber klar, dass Brown sein Vorgehen anders zentriert. Nicht die Verhältnisse der Dinge zueinander, sondern ihre relative Ausprägung sind ihm wichtig. Hier könnte man natürlich auch die Frage nach der Targetrelevanz unterbringen, die wir schon im letzten Kapitel angesprochen haben. (Mit allen sich anschließenden Fragestellungen.)

„VF“ ist natürlich, wer hätte das nicht gedacht, die Abkürzung für „viewer feelings“, und es ist bemerkenswert, dass Brown hier eine eigene Bezeichnung findet, um klarzumachen, dass es sich um die „feelings“ des Viewers am Target handelt. Wir bemerken wieder, dass sich die Bedeutungen der einzelnen Begriffe nicht hundertprozentig decken. „Feelings“ sind eher „Empfindungen“ im Sprachgebrauch, und auf den kommt es ja beim Remote Viewing besonders an. Ein „ästhetischer Eindruck“ ist zwar eine sehr distinguierte Form, das, was beim Viewer vorgeht, zu beschreiben, man muss den Viewer aber zusätzlich fragen: „Was fühlst du dort?“ In der Wortfindung „Viewer feelings“ ist das gut aufgefasst.
Brown legt großen Wert darauf, diese von den „emotions“, dem Oberbegriff seiner nächsten Spalte zu differenzieren. Er stellt deutlich fest, dass es jede Art von Gefühlen sind, die der Viewer im Zielgebiet als „von dort vorhandenen Gegebenheiten (subjects) abstammend.“
Hier kann auch zum Ausdruck kommen, welches persönliche Verhältnis ein Viewer zum Target hat, dass er also z.B. ein Zielgebiet in einer anderen Zeit, Zukunft oder Vergangenheit, als „komisch, merkwürdig“ empfindet. Brown lässt hier den Viewer eine deutliche Distanz zum Target einnehmen, er muss nur empfinden, was das Zielgebiet sozusagen „ausstrahlt“. Damit schützt

er den Viewer durchaus vor einem unbeabsichtigten Hineinstürzen in unkontrollierbare Übergriffe, muss aber, wie er ja selbst einleitend bemerkt, auf einen guten Targetkontakt bauen. So kann er sich auch mal dem viel beschworenen Auschwitz nähern, ohne groß Gefahr zu laufen, dass der Viewer in den Eindrücken „ertrinkt“. Die Vorteile zum „aktiven Hinfassen“ könnte man von Mal zu Mal abwägen und je nach vermuteter Intensität des Targets entsprechend empfangend oder nachforschend vorgehen.

Die nächste Spalte repräsentiert für Brown „physical things“, physikalisch existierende Dinge, darunter ebenso Himmel, Luft oder Nebel, obwohl man das alles nicht so recht anfassen kann. Insgesamt wieder ein klarerer Begriff als beim CRV-Protokoll. Man muss aber bedenken, Brown konnte sich der ganzen Problematik zu einem Zeitpunkt, als bereits viel geforscht hatte, mit frischem Sinn und Überblick widmen. Für uns bedeutet es, möglicherweise von dieser Überlegung ebenfalls zu profitieren, wenn wir eigene Protokollkonstruktionen erstellen. Wir müssen nur wissen, dass wir dann nicht mehr so kompatibel zur bereit existierenden Verbreitung von RV sind.

„Einige Dinge sind real, aber nicht physikalisch existent“, schreibt Brown sehr treffend zu den Inhalten seiner Spalte „SUB“. „Subspace-*Dinge* sind wie physische, sie sind eben nur im *Subspace*.“

Dieser Begriff ist gewissermaßen unübersetzbar. Brown setzt hier eine zweite Existenzebene ein, das Postulat einer Welt neben der alltäglich erfahrbaren, einem Aufenthaltsort für Geister, Seelen und andere unfassbare Existenzen und Ereignisse. Dieses Vorgehen ist sehr interessant, besonders im Hinblick darauf, dass durch die Diskussion um den Themenbereich „freie Energie“ auch der alte Ätherbegriff wieder neu durchdacht wird. Die heute als „konservative Wissenschaft“ bezeichnete Weltanschauung ließ lange Zeit durchaus wiederholbare „Fernwirkungseffekte“ aus dem Forschungsprogramm ausblenden. Erst im Zuge der Entwicklung der Quantenphysik erkannte man, dass es Information offenbar gestattet ist, ohne messbare physikalische Effekte einer Materie anzuhaften oder zu wandern. Wie immer man diese Existenzebene benennen mag, es handelt sich doch um ein ganzes

Universum von Informationsfeldern, die durchaus Einfluss auf die „reale Welt" ausübt, und in diesem Sinn mag Browns Lösung für das Protokoll eine sehr moderne sein.

Andererseits gibt er hier aber etwas vor, was sich den heutigen Möglichkeiten der Überprüfung weitgehend entzieht und im Anhang die Bereiche der Mystik und der Metaphysik in die Betrachtung einbezieht. Das kann sehr gefährlich werden, gefährlich im Sinne einer rationalen Datensammlung und Ergebnisdarstellung. Sagen, Märchen, Geister und eigene Vorstellungswelten können sich leicht vermischen und es ist klar, dass besonders dafür anfällige Menschen hier leicht abgleiten. Browns außerirdische Untergangsprophezeiungen im Hale-Bopp-Kometenjahr 1997 sind sicherlich eine Folge davon, sich hierauf unkritisch einzulassen.

Andererseits bietet Brown hier eine Möglichkeit, sich mit diesen Erscheinungen im Rahmen einer Remote Viewing Session explizit und ausgewiesen zu befassen. Formal ist er auch sehr konsequent. Wenn es sich schon um eine zweite Welt handelt, die im Gegensatz zur Physikalischen existiert, muss man sie auch in erfahrbare Kategorien aufteilen können, genau wie die erste Welt. Das bedeutet, dass hier auch AIs - Pardon, *viewer feelings* dazu gehören, genau so wie Ausprägungen oder quasi-sensorische Daten.

Eigentlich müsste er dafür eine völlig neue Phase-4-Aufteilung machen und eine neue Seite benutzen, sozusagen eine Phase 5. Da er den Prozess aber nicht auseinanderreißen möchte und der Ansicht ist, es seien beides dem Target anhaftende Aspektbereiche, bringt er auch diese Daten in der einen, vorliegenden Phase oder Stufe 4 unter. Seine Vorgehensweise ist, ein S in der entsprechenden Höhe der Kategorie zu schreiben und auf gleicher Höhe dann in die entsprechende Kategorie den dazu gehörenden Eindruck. Also, wenn beispielsweise ein Viewer die Emotionen einer „Subspace-Existence" auffängt, schreibt er ein „S" in die „SUB"-Kategorie und den aufgefangenen Eindruck unter „E" in die gleiche horizontale Reihe wie das „S". So soll ein Analyst diese Session dann neutral bewerten können. Unter diesem Blickwinkel wäre auch denkbar, dass man als Verweis auf die Spalte ein „E" im „SUB"-Bereich niederschreibt.

Nach diesem Ausflug kommt Brown doch zu Inhalten des CRV-Protokolls zurück. Unter „C“ werden „concepts“ abgefragt, sozusagen „ungreifbare Ideen, die das Target beschreiben, aber keine Beziehung zu den fünf Sinnen haben. Ich denke, auch hier ist die Frage „Was soll das, was macht das, wozu ist das gut“ am Platz und die Antworten darauf lesen sich auch sehr bekannt, wenngleich ein Stirnrunzeln bei seiner beispielhaften Aufzählung doch auftritt.

„Gut, schlecht, wichtig, unwichtig, inspirierend, gefährlich, sicher, Zuflucht, Arbeit, Spiel, Spaß, Plackerei, abenteuerlich, erleuchtend, Angriff, evolutionär, Erniedrigung, Unterstützung, Heilen, Uneigennützigkeit, böse, unheilvoll, heilig ...“ Ein großer Teil davon ist sehr wertend. Man könnte sich gut vorstellen, einige dieser Begriffe in anderen Spalten wiederzufinden, während bestimmte Konzepte aus dem CRV-Protokoll nicht auftauchen, vielleicht, weil sie Brown an dieser Stelle zu weit gehen.

Hier wird der unterschiedliche Ansatz der beiden Modellbetreiber sichtbar. Dames, der Verfechter der Rangordnung, benutzt die 4 als Beförderung in die nächste Befehlsklasse. Bei Brown gibt es keine nächste Phase, alles Weitere wird nun, hinübergleitend in gezielte Befragungsmethoden, unter dem Dach seines Phase-4-Konzeptes abgearbeitet. Das ist keine abwegige Methode, in der Ermittlung voranzuschreiten. Ich kann schon jetzt versichern, dass der erfahrene Remote Viewer in Kenntnis aller dieser Wirkungen sich oft eine völlig neue, targetspezifische Vorgehensweise ausdenkt, im Rahmen seines Wunsches nach Effizienz. Der Weg ist variabel, aber hergestellt aus Pflastersteinen von geringer Typenauswahl.

Wir wollen jedoch die einzelnen Systeme vorerst noch separat, aber vergleichend betrachten.

Die beiden letzten Spalten in Browns Aufstellung entsprechen wieder sehr genau den schon bekannten aus dem CRV-Protokoll.

Seite x

Phase 4

S	**M**	**VF**	**E**	**P**	**SUB**	**C**	**GD**	**D**
Sinneseindrücke								
	Größe Wichtigkeit Verhältnisse							
		Gefühle des Viewers						
			jede Art von Gefühlen im Zielgebiet					
				Physikalisch existente Dinge				
					Subspace-Eindrücke			
						Konzepte, Ideen, Funktionen		
							durch Targetkontakt geführte Schlussfolgerung	
								Spezielle Schlussfolgerung

AI: Ästhetischer Eindruck

Ende: xy Uhr yz

____

____

____

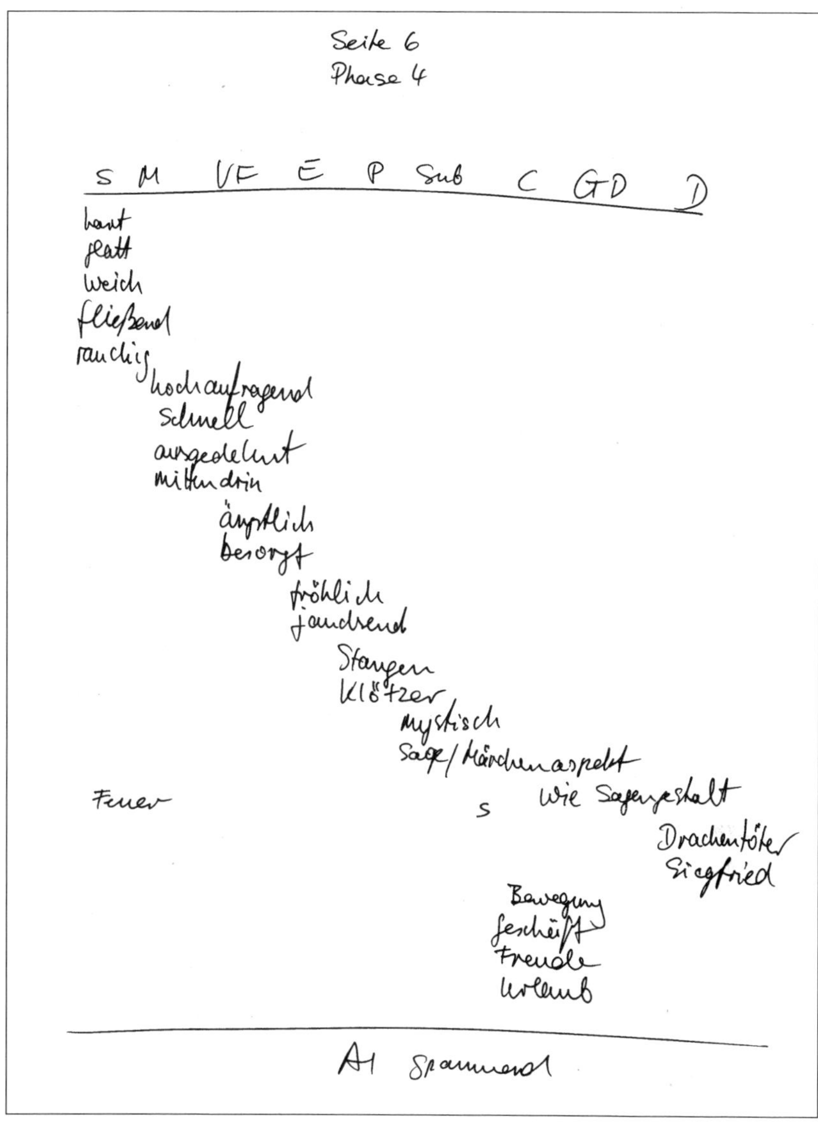

Beispiel für Phase 4 im SRV-Protokoll für Target „Drachenbahn“.

Der Grund ist leicht ersichtlich. Ohne korrigierende Elemente funktioniert kein RV-Protokoll.

Die Spalte „GD“ entspricht dabei dem AUL/S, als Abkürzung für „guided deduction“, sozusagen vom Targetkontakt geführte Schlussfolgerung. Dabei müssen schon grundsätzliche Inhalte richtig sein. Die letzte Spalte ist dann die reine „deductions“-Spielwiese, alle Schlussfolgerungen des Wachbewusstseins, die zu präzise sind und wahrscheinlich nur einen kleinen Teil an Wahrheit enthalten, ganz analog zur AUL-Spalte.
Insgesamt betrachtet, findet Dr. Browns Remote Viewing-Konzept durchaus neue Ansätze, lässt dafür aber auch einige fallen. Manche dieser Neuerungen und Neugewichtungen führen zu neuen Problemen und Fallen. Wir können die Eigenarten dieses Session-Konzeptes aber durchaus einbeziehen, wenn wir uns ein eigenes Protokoll zuschneiden.

Dem CRV-Protokoll noch mehr verbunden ist eigentlich Lyn Buchanan, der in den achtziger Jahren zur Stammbesatzung der Fort Meade-Baracken gehörte, in denen man die gehobene Hellseh-Methode zusammenbastelte. Buchanan betont auch seine persönlichen Beziehungen zu den damaligen Akteuren, auf die er im Feld der heutigen Remote Viewing-Vermarktung zwangsläufig immer wieder trifft. Er macht aus seiner Abneigung gegenüber Ed Dames keinen Hehl, genauso, wie er seine Freundschaft und Verehrung gegenüber Ingo Swann betont. Er erklärt beispielsweise, dass er, vielleicht als Einziger, den Wunsch Swanns respektiert, nicht dessen Nomenklatur zu verwenden, die ihm, als „Erfinder“ von Remote Viewing sozusagen zusteht. Gemeint sind damit auch die Spaltenbezeichnungen der Stufe vier. Es ist natürlich so, dass er den Aufbau und die Mechanismen dieses Teils des RV-Protokolls vollständig übernimmt, nur dass bei ihm die Buchstaben auf der Linie andere sind. Schauen wir uns das einmal an, denn es kommt auch hier zu Begriffsverschiebungen und Perspektivenänderungen in der Beurteilung der methodischen Vorgehensweise.

P2	D	AI	SI	T	C	SC	CS

Lassen Sie uns gleich eintauchen in die Erklärung der Abkürzungen. Es sieht schon wieder sehr vertraut aus, das war ja angekündigt, aber ein Hauch von Fremdartigkeit durchzieht die Zeile.
Was ist P2? Ganz einfach. Es sind die Eindrücke der Stufe zwei, die in Buchanans Protokoll auch Phase heißt. Warum? Weil Swann diesen Bereich des Protokolls einmal „Stufe“ (stage) genannt hat und Buchanan Swanns Wunsch nach Änderung respektiert. Demgemäß hat Dames im TRV-Protokoll auch etwas verändert: Er hat die „2“ entfernt und diese Spalte, logischerweise für uns, denn wir kennen es nicht anders, „S“ wie „sensorische Daten“ genannt. Und genau das stellt diese Spalte auch dar. Und zwar bei allen, egal, wie sie es nennen.

Auch das „D“ von „Dimensionen“ überrascht uns nicht. Wir würden vielleicht den kleinen Hinweis anbringen, dass auch die Dimensionen schon in der Stufe/Phase 2 abgefragt wurden und hier eine winzige Unlogik im Aufbau in Kauf genommen wird. Aber das bringt uns auch nicht weiter. Wir nehmen diese kleinen Hakeleien als das, was sie sind: unbedeutende sprachliche Variationen des uns mittlerweile hinlänglich bekannten Themas.

Das Gleiche gilt auch für die Spalte, betitelt „AI“, hinter der sich bei Buchanan ebenfalls der „aesthetic impact“, der ästhetische Eindruck, verbirgt. Erst die nächste Spalte verlangt eine nähere Diskussion, denn hier verlässt der Betreiber dieser Protokoll-Variation die bekannten Geleise. „SI“ steht für die „EI“-Spalte, aber die Abkürzung bedeutet hier „side impact“, und Buchanan meint hier „any impact, emotional or not“. Er erweitert also das Konzept der am Target vorhandenen Eindrücke auf „alle Eindrücke, ob sie emotional sind oder nicht“. Damit nähert er sich eher der Auffassung von Courtney Brown, geht aber noch weiter und deckt damit alle Einflüsse ab, die ein Target auf einen Viewer haben kann. Das ist ein sehr wichtiger Schritt, eine Angriffsmöglichkeit für Werkzeuge, ein neues Tor für den Transport von Inhalten und Beeinflussungen.

Bei Buchanan umfasst das RV-Protokoll lediglich vier Stufen/Phasen und in seiner Stufe vier wirken demgemäß alle Werkzeuge und detaillierten Anwendungen, wie sie im TRV-Protokoll zum Beispiel in der Stufe 6 angeordnet sind. In der Erklärung der „SI"-Spalte bekennt sich der Urheber dieser Definition eindeutig zu der aktiven Erklärungsvariante des Remote Viewing. Buchanan sagt deutlich, dass dann, wenn der Viewer in diese Spalte einsteigt, er sich für fremde Einflüsse sensibilisiert, oder besser: er ein Tor öffnet, über das nicht nur er Möglichkeiten der Beeinflussung auf andere erhält, sondern eben diese angepeilten Zielgebiete genau so Zugriff auf ihn haben, wenn er nicht aufpasst. Buchanan liefert demgemäß auch gleich Mechanismen zum Schutz des Viewers mit, auf die wir später noch genau eingehen werden. Hier sei zunächst nur sein Anliegen vorgebracht, dass sich der Viewer in dieser Spalte über den Umstand der möglichen Fremdbestimmung, also Übernahme von Empfindungen, Eindrücken, aber auch Paradigmen von angepeilten Personen klar ist und diese eindeutig von seinen eigenen trennt. Buchanan nennt diesen Vorgang „to detox" und empfiehlt ihn am Ende der Session für alle diese Eindrücke, rückwirkend durchlaufen.

„T" bedeutet in dieser Aufschlüsselung „Things", also alle Arten von Dingen, das, was man eben anfassen kann, „physicals" sozusagen. Das ist uns bereits hinreichend bekannt, und auch die nächste Spalte, „C" wie „concepts" weist grundsätzlich keine Neuerungen auf. Funktionen, Konzepte, Ideen, das kennen wir schon.

Was verbirgt sich aber hinter der Spalte „SC", an einer Stelle, an der wir jetzt AUL schreiben würden? „Stray Cats" antwortet Buchanan und erntet damit mindestens ein Schmunzeln. „Streunende Katzen" ist ein anglo-amerikanisches geflügeltes Wort und steht hier für alle Arten von Abschweifungen vom Thema, für alle inhaltlichen Plätze, die sich nicht auf dem rechten Weg hin zum Zielgebiet befinden. Damit sind, außer konkreten Orten, auch Erinnerungen, Mutmaßungen, aber auch emotionale Beteiligungen wie Ängste und Wünsche gemeint. (Tatsächlich gibt es eine Abkkürzungsgrundlage: „Subconcious Transference of Recollections, Anxieties, and Yearnings to Conciously Accessible Thoughts.)

Buchanan stellt klar, dass seine SC-Spalte mehr ist, als die „analytische Überlagerung" von Ed Dames. „SC ist mehr als Analyse", sagt Buchanan und macht damit deutlich, dass er Dames kognitive Einstufung des Fehlleitungsprozesses viel umfassender sieht. In unserem Konzept der Wirkungsweise von Remote Viewing, die uns von Günter Haffelder so einsichtig erläutert wurde, siedelt Buchanan die emotionalen Effekte damit auch im Wachbewusstsein an, eine Zuordnung, die mir seit den ersten Tagen mit RV im Gehirnlabor ebenfalls zwingend erschien. Diese Einschätzung ist auch, wie schon angeführt, mit fernöstlichen Auffassungen im Konsens.

„CS" ist damit, sinngemäß, der Spalte AUL/S gleichzusetzen. „**C**ats from the **S**ignal line", erläutert Buchanan und hat damit doch einmal die Lacher auf seiner Seite. In der Tat kommen also alle, die sich um eine Protokollkonstruktion für Remote Viewing bemühen, zu dem Schluss, dass man abschweifende Eindrücke der Phantasie nicht nur sorgfältig herausschreiben muss, sondern sie auch nach Qualität zu ordnen und zu behandeln hat.

Wir halten fest: Buchanans „Controlled Remote Viewing" (ebenso CRV abgekürzt wie Coordinate RV) unterscheidet sich auch nur sehr wenig von der Ursprungsentwicklung. Auch er kommt zum Überprüfen einzelner Definitionen und dabei zu eigenen Lösungen, die ich durchaus für bedenkenswert halte. Auch seine Stufe 4 fungiert als Umstrukturierung und Zentrierung im Sessionprozess und wird zum Lieferanten für weitere Nachforschungen, die bei ihm aber keine weitere Stufe erklimmen. Er bewegt sich mit allen weiteren Aktionen im Rahmen der Stufe 4, ähnlich wie Courtney Brown. Die Stichworte, die sich sein Viewer hier gibt, führen zu keiner Stufe 6 oder Ähnlichem, sondern werden mit speziellen Techniken direkt weiterbehandelt.

Allen Versionen der Stufe 4 ist auch der Aufforderungsmechanismus an die Matrix gemein. Der Viewer holt sich jetzt gezielt seine Informationen. Werden in einer bestimmten Kategorie mehr Informationen gebraucht, geht der Viewer einfach noch einmal in die entsprechende Spalte. „Schau nach, ob es noch mehr Ts oder ITs gibt!" kann es zum Beispiel von Seiten des Monitors heißen oder bei Solo-Sessions: „Vielleicht brauche ich noch mehr EIs. Ich fühl mal rein ..., ist da noch was?" Natürlich ist dadurch eine prinzipielle Deduktion gegeben, die den Viewer auf das

Glatteis zum AUL führen kann. Aber die Theorie hinter dem Protokoll besagt, dass der Viewer jetzt weit genug im Prozess vorangeschritten ist, um diese Gefahr auszuhalten. Er hat sich daran gewöhnt, statt frei zu fliegen, mit seiner Urteilsfähigkeit umzugehen, sie nur in beschränktem Rahmen zuzulassen. Mit diesem Problem muss verstärkt auch eine andere Protokoll-Variante fertig werden, der wir uns im nächsten Kapitel zuwenden: Extended Remote Viewing.

Seite x
Phase 4

P2	**D**	**AI**	**SI**	**T**	**C**	**SC**	**CS**
sensorische Daten aus Phase 2							
	dimensionale Eindrücke						
		eigene Ästhetische Eindrücke vom Zielgebiet					
			„Side Impact“ jede Art von Eindruck von „anderer Seite“				
				„Things“, alles Feste, das man anfassen kann			
					„Concepts“ Funktionen, Ideen, Hintergründe		
						„Stray Cats“, alle Abschweifungen vom Thema, auch Ängste und Wünsche	
							„Cats from the signal-line“, spez. Bilder

Ende bei xy Uhr yz

5. Kapitel: ERV, die mediale Alternative

Wie später herauskam, gab es neben der Fort-Meade-Abteilung und den Forschungen am kalifornischen SRI sowie am Monroe-Institut noch eine weitere militärische Einheit, die, was Wunder, im Geheimen arbeitete. Auch hier wurde ein Protokoll entwickelt, das ganz offensichtlich auf den früheren Forschungen basiert, aber scheinbar ohne großen Einfluss der Erkenntnisse von Ingo Swann oder bewusst autark erstellt werden sollte. Es bekommt durch die stärkere Bewertung von Komponenten des neurolinguistischen Programmierens tatsächlich eine gewisse Eigenständigkeit, kann sich aber über die grundsätzlichen Techniken, aufgrund derer die anderen Protokolle wirken, auch nicht hinwegsetzen. Unsere Gehirnfunktionen sind eben, wie sie sind, und wenn man nur einen Wagen hat, führen eben Wege nach Rom. Vielleicht viele Wege, aber nur mit vier Rädern kann man doch nicht fliegen.

Diese Variante des Remote Viewing drang erst zwei Jahre nach der Freigabe des CRV-Protokolls an die Öffentlichkeit. Der geübte CRV/SRV-Nutzer wird wenig Schwierigkeiten haben, diese Protokolle zu lesen, wenn er über die Informationen verfügt, was die Abkürzungen bedeuten. Diesen Einstieg habe ich im ersten Teil des Lehrbuchs dargestellt und auch dort habe ich darauf verwiesen, dass einige Vorgehensweisen sehr clever und hilfreich sind.

Was also machen die Vertreter des „Extended Remote Viewing“ (ERV) in ihrer Stufe 4?

Korrespondierend mit dem SRV-Protokoll und der Stufe 6 des CRV/TRV finden wir hier eine Anhäufung von verschiedenen Techniken, im Prinzip schon „Werkzeugen“, um sich dem Targetbereich soweit wie möglich zu nähern und genau die Informationen herauszuholen, die man benötigt.

Die Basis bildet jedoch die Ansicht, die zu ermittelnden Daten müssten irgendwo „gesehen“ werden, wenn auch nur in einem synonymen Sinne. Eine der frühesten Techniken des Hellsehens ist neben dem automatischen Schreiben der Blick auf eine „innere Leinwand“, ähnlich dem chinesischen Betrachten der stillen Geistesoberfläche, die dort mit einem See verglichen wird. Der Unterschied zum CRV-Protokoll besteht somit eher darin, dass der Viewer nicht „in sich hineinlauscht", auch wenn das nicht auditiv verstanden wird, sondern dass aufmerksam und ohne Beurteilung betrachtet wird, was sich in einem definierten Bereich abspielt, von dem man sich sogar eine bildhafte Vorstellung macht. Damit, dass sozusagen eine Arena für die zu erwartenden Vorkommnisse fiktiv erstellt wird, kann sich der Viewer von dieser Projektionsoberfläche abkoppeln und alle Ereignisse als fremdverursacht ansehen.

Im ERV-Protkoll nimmt das „Blackboard", also die schwarze Tafel, die Stellung der „inneren Leinwand" ein, ein Überbleibsel der Technik zu Beginn der RV-Forschung, analog dazu, als man den Raum abdunkelte, um die störenden Einflüsse des Lichts bei schwachen Eindrücken zu verringern.

Dies korrespondiert auch mit den Vorstellungen damaliger und heutiger PSI- Forscher, es ginge beim Hellsehen um einen Prozess, schwache (übersinnliche) Daten aus dem gesamten kosmischen Hintergrundrauschen herauszufiltern.

Später werden im ERV-Protokoll dann Biofeedback-Methoden angewandt, um schließlich einen sogenannten „Theta-Status" zu erreichen, ähnlich vielleicht einem Klartraum. Ich persönlich halte dieses Vorgehen durchaus für erfolgversprechend, möchte aber darauf hinweisen, dass alle diese Vorhaben nur mit wirklich im medizinischen Bereich erfahrenen Trainern durchgeführt werden sollten. Wie wir wissen, können einige dieser Atemübungen nicht nur zu Schwindelgefühlen und Wachträumen führen, sondern auch zur Bewusstlosigkeit. Ich erinnere mich, dass ich als 15-jähriger das erstemal in einem Zeltlager mit diesen Praktiken konfrontiert wurde. Einer unserer Zeltbesatzung hatte ein schlaues Buch gelesen und wollte seine Erkenntnisse vorführen. Das Ergebnis war, dass mehrere umkippten und ein Jugendlicher bis zum nächsten Tag in einer Art Bewusstlosigkeit teilnahmslos herumlag. Wir waren nahe daran, einen Arzt zu holen, obwohl wir natürlich Angst hatten, uns hier verantwortlich zu bekennen. Irgendwann wachte der Junge wieder auf, erzählte, dass er sehr intensiv „woanders" gewesen war, wollte diese Eindrücke aber nicht mitteilen. Ich kann solche Techniken in einem Buch wie diesem nicht ausführlich einbeziehen und rate dringend davon ab, sie auf eigene Faust ohne wirkliches Studium anzuwenden.

Soweit der Disclaimer, aber es gibt in dieser Protokoll-Variante Techniken, ähnlich den CRV-Werzeugen („tools“), die hier vergleichend diskutiert werden können.

Der 4. Abschnitt des ERV-Protokolls, hier ebenfalls Phase genannt, beginnt mit der sogenannten „Cascade“, deutsch „Kaskade“. Genau betrachtet ist der hier folgende Ablauf zur Sammlung genau der gleichen Eindrücke und Daten geeignet, wie auch die CRV/SRV-Stufen. Nur die Vorgehensweise wirkt etwas fremd und muss auch eingehend besprochen werden.

Der Hintergedanke der „Kaskade“ ist wohl, die „herabfallenden Daten“ in vorbestimmten Schubladen aufzufangen. Hier werden aber nicht, wie in den bisher behandelten Strukturen, Arten von Empfindungen aufgefächert, sondern das, was im Zielgebiet möglicherweise zu finden ist, verifiziert.

Die Liste der abzuarbeitenden Möglichkeit ist dabei: Land, Luft, Wasser, Strukturen, Energie, Hindernisse. Der Begriff „Hindernisse“ verlangt eine spezielle Erläuterung. Hier werden alle Arten von Barrieren oder Übergängen zwischen verschiedenen Umgebungen oder Medien aufgeschrieben, die der Viewer ausfindig machen kann. Man kann sich das vielleicht so vorstellen, und hier sieht man wieder die Verwandtschaft zu vorherigen medialen Techniken, als ob der Viewer im Tiefflug über eine imaginäre Landschaft streicht. Dabei stößt er auf Zäune und Hecken, überquert Ufer oder Bergketten und beobachtet auch alle Übergänge innerhalb der Landschaft, wenn sich z.B. der Geländetyp ändert, wenn Wiese in Wald übergeht etc.

Nach den Hindernissen versucht der Viewer, Lebensformen ausfindig zu machen. Er hat drei Kategorien für diese Suche.

1. Typ Leben: Vegetation
2. Typ Leben: Menschlich
3. Typ Leben: Andere Arten (other), das sind große und kleine Tiere bis hin zu Bakterien, ebenso wie Aliens.

Generell versucht der Viewer zunächst, herauszufinden, ob und wieviel Eindrücke pro „Schublade“ im Zielgebiet vorhanden sind.

Ist das nicht möglich, ist der Viewer gehalten, seine Eindrücke so einfach wie möglich zu gestalten. Es können auch Ausdrücke wie „viel, wenig, hoch, niedrig, etc.“ gebraucht werden.

Das kann bei einem Wüstentarget, sagen wir einmal „eine Straße mitten in der Sahara“ so aussehen:

Land: 1
Luft: 1
Wasser: -
Strukturen: 2
Energie: -
Hindernisse: -
Leben 1: Vegetation: kaum
Leben 2: Menschen: einer
Leben 3: Sonstiges: wenig, nieder

wobei die beiden Strukturen Reiter oder vielleicht Gewächse oder Jeeps sein können. Das wird später ermittelt. Die Zahlen stehen für die Anzahlen der Eindrücke des Viewers. Die Ermittlung könnte hier beispielsweise so aussehen:

Monitor: „Fühl mal rein, hast du einen Landeindruck?“
Viewer: „Ja.“
Monitor: „Fühl noch mal rein, gibt es noch einen anderen?“
Viewer: „Nein.“
Monitor: „Gut, schreib hin: 1.“

Der Viewer könnte natürlich auch (solo) für jeden Eindruck einen Strich machen und hinterher wird zusammengezählt.

Ein Weltraumtarget könnte demgemäß so aussehen:

Land: -
Luft: -
Wasser: -
Strukturen: - I - = 1
Energie: - I - I - = 2
Hindernisse: -
Leben 1: Vegetation: fehlt
Leben 2: Menschen: keine
Leben 3: Sonstiges: ja, aber sehr fremd

wobei die Struktur möglicherweise ein Raumschiff ist und die Energie sowohl von den Triebwerken als auch von der Sonne herrühren kann.

Aus meiner Trainingserfahrung kann ich sagen, dass es auch dem erfahrenen Viewer nicht leicht fällt, solcherart gestaltete Vorgaben ohne Assoziation zu beantworten. Wie wir gesehen haben, wird im CRV-Protokoll ebenfalls versucht, den Geist aktiv ausschwärmen zu lassen, z. B. in der „EI“-Spalte. Es wird aber keinerlei Vorgabe gemacht, was der Viewer im Zielgebiet finden könnte. Er stellt z. B. plötzlich fest: „Da ist ja Wasser!“

Im ERV *sucht* er Wasser. Es gehört zur grundsätzlichen Erfahrung des Menschen, ohne Wasser nicht leben zu können. Den Viewer extra danach Umschau halten zu lassen, bedeutet auch, seine Erfahrung mit anzusprechen: „Da muss doch Wasser sein.“ Wie wir wissen, ist das Urteilsvermögen nicht ganz ausgeschaltet und wartet nur darauf, sich in den Prozess angemessen einzubringen. Viele Viewer können ein Lied davon singen.

Außerdem findet sich an dieser Stelle keine Möglichkeit, Phantasieeindrücke abzubauen, etwa in Form der AUL-Kompensation (oder „deductions“ bei Brown). Das ERV-Protokoll kennt zwar den Begriff der „phonics“, sozusagen unerwünschter Hintergrundgeräusche, aber der Viewer müsste sie hier selbstständig ausrufen. Bei Eindrücken wie „Wasser“ wird er kaum auf diese Idee kommen. Sie merken, meine Kritik ist hier größer als die Zustimmung. Zwar kennt dieses Protokoll auch die Mechanik des „Wechsels“, ich glaube aber kaum, dass dies ausreicht, den Viewer bei der Stange zu halten, wenn er in einer Struktur irgendeines seiner Lieblingsthemen vermutet. Alles in allem glaube ich nicht, dass man aus diesem Teil des Protokolls viel für ein eigenes Konzept übernehmen kann.

Die weitere Abarbeitung in der Phase 4 des ERV erfolgt wieder über das Blackboard mit Hilfe des NIMO- Icons. Das allerdings ist eine interessante Technik, die, wie schon im ersten Teil des Lehrbuchs beschrieben, sich von den Vorgehensweisen anderer Protokolle abhebt.

Wir erinnern uns: Bei der Abarbeitung eines ERV-Protokolls sitzt der Viewer in einem möglichst weitgehend abgedunkelten

Raum. Dieses Dunkel bildet das sogenannte „blackboard", die Tafel, auf der dem Viewer Umrisse oder andere gestalthafte Eindrücke erscheinen sollen. Um sich hier besser zu stimulieren, benutzt man eine kleine Zeichnung eines stilisierten Kopfes, durch den drei Diagonalen verlaufen, Synonyme für anzusprechende Wahrnehmungsebenen.

Wenn der Viewer mit dem Stift in eine dieser Linien tippt, gibt er sich eine Verstärkung zum Benutzen dieser Wahrnehmung, und gleichzeitig schaut er in die angezeigte Richtung.

Diese Technik basiert unverkennbar auf Erkenntnissen und Praktiken des Neuro-linguistischen Programmierens, kurz NLP genannt. Um den praktischen Ablauf Ihres Trainings nicht allzu sehr zu verzögern, möchte ich hier nur die angesprochenen Zusammenhänge ausführen. Beim NLP geht man davon aus, dass nicht die Deutung von psychischen Prozessen zum Erfolg einer Therapie führt, sondern die Kenntnisnahme einer (unangenehmen) Ist-Situation, der man die Ausarbeitung einer gewünschten Soll-Situation gegenüberstellt und sie durch diese ersetzt.

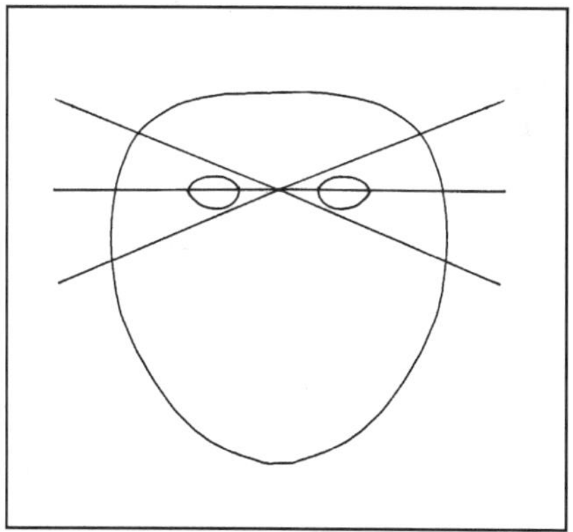

Sogenanntes NIMO-ICON des ERV-Protokolls

Die Grundfeststellung ist dabei, dass jeder Mensch ständig mit einem Fazit seiner Situation herumläuft, und wie immer dies aussehen mag, ist es auf jeden Fall nicht objektiv. Man „konstruiert" sich also beständig seine Handlungsgrundlage selbst, baut sich sozusagen seine eigene Welt auf, und das kann nach mehreren Angsterlebnissen und Fehlschlägen (wenn man etwas noch nicht so gut kann, z. B. in der Kindheit) dazu führen, dass eine deprimierte Grundhaltung keine befriedigende Perspektive mehr zulässt. NLP geht davon aus, dass man einfach diese positive Konstruktion in einem Menschen etablieren muss, worauf sich alles Handeln dann danach richtet und der Erfolg nicht lange ausbleibt.

Das klingt sehr pragmatisch-kaltherzig, aber wie immer, wer heilt, hat recht. Nun stellte man aber fest, dass man nicht jedem einfach ein standardisiertes buntes Bild eingeben kann, sondern auf gewisse Grundmuster Rücksicht nehmen muss, die auf der ganz speziellen Gewichtung der Wahrnehmung jedes Einzelnen basiert. Da man nun nicht alles an einem Verhalten ändern kann (oder will), nimmt man also hin, dass manche Menschen eher dem Gehörten vertrauen, als dem Gesehenen. Man nennt diese Leute auditive Typen. Die Hauptkategorie, meint man, wären dann die Visuellen, aber man soll sich nicht täuschen. Wenn man einmal beobachtet hat, wie die meisten Frauen prinzipiell sofort an einer interessanten Bluse oder Hose auf einem vorgelagerten Kleiderständer eines entsprechenden Geschäftes herumfummeln oder Männer genießerisch über die sanften Rundungen einer Motorhaube streicheln, dann wird klar, dass es auch sehr viele „taktile Typen“ geben muss, die bei NLP „kinästhetische ausgerichtete Menschen“ genannt werden. Auch Menschen, die sich hauptsächlich an dem Sinnessystem Riechen/Schmecken orientieren, sind denkbar und in Alltag und Literatur vor und hinter den Tresen der Gastronomie nachweisbar. Sie sind jedoch eher in der Minderzahl, was sich übrigens auch in der Stufe 2 des RV-Protokolls in der diesbezüglichen Datenausbeute widerspiegelt.

Da man sich beim NLP durch diese Ansätze sehr auf die Wahrnehmung verlassen muss, wird sie auch besonders geschult. Dabei stellte man fest, dass Personen, die ein bestimmtes Wahrnehmungssystem bevorzugen, auch öfter in eine bestimmte Richtung schauen. Visuelle Menschen schauen eher nach oben, Auditive nach rechts oder links und Kinästhetische, also Gefühlsmenschen, nach unten.

Gehen wir das doch anhand eines Beispiels einmal durch. Beantworten Sie folgende Fragen und stellen Sie fest, wohin Sie schauen.

Wo waren Sie gestern Abend?
Wer war noch da?
Wo hing heute Morgen der Mantel?
Wie hört es sich an, wenn der Bundeskanzler eine Rede hält?
Wie klingt es, wenn man beim Auto den Motor anlässt?
Wie tröste ich mich über einen Misserfolg hinweg?
Was mache ich morgen für eine tolle Unternehmung?
Wie würde es aussehen, wenn ein Jumbojet dicht über mein Haus hinwegfliegt?
Wie sieht ein grüner Kreis in einem roten Dreieck aus?
Wie würde ein Erdbeben klingen?
Wie hört es sich an, wenn eine Katze eine italienische Arie singt?
Wie fühlt sich ein gemähter Rasen an?
Wie fühlt sich ein Stück Seife an?
Wie riechen Nelken?
Wie riecht ein Tannenwald?
Wie schmeckt Vanilleeis?

Wenn Sie es „richtig" machten, müssten Sie auch festgestellt haben, dass Sie in unterschiedliche Richtungen schauen, wenn Sie diese Fragen beantworten. Interessant ist natürlich dabei, dass Viewer generell leicht schräg nach oben schauen, wenn sie etwas „sehen". Das ist der sogenannten Viewerblick. Beobachten Sie das mal, vielleicht, wenn Sie diese Fragen auch mal jemand anderem stellen.

Das allgemein gebräuchliche Konzept der unterschiedlichen Richtungen der sinnesspezifischen Augenbewegungen als sieht dann so aus:

Blickrichtung:	rechts / links
VK Visuelles Konstruieren (Stell dir vor ...) auch für AUL-Bearbeitung	
AK Auditives Konstruieren (komponieren) (noch nicht oder ungehörte Geräu- sche)	
K Gefühlsmäßig wahrnehmen (wie fühlt sich etwas an...)	
VE Visuell erinnern (Wo warst du gestern, wie sah es dort aus? Wer war da?)	
AE Auditiv erinnern (Wie klingt etwas? Was hast du gehört?)	
AID Auditiver innerer Dialog (mit sich selbst sprechen, z.B. über gemachte Fehler, Pläne und Vornahmen	

Die Darstellung ist natürlich spiegelbildlich, wie man sieht. Was hier auf dem Papier nach links schaut, meint für den Anwender eigentlich die eigene Augenbewegung nach rechts. Genauso beinhaltet die Darstellung nach rechts eigentlich ein Schauen des Befragten, in unserem Fall des Viewers, nach links.

Wenn wir uns beispielsweise an ein Geräusch erinnern wollen, das wir am Vortage gehört haben wollen, schauen wir gerade nach links. Wenn wir überlegen, wie sich etwas anfühlen mag, egal, ob wir es kennen oder nicht, schauen wir nach rechts unten.

Möglicherweise halten Sie diese Vorgaben für Blödsinn und können ihre Gültigkeit bei sich selbst nicht unbedingt feststellen. Ich denke, für diesen Fall können wir einfach hinnehmen, dass es bei einer großen Zahl von Menschen so anwendbar ist und uns damit in ein aufgestelltes Informationsfeld begeben. Die vielen Anwender von NLP arbeiten schließlich auch damit. So ist durch die Nachahmung dieses Musters durchaus eine Qualitätssteigeung der Wahrnehmung zu erwarten. Möglicherweise trifft das nur auf eine Stimulierung durch Tätigkeit zu, wie wir es schon von der Bearbeitung von Ideogrammen, Begriffen und Formularspalten kennen, aber selbst das wäre ein Vorgang, den man auch so nutzen sollte. Deshalb ist nichts gegen die Einbeziehung von sinnesspezifischen Repräsentationen durch Augenbewegungen einzuwenden, und zwar in umgekehrter Weise: Wir führen die Augenbewegungen bewusst aus, wenn wir den Datenfluss in einem bestimmten Bereich anstoßen wollen. Für Remote Viewing sähe die Darstellung einer Hilfszeichnung mit ihren Funktionen deshalb so aus:

Neuro-linguistische Befragungsmaske für Remote Viewing

Damit haben wir genau das Abbild des sogenannten NIMO-Icons, und ich denke, das Einzige, was daran in irgendeiner patentrechtlichen Art geschützt werden könnte, ist diese Namensgebung. Da wir uns hier ohnehin im deutschen Sprachraum befinden, haben

wir es eigentlich nicht nötig, auf diese Anglizismen zurückzugreifen. Nennen Sie es meinetwegen NLB-Maske, von „Neurolinguistischer Befragungs-Maske, dann können Sie es in Ihr eigenes Konzept einbauen und es hat die liebe Seele Ruh`.
Der Viewer nimmt also nun, sozusagen rückbezüglich, mit dem Stift Kontakt zum Icon auf, wendet seine Augen in die diesbezügliche Richtung und beschreibt danach die Eindrücke, die auf seiner „inneren Leinwand“ entstehen.
Das üben wir jetzt einmal anhand der folgenden Fragen. Kopieren Sie sich die NLB-Maske und tippen Sie mit dem Stift jeweils in die angegebene Linie, schauen dorthin (spiegelverkehrt!) und schreiben Sie die Antworten auf!

VE: welche Farbe hat das Target? Wie groß ist das Target?

AE: Was gibt es für ein Geräusch im Zielgebiet?

AID: Was empfinden Sie bei dem Target, was macht es für einen Eindruck?

VK: Wie sieht es aus, wenn das Target stillsteht?

AK: Wie hört es sich an, wenn das Target stillsteht?

K: Wie fühlt sich das Hauptteil des Targets an, wenn man es anfasst? Wie schmeckt es? Wie riecht es?

Achten Sie bitte darauf, bei jeder Fragestellung exakt den Stift an der entsprechenden Stelle des Icons auf das Papier zu setzen. „Probing the matrix“, wie die amerikanischen Viewer sagen. Die symbolische Kontaktaufnahme des Viewers mit der Matrix ist natürlich auch ein wichtiger Bestandteil jedes Vorgehens im ERV-Protokoll, solange jedenfalls, wie ein Stift benutzt wird. Diese Symbolik ist auch nichts weiter als eine NLP-Anwendung, Sie erinnern sich: Formung der Vorstellung durch konkrete Aktionen. Wenn man das so bestimmt und damit voraussetzt, dass der Stiftkontakt eine Bedeutung hat, dann hat er es auch. Diese Technik wird uns besonders in Stufe 6 und anderen besonderen Anwendungen begegnen, die in Kapitel 9 dieses Buches schon einmal angerissen werden. Je nachdem, wie intensiv der Viewer sich hier bemüht hat, umso mehr Punkte erkennt man auf dem Papier, eine banale Feststellung, wie es scheint. Doch halt, hier wie auch an anderen Stellen des Protokolls kann man bei späterer Auswertung an solchen Hinterlassenschaften eines RV-Prozesses ablesen, wie sehr sich ein Viewer um Informationen bemühen musste. Finden sich übermäßig viele Punkte, sind möglicherweise spätere Informationen von unerkannten AULs durchsetzt. Der Monitor sollte hier sich bemühen, den Viewer nicht festfahren zu lassen und ihn auffordern, eine andere Facette zu bemühen: nach den AEs vielleicht versuchen, etwas zu fühlen. „Probier doch mal die K-Ebene unten rechts! Was empfindest du dort? Fühlst du was, riechst du was, schmeckst du was?“ Die Mechanismen des Wechsels sind natürlich auch in dieser Protokollvariante gültig.

Diese Abarbeitung durch ein Augenbewegungs-Sinnbild, wie man im Deutschen sagen könnte, schlägt das ERV-Protokoll für jeden Inhalt seiner „Kaskade“ vor. Es steht hier ganz in der Analogie der CRV-Stufe 4, in der alle Spalten angesprochen werden sollten, grundsätzlich aber nicht abgearbeitet werden müssen. Die aktuelle Abfolge ist immer vom speziellen Sessionverlauf bestimmt, in den neben den aktuellen Interessen des Viewers selbstverständlich auch die momentane Strategie des Monitors mit eingeht. Wenn diese Strategie treffend ist, kann ein Überspringen einer Spalte oder eines Icon-Ablaufes Zeit sparen, die für weitere Informationen im Rahmen des Zeitlimits zur Verfügung steht. Ist der Monitor auf dem Holzweg, gibt es hinterher die unvermeidlichen Diskussionen, ungefähr so: „Hättest du mich alle Icons abarbeiten lassen, wären vielleicht noch andere Strukturen herausgekommen! Schade, hätte ich bestimmt noch gefunden!“ Und dann folgt der Hinweis, dass nun zunächst „jemand anderes `ran müsse!“ Was nicht nur Zeit, sondern auch personelle Ressourcen kostet, und das ist schon ein Faktor, denn ausgebildete Remote Viewer werden noch eine ganze Weile rar bleiben.

Für den Verlauf des Trainings schließen wir uns dieser Ansicht natürlich an. Wir setzen wie gewohnt in unserem abgedunkelten Eckchen und beginnen nun, unsere Kaskade zu analysieren.
Um den neuen Arbeitsprozess zu dokumentieren, machen wir einen waagerechten Strich, so wie wir es vom CRV-Protokoll her kennen. Dann folgt die Angabe „Blackboard“ oder „Leinwand“ und die Nennung des Bereiches, den wir untersuchen wollen. Also am Beginn beispielsweise „Land“.
Haben wir mehrfache Eindrücke in den jeweiligen Kategorien, muss auch jeder einzeln abgearbeitet werden. Schauen Sie sich den beispielhaften Ablauf unserer Testperson Michael Müller für die Phase 4 des ERV-Protokolls einmal an.
Aufgrund mehrfacher Anfragen möchte ich dazu betonen, dass alle Sessionausschnitte in diesem Buch wirklich nur Beispiele sind und daher nur richtungsweisend, nie aber vorbildlich im Sinne von perfekt. Jeder Viewer wird sein Blatt Papier mit seinen persönlichen Eindrücken füllen, die auch mit persönlichen AULs gespickt sind. Es nutzt in einem Lehrbuch aber nicht so sehr, allzu viele solcher Abschweifungen einzubeziehen. Erstens soll sich der Trainierende ja bemühen, präzise zu werden und zweitens muss ein Beispiel durch klare Darstellung der grundsätzlichen Struktur glänzen. Deshalb hier also Michael Müllers spröde Einlassung zur Illustration des theoretischen Vortrages.

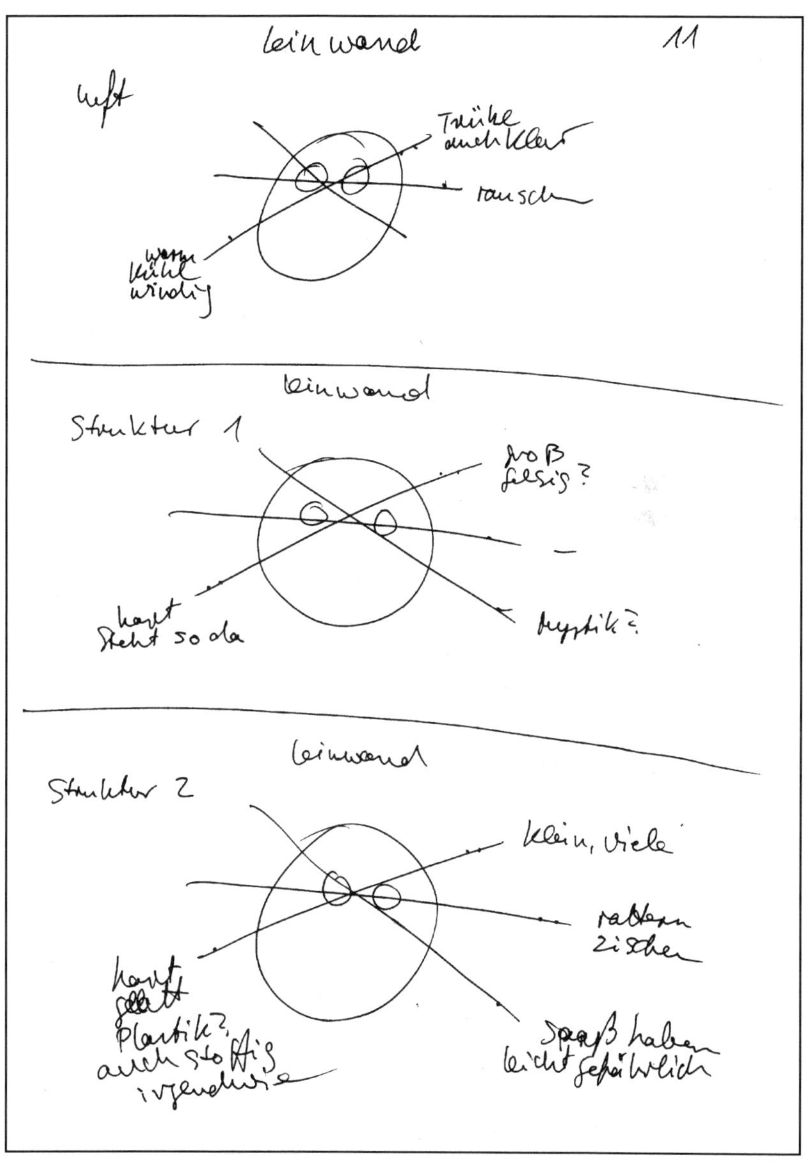
leinwand
11
luft
Trübe auch klar
rausch
warm kühl windig
leinwand
Struktur 1
groß felsig ?
hart steht so da
Mystik ?
leinwand
Struktur 2
klein, viele
rattern zischen
hart glatt Plastik ?, auch stoffig irgendwie
Spaß haben leicht gefährlich

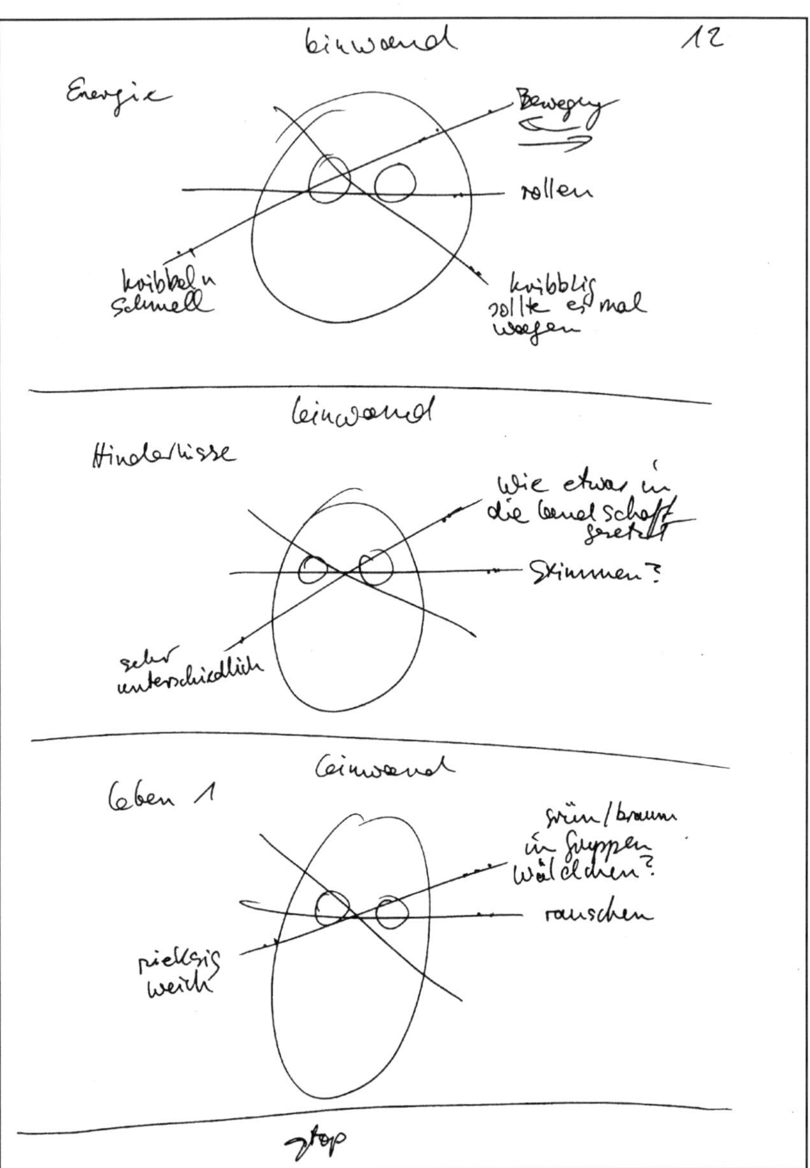

Leinwand
12
Energie
Bewegung
rollen
kribbeln
schnell
kribblig
sollte es mal
wagen
Leinwand
Hindernisse
Wie etwas in
die Landschaft
gesetzt
Stimmen?
sehr
unterschiedlich
Leinwand
Leben 1
grün / braun
in Gruppen
Wäldchen?
rauschen
pieksig
weich
stop

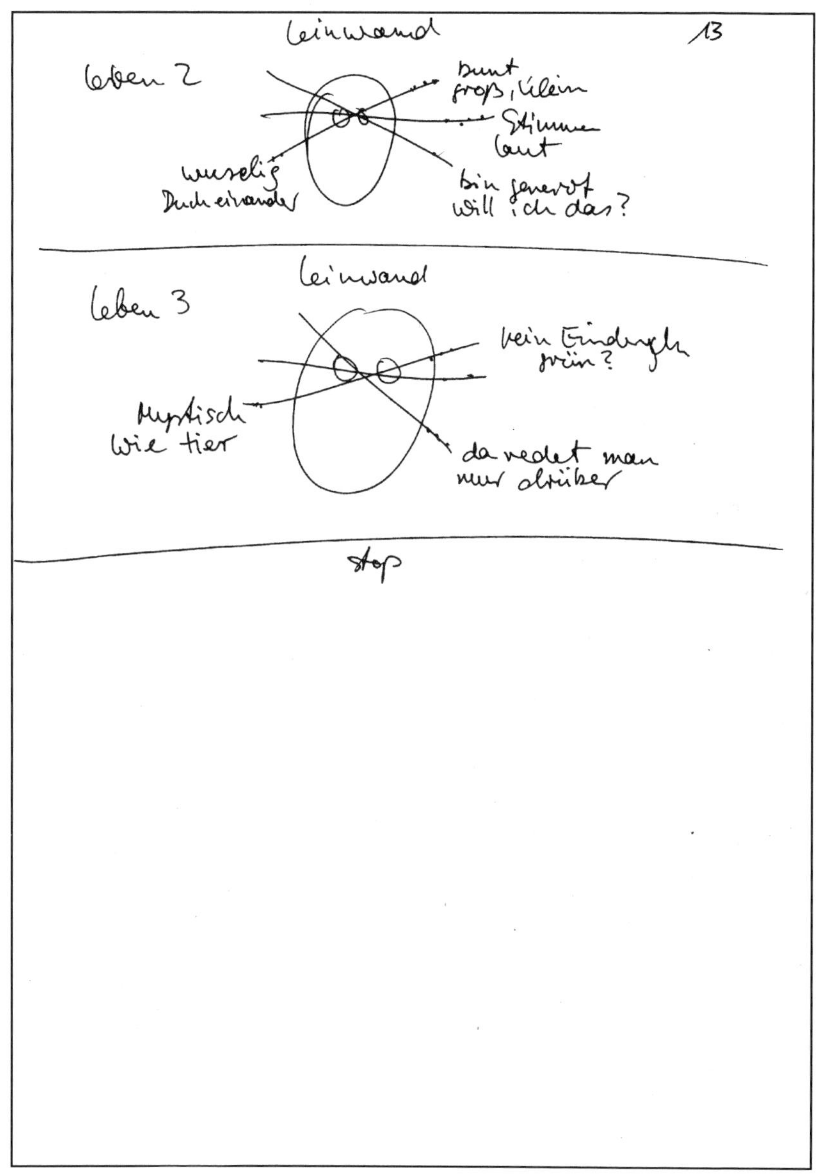

Nach „Energie“ und „Lebensformen“ empfiehlt sich eine Pause, „break“ oder einfach „stop“, um einen qualitativen Wechsel auch für den Viewer zu dokumentieren. Die Zeit, die ein Viewer ins Blackboard schauen darf, sollte begrenzt sein, obwohl das ERV-Protokoll an dieser Stelle nicht auf die 3-Sekunden-Regel besteht. Da ohnehin auf den gut entwickelten Targetkontakt zu dieser Zeit vertraut wird und der Abschluss der Session als meditatives Schauen geplant ist, werden hier bis zu 15 Sekunden erlaubt.

Auf einem extra Blatt kann der Viewer dann zu jedem Punkt der Kaskade auch eine Skizze fertigen, ähnlich der Stufe 3 oder aber so umrisshaft, wie er sie auf dem Blackboard, der Projektion der inneren Leinwand, auszumachen glaubt.

Die gesamte Vorgehensweise des ERV-Protokolls ergibt bis hierher theoretisch einen ähnlichen Detailreichtum an Angaben, wie wir ihn von den anderen Protokollen her kennen. Praktisch ist die Durchführung aber eher kurzgefasst, sodass es in den Aufzeichnungen zu vergleichsweise weniger Daten kommt. Der Grund dafür ist natürlich, dass gemäß der Auffassung des ERV-Protokolls die Aufgabe der ersten vier Stufen ist, den Viewer so gut wie möglich an das Target heranzuführen und einen Zustand auszulösen, der dem der Bilokation, dem Aufenthalt an zwei Orten gleichzeitig, ähnelt.

In diesem Zustand wird es für den Viewer zunehmend schwieriger, etwas aufzuschreiben. Damit sind wir, wie eingangs bemerkt, wieder zu den ersten Forschungsjahren in Fort Meade zurückgekehrt, als sich der Viewer nach einer Cool-Down-Phase in einem abgedunkelten Raum auf die Couch legte und die neutralgraue Decke anstarrte. Die weitere Aufzeichnung seiner Erkenntnisse oblag dann dem Monitor, mitschreibend und/oder den Aufnahmeknopf eines Tonbandgerätes drückend. Hier ist wohl der Scheideweg in der Entwicklung der verschiedenen Methoden zu sehen.

Kaskade Seite 10

Land: 1

Luft: 1

Wasser: -- ein bißchen

Strukturen: viele, 1 groß

Energie: -- verteilt

Hindernisse: viele

Leben: Vegetation: mittel

Leben: Menschlich: viele

Leben: Anderes: kein Eindruck

Blackboard / Leinwand

Land:

flach niedrige Hügel

rauschen trommeln

sandig

schön

Stop

In Fort Meade bevorzugte man eher die militärisch besser verwendbare Variante der ständigen Ansprechbarkeit des Viewers.

Aber auch das ERV-Protokoll kennt den Abschluss durch eine eigene, schriftliche Zusammenfassung des Viewers, „edging“ (Einfassung, Rahmen) genannt. Diese Zusammenfassung findet wie in allen Protokollformen vor der Bekanntgabe des Targets statt. Der Viewer soll unbeeinflusst seine Daten auf Relevanz und Eindringlichkeit prüfen. Auch wenn Sie vielleicht keines der in diesem Kapitel beschriebenen Praktiken in Ihr Protokoll übernehmen möchten, kann ich nur raten, auch den ERV-Ablauf einige Male zu üben. Die etwas anders geartete Aufmerksamkeitsausrichtung hilft ganz allgemein der bewussten Sensibilisierung und ist deshalb eine schöne, auflockernde Übung.

Rechts noch eine Beispielseite für „phonics“ im ERV-Protokoll

14

Phonics

A: ach, Arbeit, andere, Angriff

E: Eleganz, Ebenholz

I: Intercity, Inder, Imam

O: Organ, Obernzell, Ostern

U: Unterholz, Understatement
Untergrund bahn

der Norden
Norwegen

Kinderspielplatz

6. Kapitel: Ergänzung zur Bewegungsübung – Targetlokalisierung

Wenn Sie nach der Darstellung der Stufe 4 einen oder mehrere Versuche gemacht haben, diese in Ihren Sessionablauf einzubeziehen, werden Sie gemerkt haben, wie viel mehr Sie sich damit dem Zielgebiet nähern und genauere Daten zu Papier bringen können. Es gibt eigentlich kaum einen Trainierenden, der an dieser Stelle vor dem Papier sitzt und hilflos am Stift kaut. Dazu ist die Session schon zu weit fortgeschritten.

Es kann aber sein, dass die ermittelten Eindrücke entweder überhaupt keinen Sinn ergeben oder es scheint, als wären Sie meilenweit weg vom Target gelandet. In einem solchen Fall haben Sie vielleicht das Konsequenteste getan, was an dieser Stelle möglich ist: eine Bewegungsübung, wie sie im ersten Teil meines Lehrbuches beschrieben ist.

Zur Zeit, als Remote Viewing noch neu in Deutschland war, gehörte es fast zum üblichen Ablauf, nach der Stufe 3, meistens aber nach der Stufe 4 eine Bewegungsübung durchzuführen. Das geschah besonders, wenn der Viewer zwar eine Menge Daten generiert hatte, die targetentscheidenden Einzelheiten aber nicht aufgetreten waren.

Nehmen wir nur zum Beispiel, wenn eine Person und ihre Absichten geviewt werden sollte. Es konnte schon vorkommen, dass in der Stufe 4 unter T (oder P für *physikalisch reale Dinge*) kein Lebewesen auftauchte, das man als Repräsentant des Targets verdächtigen konnte.

Damit war diese Session aber nicht „vergeigt“, sondern in den allermeisten Fällen kam der Viewer nach einer Neuabstimmung auf die wichtigen Bereiche.

Heute erlebe ich ein ums andere Mal, dass im Training an dieser Stelle plötzlich eine große Verunsicherung beim Viewer einsetzt und er/sie sich und die Session grundsätzlich in Frage stellt.

„Was? War ich sooo schlecht? Bin ich wirklich vorbeigerauscht?“ Es scheint, als ob im Zuge der Erfolge und der gesteigerten Erwartungshaltung jeder Viewer beinahe zusammenbricht, wenn der Monitor eine Bewegungsübung ansetzen möchte.

Manchmal hat man den Eindruck, dass dieser Technik nun plötzlich ein Makel anhaftet, als sei es die letzte Möglichkeit, die Session eines unfähigen Viewers noch einmal zu retten.

Das ist eine Einstellung, der ich hier unbedingt entgegentreten muss. Es ist die Zeit, noch einmal über den Weg des Viewers durch die Matrix nachzudenken. Für diesen Exkurs habe ich mir zwei Kapitel reserviert, und ich denke, wir werden sie auch brauchen.

Bis zur Stufe 3 haben wir die Übereinstimmungen mit unserem Trainingstarget in einem relativ groben Raster ermittelt, mehr ließen die Daten meistens nicht zu. Immerhin sind wir bei Sand, Hitze und Weite gelandet, wenn das Target eine Wüste war, und haben hoch aufragende Strukturen, metallen und vernetzt gefunden, wenn eine Großbaustelle gesucht wurde. Eines meiner Postkartentargets ist das Zentrum Berlins zu einer Zeit, als das Einzige, was am Potsdamer Platz hoch aufragte, eine Unzahl vom Kränen war. Auch den Abendhimmel brachten die Viewer manchmal recht nett.

In einem richtigen Projekt wäre aber die Fragestellung nicht: Was ist auf dem Bild in dem Umschlag zu sehen. Ich sprach schon eingangs davon, dass das nicht der Aufgabenbereich von Remote Viewing sei. Vielmehr wäre eher eine vorstellbare Aufgabe, welches Hauptproblem auf dieser Baustelle im nächsten Jahr auftreten könnte und wie sie zu lösen wäre. Dafür würde die Beschreibung bis zur Stufe drei kaum ausreichen. Mit der Stufe vier und der noch zu beschreibenden Stufe fünf haben wir aber schon Werkzeuge, mit denen wir diese Frage ziemlich konkret beantworten können.

Wir müssen uns aber inzwischen auch eine andere Sichtweise des Phänomens Remote Viewing zulegen. Mit der Durchführung der ersten drei Stufen oder Phasen des Protokolls und der Kenntnis der wissenschaftlichen Hintergründe war klar, dass Remote Viewing funktionieren muss. Jetzt müssen wir uns eingestehen, dass es eigentlich nicht funktionieren kann.

Prinzipiell stehen einem sehr genauen „Zielkontakt“ neben den bekannten Stellungskämpfen der beiden Gehirnhälften zwei grundlegende Schwierigkeiten gegenüber:

1. Die Orientierungslosigkeit des hilflosen Viewers,
2. Die Größe des abzusuchenden Informationsfeldes.

Alle unsere Bemühungen mindestens innerhalb der zweiten Hälfte einer Session laufen darauf hinaus, diese beiden Problemfelder zu kompensieren.

Befassen wir uns zunächst mit dem Viewer. Die grundsätzliche Theorie zur Funktion des Remote Viewing basiert auf der Erkenntnis, dass mittels des Protokolls die urteilende linke Gehirnhälfte vollbeschäftigt wird und sie deshalb die rechtshemisphärisch hereinkommenden Daten zulassen muss. Es liegt aber in der Natur der Sache, dass ein Rest an Entscheidungsfähigkeit übrig bleiben muss, um überhaupt den Prozess durchzuführen, alle Daten an der richtigen Stelle hinzuschreiben oder sie überhaupt zuzuordnen.

Schon ganz früh, in den ersten Jahren des Umgangs mit Remote Viewing wurde mir klar, dass durch diesen Vorgang der Viewer sozusagen auf das geistige Niveau eines Kindes zurückgefahren wird. Schon früher, in den siebziger Jahren, als dass Protokoll entwickelt wurde, stellte Putthoffs Frau Adrienne diesen Effekt fest und verglich das Verhalten eines Viewers in der Session mit dem eines naiven Kindes. Ich habe dazu in „Tanz der Dimensionen" ein Beispiel aus dem „künstlerischen Schaffen" meines damals fünfjährigen Sohnes vorgestellt und seine Zeichnung mit der eines Viewers zu einem ähnlichen Thema verglichen: den Grundriss eines Hauses.

Den Effekt des fünfjährigen Viewers kann ich mittlerweile bestätigen, aber ich habe nie wieder so eine beispielhafte Illustrierung der Umstände erhalten, wie damals. Deshalb möchte ich diese Skizzen hier noch einmal abdrucken; außerdem kann es ja sein, dass der eine oder andere Leser dieses erste Buch nicht kennt.

Alle diese Zeichnungen stammen aus Sessions, in denen es um die Erlebnisse und Schicksale von bestimmten Personen ging und der Wiedererkennungswert ihrer Umgebung entscheidend für den Fortgang war.

Hier ist die Wohnung eines Freundes in Tucson, Arizona zu sehen: erst geviewt und dann vom Inhaber gezeichnet.

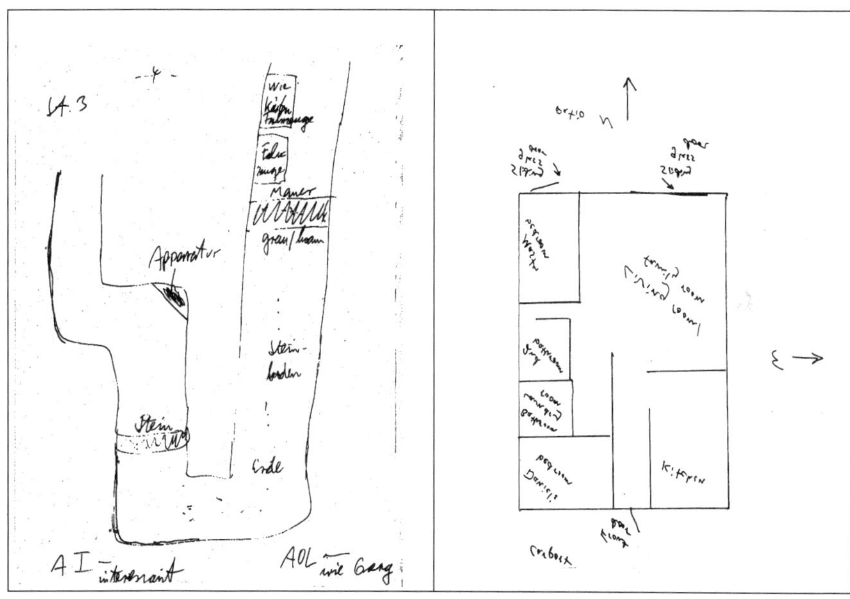

Der Viewer steht erst vor dem Haus, dann geht er hinein. Dabei beschreibt er ständig, was er sieht. Bei diesem Vorgehen kann er unmöglich auch noch eine Übersicht aufbauen, was dazu führt, dass er die Darstellung um seine seriellen Eindrücke herum anordnet.

Im Folgenden sehen Sie zwei mal eine „Stufe 3" auf mein Haus:

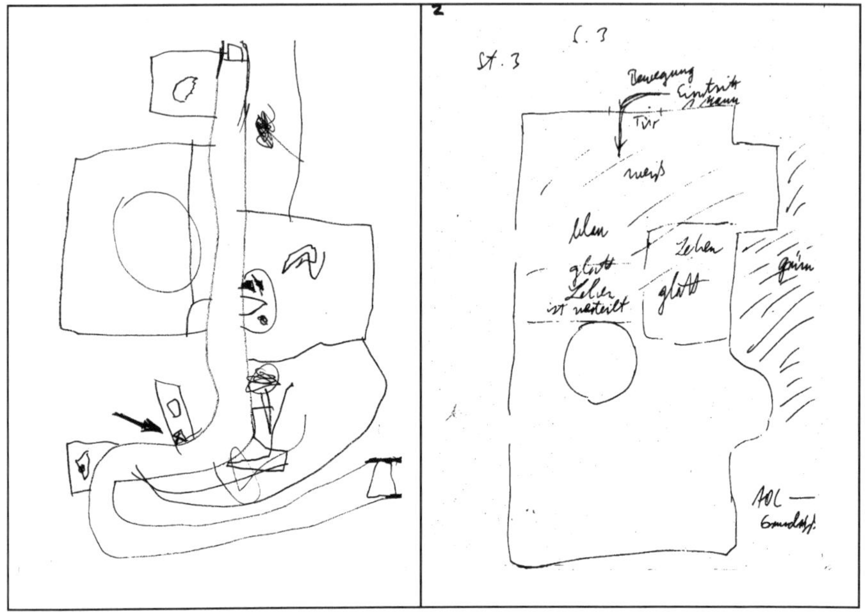

Die linke Zeichnung ist allerdings nicht in einer Session entstanden sondern das Werk des Fünfjährigen.
Man sieht hier deutlich, dass der Viewer, ebenso wie der fünfjährige Junge, die Wohnung so beschreibt, als würde er im Geiste eintreten und auch so darin herumlaufen (oder schweben), also in einem Vorgang des aktuellen Erfahrens.

Daneben gibt es auch den Zustand des Zehnjährigen, der schon eine Draufsicht zeichnen kann, weil er die dafür nötige Betrachtungsweise und Fertigkeit gelernt hat.

Umseitig zur Vervollständigung auch dazu das Original für das Beispiel: der Grundriss meines Hauses mit den wichtigsten Bezugspunkten. In der Mitte steht deshalb logischerweise der Mittagstisch, an dem alle Bewohner und Besucher zusammenkommen. Das macht seine Wichtigkeit bzw. die seines Informationsfeldes aus.

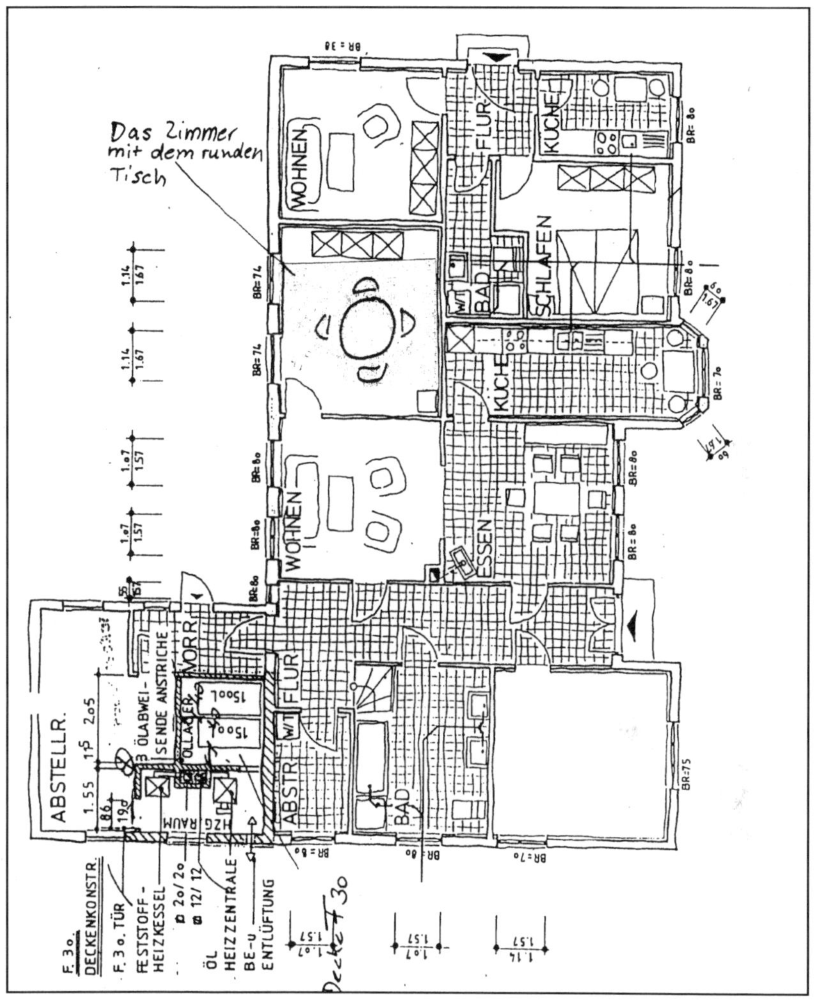

Wir stellen also fest: Das Beurteilungsverhalten des Viewers ist tatsächlich stark eingeschränkt und er erfährt die Targetumgebung deshalb sehr grund-sinnlich.

Wie kann er also in diesem Zustand entscheiden, was die wichtigsten Daten im Sinne des Targets sind, wie kann er, trotz Navigations-Hilfe des Protokolls und des Monitors entscheiden, welches die richtigen Daten sind im schier unendlichen Feld kosmischer Informationen? Das aber ist eine Beurteilung!

Die Lehrmeinung der frühen Jahre war: Das macht nicht das Bewusstsein, sondern das Unterbewusstsein. Das weiß Bescheid. Das soll das entscheiden können. Deshalb.

Auch wenn das Unterbewusstsein in der Lage sein sollte, tatsächlich gleichzeitig, also parallel zu denken, vielleicht in Ballungen, Clustern, wie man es zum Beispiel den Delphinen zuschreibt, gibt es doch zahlreiche Fälle, die einen kritischen mitteleuropäischen RV-Anwender misstrauisch machen. Da ist zum Beispiel das so häufig zitierte Target der „optimalen Entwicklung einer bestimmten Person", kurz „Optimum" genannt. Wie funktioniert die Entscheidung, was „optimal" ist, selbst gesetzt den Fall, das Unterbewusstsein verfüge in Nullzeit über die gesamte Informationsmenge des Universums? Wird hier der Gehirninhalt desjenigen, dessen Optimum man viewt, angezapft, um zu nachzusehen, was dieser als „optimal" empfindet? Oder viewt man das, was eine übergeordnete Instanz, meinetwegen Gott oder die Engel, sich darunter vorstellen oder für den Geviewten ausgesucht haben?

Oder, um ein anderes Beispiel zu bemühen: Kann das Unterbewusstsein auch richtig entscheiden, wenn der Monitor formuliert: „die wichtigsten Eindrücke im Sinne des Auftraggebers." Was ist der Sinn des Auftraggebers?

Das sind sehr interessante Fragestellungen, die man mit RV auch einmal überprüfen müsste. Denn das wirklich Problematische an diesem thematischen Komplex ist, dass der Viewer tatsächlich „richtig" auswählt, obwohl er nur über den Intellekt eines Fünfjährigen verfügt. Bisher hat keiner der Remote Viewer, die ich kenne, eine Ahnung, weshalb das so funktioniert. Meist driftet man dann ab in eine gewisse Art von Religiosität. Ich werde diesen Aspekt im folgenden Kapitel in etwas anderem Zusammenhang noch diskutieren.

An dieser Stelle geht es mir zunächst um die praktischen Folgen dieser Erkenntnisse.

Was passiert an dieser Stelle im Protokoll, wenn der Viewer in der Stufe 4 zum ersten Mal die Möglichkeit hat, die Ergebnisse solcher Entscheidungen vorzutragen? Er schreibt Informationen auf, die dem Monitor kryptisch anmuten. Sitzt zufällig der Auftraggeber mit dabei, wenn die Session abläuft, was häufig vorkommt, dann wird er vielleicht blass, weil er etwas verschwiegen hat, selbst nicht so sah oder wusste oder schlicht, weil ihm das Ergebnis sehr unbequem ist. Der Monitor hat von all dem aber keine Ahnung. (Etwas anders ist es natürlich, wenn der Monitor selbst der „Auftraggeber" ist und z. B. seine „Optimum" viewen lässt.)

Was macht der Monitor, um sich in dieser Situation mehr (oder überhaupt irgendeine) Klarheit zu verschaffen? Richtig, eine Bewegungsübung. Und der Viewer ist völlig unschuldig. Er war nicht nur „nicht schlecht", er war „top on target"!

Diese Situation lässt sich mit beliebig vielen Beispielen untermauern, es bleibt im Grunde aber immer diejenige, die ich schon im ersten Teil beschrieben habe: Der Viewer kommt im Zielgebiet an, aber auf der anderen Seite einer Mauer. Und der Monitor weiß nicht, wie diese aussieht. Vielleicht ist sie sogar bemalt, was zu noch mehr Problemen führt.

Außer der namentlich so ausgewiesenen Bewegungsübung gibt es im Verlauf der Session noch andere Möglichkeiten, den Targetkontakt zu verbessern oder dem Monitor Informationen über die Befindlichkeit des Viewers zukommen zu lassen.

Die wichtigste Technik dabei ist „probing the matrix" (= teste die Matrix), wie Courtney Brown es nennt. Das hört sich sehr geheimnisvoll an. Gemeint ist aber lediglich, dass der Viewer auf das Papier tippen soll, um besseren Targetkontakt zu erhalten. Danach soll er, nach möglichst kurzer Formulierungsbemühung, seinen Eindruck hinschreiben.

Im Grunde genommen ist dieser Vorgang jedes Mal eine kleine Bewegungsübung und kann ständig, wiederholt und sogar so oft, wie nötig, in einer Session durchgeführt werden. Wir kennen diesen Vorgang schon aus der Stufe 1: „probing the ideogram". Wenn wir unsere Linie abfahren, oder auch nur antippen, nehmen wir Kontakt zum Target auf und stellen fest, dass plötzlich Eindrücke in unserem Bewusstsein „ankommen".

Dieser Vorgang des Antippens wird von Skeptikern und Wissenschaftlern oft belächelt, beinhaltet aber die Aufforderung ans Unterbewusste, wieder und wieder auf das kosmische Datenfeld zuzugreifen. Oder seine Antenne neu auszurichten, wenn Ihnen dieses Bild besser gefällt. Es ist sozusagen ein funktionaler Resetprozess durch synonyme Handlung. Oder eine kleine Bewegungsübung.

Antippen kann man jede Stelle des vorliegenden Papiers. Am besten wird es natürlich sein, wenn man eine Stelle nimmt, die einen besonderen Bezug zum Target hat, also eine Stelle, die wir durch das, was wir hingeschrieben haben, sozusagen „informiert" haben. Es ist wie in den Darstellungen des japanischen Wissenschaftlers Dr. Emoto, der Wasserinformationen sichtbar macht. Das wirklich Verrückte ist, dass bereits das Aufkleben von beschrifteten Etiketten auf wassergefüllte Flaschen einen Effekt in der molekularen Struktur zeigt. Sind wir jetzt mit unserer Wissenschaft dort angekommen, wo wir den bereits im 19. Jahrhundert entdeckten „Mesmerismus", die Fernwirkung von Feldern, erklären und sichtbar machen können? Fragen Sie die Quantenphysiker.

Für uns bedeutet es jedenfalls einen spürbaren Effekt, wenn wir nicht nur das Ideogramm, sondern beispielsweise auch eine Spalte in der Stufe 4 antippen und fragen: Was gibt es hier für Eindrücke, was ist hier wichtig?

Mit dieser Technik kann der Monitor dann auch gezielte Mini-Bewegungsübungen auslösen, z. B. in dem er den Viewer besonders interessante oder aber auch (im Rahmen der Session) unverständliche Begriffe antippen lässt. Wir werden das besonders in der Stufe 5 kennenlernen.

Der Wechsel stellt auch eine Art von Bewegungsübung dar, wenn man den Aspekt der Neuzentrierung betrachtet. Etwas unter einem anderen Aspekt zu betrachten, ist im Grunde auch ein Wiederherantasten, nachdem man kurz losgelassen hat, wobei hier schon der vom Monitor initiierte Wechsel gemeint ist. (Wir werden die Funktion des Wechsels in der Stufe 5 noch als „Leerlauffunktion" kennenlernen, wenn also dem Viewer nichts mehr einfällt. Alles im RV-Protokoll hat mehrere Aspekte.)

So könnte also die Aufforderung des Monitors, wenn der Viewer (oder er selbst) stockt, so ausfallen: „Hier, nimm dir doch mal diesen Begriff hier vor und piek mal rein, was gibt es dort für Aspekte?"

Die Formulierung „piek mal rein" wird dabei immer gern genommen, vielleicht auch, weil die so symbolisierte Handlung recht drastisch ist. Da kann es schon vorkommen, dass der Viewer zurückzuckt und ausruft: „oh, heiß!" oder: „Das lebt ja!" (Vielleicht auch: „Bloß nicht! Das platzt sonst!")

Eine besondere Technik, die zwischen diesem rudimentären Bewegen und der tatsächlichen „richtigen" Bewegungsübung angesiedelt ist, hat sich Lyn Buchanan, in Erinnerung an seine Probleme damals in Fort Meade, für seine Trainierenden ausgedacht.

In Situationen, in denen der Viewer „hängt", seinen aktuellen Informationscluster erschöpft hat oder wenn der Monitor neue Informationen benötigt, lässt er den Viewer einen der bereits genannten Begriffe gerade so wie Koordinaten aufschreiben und ein Ideogramm darauf anfertigen. Die Abarbeitung dieses Ideogramms nimmt er nicht so ausladend vor, wie wir den Ablauf der Bewegungsübung kennen, sondern eher so, als würde er alle Stufen 1-4 undifferenziert zusammenschieben. Dazu gehört ein wenig Übung, weil man als Monitor die einzelnen Funktionen und ihren Zusammenhang durchaus im Auge behalten sollte.

Mindestens im Training kann man die angehenden Viewer ganze Reihen dieser Mini-Bewegungsübungen machen lassen, und man kann auch gut die ganze Session nach der Stufe 3 nur aus solchen Folgen bestehen lassen. Nun könnte man einwenden, dass hier die Möglichkeit, tatsächlich die Informationen zu erlangen, auf die es ankommt, sehr gering ist, weil man doch nur allgemeine Eindrücke generiert. Täuschen Sie sich nicht! Abgesehen davon, dass man im Laufe des Geschehens das Target regelrecht „einkreisen" kann, ist es möglich, durch geschickte Wahl der Mini-Targets zum Zielgebiet vorzustoßen, ohne dass der Viewer eine Ahnung bekommt, woran er arbeitet. Somit bleiben auch seine AULs gering oder sie sind einfach und leicht erkennbar. Auch in meinem Beispiel sind bereits sehr differenzierte Eindrücke aufgelistet.

Insgesamt eine Technik, die man schnell einmal einsetzen kann, wenn man meint, der Viewer sei leicht von der Spur abgekommen, vielleicht ein wenig aus der „Zone" gekippt oder wenn der

Monitor kurzfristig Auskunft über den Standort des Viewers benötigt oder besser: wie der Viewer eine Äußerung gemeint hat.

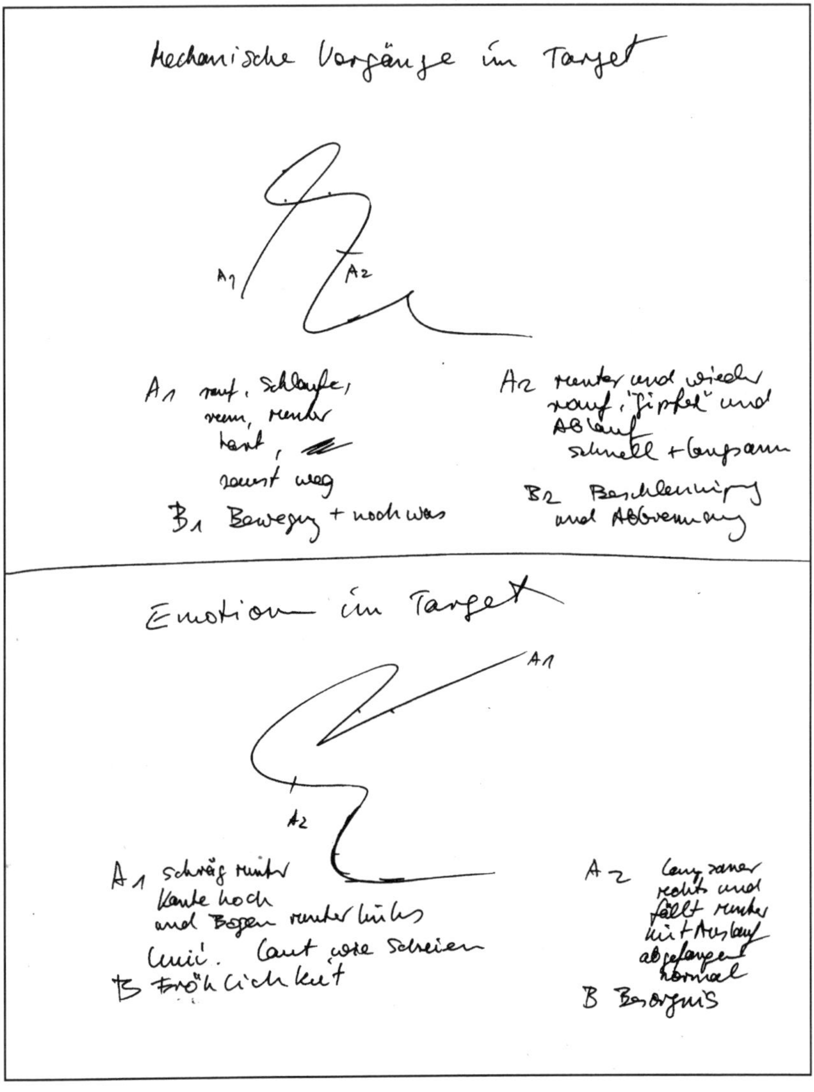

Andererseits könnte man meinen, dass diese Funktion schneller und besser von einem Stufe 5- Vorgehen erfüllt werden könnte. Dem ist zuzustimmen, nur fehlt dort die direkte, ursprüngliche Neuorientierung innerhalb der Session, ohne die Belastung für die Phantasie durch die vielen, bereits aufgeschriebenen Eindrücke.

Wir sehen an all diesen Möglichkeiten, dass es oft leichter ist, den Viewer an das Target zu bringen oder dort zu halten, als dass der Monitor eine Technik hat, zu erkennen, wo der sich Viewer befindet. Alle diese beschriebenen Kunstgriffe müssen nicht dazu führen, dass der Viewer Informationen abgibt, mit denen der Monitor etwas anfangen kann. Beispiel die einseitig bemalte Mauer, von der es ja eine reale Ausfertigung von 1961 bis 1989 in Berlin gab: ein Monitor aus dem Osten, brav dem Westfernsehen abstinent, hätte mit „wilden Malereien, junge Leute mit Sprühdosen, Aktionen wie AUL/ S Kunst" seine Probleme. Er kannte ja nur das Niemandsland, Stacheldraht und Minenfelder mit Wachtürmen.

Die Informationen aus dem Westen hätte er sich nun mühsam zusammentragen müssen, immer bemüht, sie durch zwischengelagerte Details zu verifizieren. Nicht nur in einer Solosession bleibt dem Viewer kaum etwas anderes übrig, als in mehreren Sessions zum Target so viel Daten wie möglich zu generieren.

Dabei ist auf jeden Fall wichtig, den Viewer Beziehungen zwischen den Eindrücken herstellen zu lassen und eindeutige Trennungen vorzunehmen, also von den verschiedenen Eindrücken auch festzustellen, wohin sie mit Sicherheit ***nicht*** gehören. Das Vorgehen des Monitors muss hier darauf ausgerichtet sein, einzelne reale Objekte oder eben immaterielle Konzepte durch Beschreibungen (wieder-) erkennbar zu machen, um festzustellen, um welche Teile des Gebietes, das der Viewer gerade durchkämmt, man sich besonders kümmern muss. Ganz besonders gilt dies natürlich für doppelt blinde Sessions, wenn also der Monitor auch nicht weiß, was das Target ist.

In den meisten Fällen von realen Projekten wird die Fragestellung dem Monitor bekannt sein, die Situation in der Session sich jedoch in genau jene unangenehme Richtung entwickeln. Wenn der Monitor an dem Ort, der dann auftaucht, auch noch nicht gewesen ist, zum Beispiel bei Lebensverläufen in der Zukunft, ist also genau diese Doppelblindheit gegeben und unsere Verifikationsmöglichkeiten hängen mit Situationen und Personen zusammen, die aus der jeweiligen Gegenwart, in der Session also aus der Vergangenheit entstammen. Gibt es diese in der angepeilten Zukunft nicht mehr, haben wir Arbeit. Der typische Fall ist ein plötzlicher Umzug in eine andere Gegend. In solch einem Fall muss kein Todesfall oder ähnlicher Unbill vorliegen. Wir müssen aber dem Viewer helfen, die bei ihm eingehenden Informationen richtig aus dem Unterbewussten zu übersetzen und abzulegen. In diesem Fall kann es zu einer Serie von Bewegungsübungen kommen, ganz gleich, nach welchem der genannten Prinzipien sie durchgeführt werden. Als Viewer muss man sich dann daran gewöhnen. Wie wir gesehen haben, hat dieser Sessionverlauf nichts mit den Qualitäten des Viewers zu tun, eher mit Eigenarten und Schwierigkeiten des Targets, die auch für alle unerwartet auftauchen können.

Man kann eigentlich sagen, dass eine Bewegungsübung jeglicher Art der Normalfall in einer Session ist, ja im Prinzip für das Eintreffen richtiger Daten dem Protokoll zugrunde liegt. Man könnte das Phänomen Remote Viewing in diesem Sinn auch vor dem Hintergrund der Bewegungsübungen erklären, wenn man unbedingt wollte. Das gilt besonders, wenn man sich mit der Struktur der sogenannten Matrix befasst, oder dem was wir dafür halten bzw. wie wir uns dieses Unvorstellbare durch menschliche Beschreibung gefügig machen. Wir können einige Eigenarten gemäß vorgenanntem Punkt 2 (die Größe des abzusuchenden Informationsfeldes) hinsichtlich Größe und Struktur benennen, und wir werden froh sein, die eben errungene Sichtweise anwenden zu können.

7. Kapitel: Das Problem mit der Größe - Irrgarten Matrix

Zu Beginn der Zeit, in der Remote Viewing vermarktet wurde, als also meist ehemalige Geheimdienstler Trainingskurse dem gutbetuchten, spirituell interessierten Kunden verkaufen wollten, wurde mit der Unterstellung geworben, jeder könne es und das ganz allein. Ich möchte hier diesen Werbeslogan der frühen neunziger Jahre inhaltlich nicht in Abrede stellen; allein die praktischen Folgen in der großen Schar der esoterisch und grenzwissenschaftlich sich Umschauenden muss unbedingt relativiert werden.

Es ist wie mit dem Autofahren. Selbstverständlich kann jeder Mensch einen motorisch angetriebenen Wagen bedienen und er braucht dazu auch keine weitere Hilfsperson. Lassen Sie mich ein schnell erfundenes Märchen dazu erzählen und dieses Kapitel zur Abwechslung etwas unterhaltsamer gestalten.

Es war einmal ein armer tibetanischer Hirte, der auf seinem Berghang eine Diamantenmine entdeckte. Unglaublicherweise gelang es dem Hirten tatsächlich, seine Förderung zu einem halbwegs adäquaten Preis zu verkaufen.

Bei diesen Transaktionen sah er viel von der Welt außerhalb seines Gebirgstales. Schließlich kam er auf die Idee, sich auch solche Dinger zu leisten, wie sie in den reichen Industrienationen zu Massen herumfuhren. Offensichtlich hatten ihre Nutzer viel Spaß damit. Der Hirte bestellte so ein Ding mit seinem neuen Telefon. Immerhin hatte man ihm gesagt, dass er vielleicht mit einem normalen Straßenauto in seiner Heimat nicht sehr glücklich werden würde. So wurde eines Tages ein 23-gängiger Toyota-Jeep ausgeliefert, der Einfachheit halber mit dem Hubschrauber.

Der Hirte freute sich, stieg ein und machte sich auf den Weg nach Peking, wo er schon immer mal mit jemand Wichtigem ein Wörtchen über die Lage seiner Heimatprovinz reden wollte. Theoretisch wäre das auch im Rahmen des Möglichen gewesen, praktisch aber wissen wir schon genau, was ihm widerfahren wäre.

Ende des Märchens. Leider traf auf ihn nichts aus den Werbungsszenarien zu, obwohl deren harter Kern, nämlich: jeder kann es und überall hin, völlig unstrittig ist und bleibt.

Jahre später, als der Hirte mit seinem Landkreuzer tatsächlich in Peking eintraf, erzählte er, wie er erst fahren gelernt, dann lesen und schreiben und schließlich, wo man Landkarten herbekam und wie man diese wiederum benutzte. Auch von einer Straßenverkehrsordnung hatte er inzwischen schon etwas gehört, und nach all den Abenteuern war er so bekannt geworden, dass er tatsächlich von einem hohen Staatssekretär empfangen wurde.

Dieses Lehrbuch, das Sie in den Händen halten, befasst sich mit dem Fahrenlernen und der Fahrzeugkunde, ebenso aber müssen wir über Verkehrsregeln reden und die Orientierung bei Fernfahrten.

Im letzten Kapitel haben wir über Navigation und Kartenlesen gesprochen. Vielleicht wäre es nunmehr angeraten, sich über die Beschaffenheit der Karte selbst zu unterhalten, bevor wir weitere Tricks kennenlernen, auf unserem Rallye-Kurs die Spur zu halten.

Alle unsere Tricks nützen uns in vielen Fällen herzlich wenig, wenn wir nicht mit den Tücken der Straße und deren Beschilderung fertig werden. In der Übersetzung in das Wissensgebiet Remote Viewing heißt das klipp und klar, dass wir uns mit der Beschaffenheit der sogenannten Matrix auseinandersetzen müssen. In der Vernachlässigung dieser Beschäftigung liegen die Hauptgründe, weshalb die von den frühen Trainern selbstsicher vermittelten Einschätzungen, jeder könnte Remote Viewing auch ganz allein, ohne Partner durchführen, so oft und nachhaltig in die Hose gingen. Ich liebe bildhafte Sprache.

Leider ist nach wie vor genau die Vorstellung, eine Solo-Technik zu lernen, der Grund für viele, ein Training zu buchen. Es dauert aber nicht sehr lange, bis sie Erfahrungen machen, die dann in der Einstellung gipfeln, man müsse immer mit Monitor arbeiten. Es ist wahr, dass der Monitor dem Viewer helfen kann, Zeit zu sparen; er kann ihn von (über-) attraktiven Nebendaten fernhalten und ihn im Falle einer unangenehmen Erfahrung in der Session auffangen. Außerdem kann man mit einem Partner auch prima den eigenen Realitätsabsturz abfangen, die Wunden der Erkenntnis „Hilfe, es geht doch!" behandeln.

Mit sehr viel Übung gelingt es dann doch, solo zu arbeiten. Es gelingt umso besser, wenn man sich bewusst macht, welch ein Irrgarten, welch ein Sargassomeer dieses kosmische Informationsfeld darstellt. Die Erkenntnis, dass man dieses Thema aufgreifen muss, kommt schleichend. Im Laufe der Zeit, und gerade wenn sie bis Stufe 4 (unter Einbeziehung der Stufe 5) trainiert haben, stellen die Viewer fest, dass sie sehr datenreiche, sozusagen „hochauflösende" Ergebnisse erhalten haben, die in geradezu unglaublicher Präzision zutrafen - soweit man es in der aktuellen Kenntnis des Targets beurteilen konnte.

Zwischendurch wurden aber auch einige, ebenfalls hochauflösende Sessions erarbeitet, die er/sie voller Unverständnis betrachtet und sich fragt, „was das dazu gehörende Target in Wirklichkeit sein könnte?" Dasjenige, das man im Umschlag abgelegt hatte, war es doch offensichtlich nicht. Und sie haben doch alles richtig gemacht. Das ist der Moment, wo manche Viewer die Schultern zucken und sagen: „Ja, man kann nicht immer gut sein. Manchmal geht`s eben daneben." Andere bekommen grundsätzlich Zweifel an der Methode und Skeptikern sind solche „Fehlschläge" immer ein guter Gegenbeweis für die Behauptung, PSI wäre real.

Wenn da nur nicht die vielen zutreffenden Sessions wären ...

Langsam kommt dem Viewer die Erkenntnis, seine „Fehler" haben nichts mit Problemfeldern bei Bewegungsübungen und AUL-Bearbeitungen zu tun. Ein je nach Viewer nicht zu kleiner Rest bleibt aber an etwas anderem hängen: An der Frage nach der Beschaffenheit der Informationslagerung in diesem Universum.

Gewiss kann der Viewer in mehreren Bewegungsübungen falsch landen. Das wäre eine probate Erklärung. Man hat eben auch mal einen schlechten Tag, an dem man sich nicht konzentrieren kann. Ebenso erklärlich wird der Effekt des „Danebenseins" durch nicht abgearbeitete, im Hintergrund präsent gebliebene AULs. Man ist die Bilder also nicht losgeworden, das Wachbewusstsein war zu wenig beschäftigt, die Außenreize möglicherweise zu stark.

Dann aber gibt es Sessions, die ein völlig anderes Bild vermitteln, als die Erwartung vermuten ließ, oder sie enthalten mitten in völlig richtigen, erwarteten Daten Einsprengsel, die damit nicht vereinbar sind, aber nicht als AUL verdächtigt werden können. Oder, noch schlimmer, sie bestätigen wortgetreu alle Vorurteile, die man zu dem Thema schon gehört hat, aber selbst nicht glaubte. Und weil man dachte, Remote Viewing sei eine neutrale, unbestechliche Ermittlungsweise, hat man nun ein Problem.

Die besten Beispiele für solche Targets sind alle möglichen Gerüchte, Märchenfiguren, Verschwörungstheorien, Weltuntergangs-Prophezeiungen, UFOs und Spukerscheinungen. Deshalb, und weil die Zielgebiete sehr intensive Erlebnisqualitäten beinhalten, rate ich von ihnen ab.

Aber auch bei ganz „normalen", bodenständigen, unverdächtigen Targets tritt der Effekt des „Abgleitens" unangenehm häufig auf, weshalb wir die Frage, auf was wir beim Viewen zugreifen, einmal genauer unter die Lupe nehmen müssen. Unsere bisherigen Erklärungen reichen nicht aus. Außerdem, was heißt eigentlich: die Target-Formulierung muss präzise und neutral sein. Oder was bedeutet: Der Viewer bringt seine Vorannahme mit in die Session, wenn es doch keine AULs sind?

Als Remote Viewing publik gemacht wurde, hatte man eine einfache Erklärung, die allerdings immer komplexer wurde, je näher man hinschaute. Man sagte, „der Viewer greift auf ein holografisch gestaltetes Informationsfeld universellen Ausmaßes zu, das von manchen Leuten „Akasha-Chronik", von anderen „morphogenetische Felder" genannt wurden. Viele Autoren, darunter natürlich auch ich, haben sich mit Erklärungsversuchen dieser Gebilde befasst. Ich möchte dies deshalb nicht komplex neu darstellen, sondern nur bestimmte Eigenarten an angemessener Stelle aufarbeiten.

Im Prinzip weiß niemand genau, wie diese Informationsfelder entstehen. Und ob die Hypothese stimmt, dass jedes Atomteilchen gleichzeitig zu seinem Bestand auch ein schwarzes Loch produziert, durch das die Informationen in Null-Zeit zirkulieren können, bleibt noch abzuwarten.

Fakt ist jedoch, dass wir mit diesem hypothetischen Konstrukt arbeiten können. Die bekannten Versuche zum „Beamen" von Elementarteilchen durch mehrere Quantenphysikforscher der letzten Jahre zeigen eindeutig, dass sich tatsächlich etwas in diesem Universum unabhängig vom Zeitablauf bewegen kann, aber es sind jedenfalls nicht die „Teilchen“, sondern nur die „Eigenarten“ dieser Teilchen. Also die Informationen.

Es scheint mittlerweile auch durch viele andere Forschungsergebnisse bewiesen, dass dem, was wir als „Substanz“, als real anfassbare Dinge begreifen, etwas anhaftet, das zur gleichen Zeit auch an einem anderen Ort existiert oder von dort aus wahrgenommen werden kann. Für unsere momentane Diskussion ist nicht wichtig, wie wir das technisch/biochemisch oder -physikalisch bewerkstelligen. Wichtig ist aber die Betrachtung dieser Struktur, dieses Feld von offenbar überall existierenden und verfügbaren Informationen, das in unserem Universum existiert, und ohne das dieses Universum vermutlich nicht existieren könnte.

Vielleicht finden wir einmal heraus, wie diese Informationen an der Materie anhaften, wie sie abgelegt werden und woraus sie bestehen bzw. wie man sie physikalisch definieren kann. Die anderen Eigenschaften dieses Informationsfeldes, auch kurz „Matrix“ genannt interessieren uns mehr.

1. Die Matrix ist allumfassend, also wirklich universell, ohne übriggebliebenen Raum oder Gegenpart irgendwo.
2. Die Informationen sind veränderlich, die Matrix nimmt beständig zu.

Wir können heute davon ausgehen, dass diese beiden Eigenschaften genauso existent sind oder dass die Wirkung der Matrix aus solchen „Axiomen“ herrührt. Das ist zwar nicht ganz das Gleiche, aber für uns reicht diese Betrachtungsweise, da wir nur den *Umgang* mit der Matrix untersuchen wollen.

Allumfassend ist ein sehr präziser Begriff, trotzdem aber sozusagen der Gipfel der Unübersichtlichkeit. Allumfassend heißt, da ist alles drin. Beruhigend, dass wir als Remote Viewer nicht noch woanders nachschlagen müssen. Wir sind sozusagen in der größten, denkbaren Bibliothek.

Wir finden dort alle Fakten zu allen Dingen und Ereignissen, alle Sachbücher, die das Universum jemals verfasst hat. Aber nicht nur Tatsachen. Auch Romane, Gedichte, objektive und subjektive Informationen. Eben alles. Wir haben nur ein einziges Problem: Wir müssen uns durchfinden.

Heute kann man auf die Frage: „Waren Sie schon einmal in einer Bibliothek?“ nicht mehr unbedingt eine positive Antwort erwarten. Eine wirklich große Bibliothek ist ein Erlebnis. Aber vielleicht reicht auch eine richtig große Buchhandlung zur Betrachtung. Oder ein CD- oder DVD-Geschäft größeren Ausmaßes. Wir gehen hinein und stellen uns vor, dieser Laden wäre unendlich groß, aber wir könnten in jede Abteilung, wenn wir sie nur benennen können.

Wir haben einen Auftrag. Ein Freund hat uns angerufen und gefragt, ob wir ihm dringend ein Buch oder einen Film besorgen können, mit Informationen über eine bestimmte Person zu einer Zeit und ihren Zusammenhang mit einem Ereignis. Wir haben von diesen Dingen, für die er sich interessiert, überhaupt keine Ahnung, aber er ist auf dem Handy und hat es eilig, weil er diese Informationen in einer Stunde braucht und nicht selbst kommen kann. So müssen wir ihm jeweils berichten, wo wir sind, damit er uns anleiten kann, wie wir weiter suchen können.

Leider ist die Bibliothek so groß, dass niemand einen Überblick hat und sich auch niemand gefunden hat, um ein detailliertes Inhaltsverzeichnis zu erstellen.

„Das macht nichts“, sagt unser Freund übers Handy. „Die Person ist sehr bekannt, auch nach ihren Lebzeiten, und wir wissen auch, wo sie gewohnt hat und vieles über ihr Wirken. Sie heißt John F. Kennedy. Aber ich brauche ein bestimmtes, nicht sehr bekanntes Ereignis.“

„Dann gehen wir vielleicht in einen Raum mit Büchern und Videos über Amerika.“

„Gut.“

„Ich bin jetzt hier. Alles voll mit Amerika. Indianerbücher, Bildbände über die Rocky Mountains sehe ich hier, und hier etwas über die Panamericana, die Straße durch ganz Amerika bis nach Feuerland, da hat man sogar Autorennen ...“

„Halt! Wir suchen einen Politiker! Keine Landschaften oder Autorennen!“

„Schade, war sehr interessant. Ich versuche, einen Raum mit amerikanischen Politikern zu finden. Ah, hier, das sieht so aus. Oh, das gibt aber viele.“

„Kennedy, wir suchen Kennedy.“
„Ja, ich weiß, aber hier ist er nur einer unter vielen Präsidenten. Und dann noch die anderen wichtigen Burschen, über jeden sind Bücher hier, ah, hier der Sezessionskrieg. Ich hab hier grade ein Buch, in dem McClellan, das war so ein General damals, den Feldzug nach Richmond mit Hannibals Sturm auf Rom verglich. War da nicht damals Cäsar ... ja, jetzt bin ich in einem Raum, wo ganz viele Bücher über Cäsar stehen!“
„Kennedy!“ Unser Freund am Handy wird langsam ungeduldig. „Cäsar ist sehr interessant, aber geh bitte zurück zu den amerikanischen Präsidenten. Und vermeide bitte diesen Sezessionskrieg. Geh in die Zukunft, also von dort aus die Zukunft.“
„Ja, ich bin jetzt wieder bei den Präsidenten. Es gab ja richtig viele!“
„Kennedy. Nach dem Krieg.“
„Krieg, genau, hier sind sehr viele Bücher über Krieg. Ein ganzer Raum, nein zwei, drei ... ich glaube, jedes Land hat einen ganzen Raum hier mit Büchern und Videos über Krieg ... Landkrieg, Seekrieg, Schlachtschiffe, U-Boote, Untergang der Lusitania, so viele Flüchtlinge ...“
„Amerikanische Präsidenten ...!“
„Ach so, ja, genau. Zweiter Weltkrieg. Hier ich geh mal vorbei, obwohl da sehr, sehr viele Bücher stehen. Große Bildbände. Würde ich ja gern mal einen herausziehen. Macht mich selbst neugierig.“
„Kennedy. Präsident von 1960 bis 1963.“
„Ja, ich weiß, aber das ist hier nicht nach Jahren geordnet, eher so ... nach Assoziationen. Wer kam denn davor, Eisenhower, nicht wahr. Ah, hier ist er.“
„Kennedy?“
„Nein, Eisenhower. Der ist gern auf Flugzeugträgern herummarschiert. Wusstest du, dass sie Flugzeugträger ... oh, hier sind davon auch schöne Bildbände! Ja, ich weiß, Kennedy! Was für eine blöde Suche. Ich hasse Kennedy! Ah, hier ist was. Tod in Dallas ... ja, das war eine Sache, damals. Waren wir alle total erschrocken. Mann, was es hier für Bücher und Filme gibt über das At-

tentat! Und ein ganzes Regal voller Theorien. Auch so Sachen mit UFOs. Hier zum Beispiel ..."
„Prima, dass du Kennedy hast!" Klingt unser Freund jetzt so verzerrt, oder ist es der absterbende Handy-Akku? „Wir müssen aber etwas früher, als er noch lebte. Mach dich mal bitte los von diesem Zwischenfall. Ich weiß, der ist riesig. Aber da musst du dran vorbei. Es muss auch ein Regal mit seiner Südamerika-Politik geben."
„Ja, gut, gut", antworten wir etwas lauter. „Hier ist etwas. Die Entwicklung der Beziehung zu Südamerika unter dem Eindruck der Kubakrise. Meinst du das?"
„Nein, noch etwas früher."
„Die Kubakrise hat aber dann, nach der Invasion in der Schweinebucht ... hier da ist auch ein Bildband davon da! Das waren ja keine Amerikaner, wusstest du das? Die sehen so südländisch aus. Das waren selbst Kubaner ..."
„Nein ... krch ... krch ..." Das Handy zeigt jetzt deutliche Akku-Schwächen. Immer mehr Digital-Fehler verstümmeln die Rede unseres Freundes. „Kennedys Abkommen kch kch brrt brrt Venezubrrrt neunzehnbrrtkrrt ..."
„Ich kann dich leider nicht mehr verstehen. Ich nehme hier mal ein Buch mit, so auf Verdacht. Es heißt „Die Rolle von Eva Maria Durate de Péron während der Regierungszeit ihres Mannes", vielleicht steht da drin, was du brauchst. Es ist ein ziemlich dickes Buch, das verspricht ja einiges."
Wir kehren der Bibliothek den Rücken, gehen hinaus, wieder ans Sonnenlicht. Dann fahren wir zu unserem Freund und drücken ihm das Buch in die Hand. Er blättert es enttäuscht durch. „Das ist ja ein Schmachtfetzen. So was Hergeholtes. Und nichts drin, was ich suche!"
„Was wolltest du denn genau?"
„Ich brauche den genauen Inhalt der Vereinbarungen für das *Projekt der Allianz für den Fortschritt*, an dem Kennedy mitgewirkt hat. Der Versuch, den sogenannten Schwesterrepubliken im Süden zu helfen, die Armut abzuschütteln."
„Das ist ja ein langweiliges Thema! Da in der Bibliothek gab es viel Interessanteres. Selbst die Evita ..."

„Schon gut."
Erinnert Sie diese kleine Geschichte irgendwie an den Ablauf einer Session, bei der sie selbst zugegen waren? An eine Session, die viele richtige Details offenbarte, nur nicht das, was Sie suchten? Eine Session, die von einem AUL ins nächste stolperte, in der der Viewer aufsässig wurde, weil er interessantere Sachen betrachten wollte, als das Target vorgab? Eine Session, die man getrost als „völlig daneben" bezeichnen könnte?

Manchmal sind kleine Geschichten besser als ein aufgesetztes Dozieren. Die Vorstellung der riesigen Bibliothek ist vielleicht etwas altbacken. Der Vergleich mit dem tatsächlich schon unüberschaubar ausgeweiteten Internet wäre sicherlich besser, zumal man hier auch den Begriff des „Herunterladens" von Informationen zur Illustration verwenden könnte. Dieser Ausdruck wurde besonders in der ersten Zeit des Remote Viewing gern gebraucht, mir persönlich erscheint er aber nicht so treffend. Ich sehe den Zugriff auf die Matrix sehr viel interaktiver.

Bleiben wir zunächst bei dem Bild der Bibliothek. Die vielen Bücher laden dazu ein, sich dieses oder jenes herauszuziehen und einzeln zu studieren. Besonders Bildbände sind sehr attraktiv. Ereignisse, die viele bewegt haben, die Emotionen aufgewirbelt haben, haben auch viele Schreiber und Fotografen angezogen, Bücher sind erschienen, schmale Aufsätze und protzige Schmuckbände. Bücher über tatsächliche Ereignisse. Bücher über Leute, die Bücher geschrieben haben. Bücher über fiktive Ereignisse, sogenannte Romane. Bücher über Bücher, über Bücher, die von der Realität handeln und von der Fiktion. Bücher über Bücher über Bücher ...

Alle laden zum Verweilen ein, lenken den armen Besucher ab von seinem Vorhaben. So ungefähr ergeht es dem Viewer im kosmischen Datenfeld. Alle Informationen, das ist sehr viel. Wie soll er sich durchfinden? Wie soll er der Ablenkung widerstehen, denn schließlich ist sein Wachbewusstsein zwar heruntergefahren, aber nicht völlig abgeschaltet!

An diesem Beispiel wird klar, dass nur ein sehr erfahrener Benutzer dieser Bibliothek zu brauchbaren Ergebnissen kommen kann, wenn er nicht einmal eine Hilfe auf dem Handy hat, keinen

Monitor, der ihn immer wieder auf Kurs bringt. Ein sehr schwieriges Verfahren für einen Solo-Viewer. Was muss er nicht alles gesehen haben, um diesen vielen Versuchungen zu widerstehen!
Die Fülle des Angebotes wird zusätzlich durch Bücher und Filme erweitert, die keine Fakten darstellen, sondern Dichtungen und Mutmaßungen zu den betreffenden Ereignissen. Gerade zu allen in dem kleinen Sketch genannten Personen und Ereignissen lassen sich unglaublich viele Romane, Gedichte, Spielfilme, Theorien und Konstruktionen denken und finden: Amerika, Geschichte, Präsidenten, Zitate, Kriege, aber auch Wünsche, Vorstellungen und knallhart eingefädelte politische wie finanzielle Operationen. Alles da in der Matrix!

Nun ist es mit einigem Aufwand und finanziellem Risiko verbunden, Bücher zu erstellen und auf den Markt zu bringen. Um andere Leute zu informieren, mit ihnen in Kontakt zu treten und sich selbst darzustellen, gibt es heute ein billigeres Medium: das World Wide Web. Es ist überall und nirgends, wie die sogenannte Matrix. Ungreifbar und doch ständig im Zugriff. Jeder kann eine Seite hineinstellen, jeder kann auf andere Seiten und Informationen zugreifen.
Jeder? Nun, jeder, der einen Internetanschluss hat und ihn benutzt. Hier ist bereits das Gleichnis am Ende. Zur Matrix hat nämlich jeder Zugang, sonst wäre sie nicht die Matrix. Und im Universum kann jeder mitmischen. Ohne Zugangscodes, ohne Mitglieds-Pin-Nummer. Jeder kann in allen Foren Beiträge schreiben, kluge, dumme, aber auch absichtliche und - unabsichtliche.
Wenn man diese Vorstellung des universellen Informationsfeldes, das wir im Moment haben, bis zu Ende denkt, werden dort auch alle Informationen abgelegt, die keiner Absicht für diesen Vorgang entspringen. Mit anderen Worten: dadurch, dass alle Materie und Energie in diesem Universum miteinander verknüpft ist, ist es unmöglich, irgendeine Veränderung dieses Inhaltes zu unterdrücken, isolieren, für sich zu behalten, abzusondern.
Eine schwindelerregende Vorstellung, nicht wahr? Wir haben also theoretisch Zugang zu allen Informationen dieses Universums,

ohne verhindern zu können, dass alle unsere Tätigkeiten, unser Denken und Fühlen und Planen und Handeln in der Matrix abgelegt wird. Das ist eine Vorstellung wie der Traum, in dem wir plötzlich feststellen, dass wir nackt mitten auf einer Großstadtkreuzung stehen.

Wie peinlich, doch - kein wirkliches Problem. Wir stellen fest, dass alle anderen auch nackt sind! Was für eine Welt!

Aber, es gibt kein Chaos. Wir schauen noch einmal hin: Keiner schaut zurück. Es ist, als seien alle Leute blind. Keiner scheint diese allgegenwärtige Nacktheit wahrzunehmen. Nur dort hinten, dort steht jemand und winkt.

Wir gehen hin.

„Na, auch Remote Viewer?" sagt er.

„Ja", sagen wir. „Warum schauen die anderen nicht? Sind die blind?"

„Nein, aber sie wissen nicht, dass man hier etwas sehen kann. Da haben wir einen Vorteil mit der Remote Viewing-Technik. „

„Aber ist es nicht gut, dass die Leute nicht merken, dass sie sich sehen können? Stell dir vor, was für eine Peinlichkeit, was für eine Panik ausbrechen würde."

„Halb so schlimm. Alles, was alle können, ist nichts mehr wert. Und festzustellen, dass alle nackt sind, hat auch nur einen zeitlich begrenzten Unterhaltungswert. Es gibt dann schon höhere Probleme, die mehr interessieren."

„Zum Beispiel?"

„Nun, dass die Welt so groß ist, dass es prinzipiell schwierig ist, jemanden zu finden."

„Ja, das wissen wir. Und überall lenkt einen dieses oder jenes ab. Wir müssen uns disziplinieren, um da nicht hängen zu bleiben."

„Genau. Weil auch alles, was passiert, eine Spur hinterlässt. Alles. Ist eben einer hier lang gelaufen, läuft im nächsten Moment jemand quer drüber. Es ist ein ständiges Überlagern von Spuren."

„Aber, wie sollen wir dann jemals etwas herausfinden. Alle Spuren sind irgendwann vermischt, verwischt und unkenntlich."

„Irgendwann ja, aber nicht in ihrer Zeit. Siehst du die Beobachtungskamera dort? Sie nimmt auf und speichert ab. Wenn du ein

bestimmtes Ereignis sehen möchtest, musst du die Aufzeichnung dieses Zeitpunktes anschauen. Remote Viewer können das."
„Das hört sich doch sehr gut an! Wo ist der Haken?"
„Nun, jemand könnte die Aufzeichnung ausgetauscht haben."
„Was? Wer könnte so etwas tun?"
„Nun, jeder, der in den Raum kommt, in dem das Aufzeichnungsgerät steht."
„Kommt da überhaupt jemand hinein? Ich meine, diese Kamera ist doch nur ein Sinnbild. Wir sprechen doch von dem Informationsspeicher des Universums?"
„Nun, wenn du weißt, dass dieser Aufzeichnungsraum existiert, wirst du auch einen Weg finden, hineinzukommen. Aber, wie du siehst ..." Er macht eine weit ausholende Geste, „schau dich um, gibt es jemanden, der eine Ahnung davon hat, dass man hier überhaupt etwas sehen kann?"

Zoom zurück, zurück zur Realität.

Wenn wir mit einer Session den allumfassenden Datenraum betreten, stehen wir also einer unübersehbaren Informationsflut gegenüber. Wie und warum unser Unterbewusstsein die Verknüpfung mit den wahllos festgelegten Koordinaten durchführen kann, wie die Aussortierung bis hin zu den betreffenden Datenpaketen erreicht wird, ist noch allgemein ein Rätsel. Es hat sich aber immer wieder gezeigt, dass hier kaum Probleme auftreten, so irrsinnig dieser Vorgang vielen auch erscheinen mag. Aber in Stufe 1 wird auch nur das ungefähre Zielgebiet erreicht, wenngleich auch manche Viewer bereits sehr genaue Angaben machen können. Bis hin zur Stufe drei besteht der zwar erstaunliche, aber dennoch begrenzte Wiedererkennungswert des Zielgebiets nur aus allgemeinen Angaben. AULs sind als solche deutlich erkennbar.

Ab der Stufe 4 werden so detaillierte Angaben des Zielgebietes erhoben, dass es wichtig ist, dass der Viewer auch wirklich beispielsweise die Drachenbahn im Legoland, um unser durchgehendes Beispiel aufzunehmen, anvisiert und nicht irgendeine beliebige Achterbahn mit Kindern drauf.

Dabei könnte es ihm nicht nur passieren, auf dem Dom in Hamburg oder dem Oktoberfest in Berlin zu landen, sondern möglicherweise auch nur in einem Film über dieses oder jenes Fahrgeschäft.

So, wie wir uns die Matrix vorstellen müssen, ist jede vorhandene Information durch jede andere, besonders aber durch ähnliche oder zugehörende Daten geprägt, verändert und in Resonanz geraten. Jede Achterbahn existiert viele Jahre lang, auch, um ihren Anschaffungspreis einzuspielen. Sie wird von vielen Leuten besucht, die Spaß oder Angst bei der Benutzung haben, zu anderen Leuten davon erzählen und es gibt Videofilme und Fernsehberichte darüber. Diese wiederum bringen noch mehr Leute dazu, sich mit diesem Objekt zu beschäftigen.

Durch diesen Informationswust müsste sich der Viewer hindurchkämpfen, aussortieren, Ursprüngliches ausfindig machen.

Wollten wir beispielsweise eine Unfallursache klären, müssten wir uns nicht nur durch die Zeit, durch die vielen Zeitungsartikel und direkten Erlebnisse hindurchkämpfen, sondern auch noch jedes technische Detail der Bahn abklopfen. Ganz haarig wird es, wenn zukünftige Ereignisse geviewt werden sollen, zum Beispiel, um herauszufinden, ob sich die Anlage rentiert und ob es vielleicht solch einen Unfall geben könnte. Dann müssen wir auch noch die unzähligen Wahrscheinlichkeiten und Entwicklungsmöglichkeiten ab Gegenwart mit einbeziehen. Das ist noch unzählig/unendlich mal alle die Informationen, die wir schon in Betrachtung der Vergangenheit als ungeheuerlich viel eingestuft haben. Man kann sagen, dass die Anzahl der Möglichkeiten in der Zukunft exponential ansteigt, was wirklich eine schwindelerregende Vorstellung ist. Das sowieso schon Unendliche wächst in der Potenz ... Ich habe mir zuweilen Gedanken gemacht, ob das Universum das aushalten kann. Die Antwort, soweit man sie heute geben kann, heißt lakonisch: muss ja wohl. Vielleicht ist das Geheimnis der Entropie, dass sich (Informations-)Bewegung so verhalten muss, um den Stillstand zu verhindern. Andererseits ist es auch so, dass ja nur bereits vorhandene Daten immer wieder überlagert werden. Und das muss funktionieren, das sehen wir schon an unserem heimatlichen Computer, dessen Dateien man auch noch dann von einer Festplatte auslesen kann, wenn sie bereits mehrfach gelöscht und überschrieben wurden. Soweit die rein „physikalische“ Größendiskussion. Genau genommen ist es auch kein Überschreiben, Sondern eine Überlagerung durch Resonanz, und man muss vielleicht nicht extra erwähnen, dass Resonanz die Basis der Fruchtbarkeit ist.

Als Nächstes in der Betrachtung der Annäherung eines Viewers an ein beliebiges Target müssen nun unsere eigenen Bezüge dazu zur Sprache kommen. Dazu gehören persönliche Vorstellungen von (bleiben wir bei unserem Übungstarget Drachenbahn) Achterbahnen, Erinnerungen an solche, die wir selbst besucht haben, Filme, die wir gesehen haben und, als bester Hemmschuh für objektive Daten, die eigenen Ängste, die möglicherweise diese Art der Rummelplatzunterhaltung in einem auslöst. Ich kann mich gut an mehrere RV-Trainierende erinnern, die ganz real Flugangst haben. Das kommt in solch einer Session garantiert hoch!

Und, schließlich und endlich, ist natürlich auch die Matrix voller Verunreinigungen, Desinformationen, absichtlich abgelagerten unzutreffenden Daten. Sie ist von Vergiftungsversuchen infiziert und voller gezielter und ungezielter, persönlicher und gruppen- oder völkerspezifisch funktionierender Beeinflussungen. Wenn wir uns unbedarft in diesen Dschungel hineinbegeben, verirren wir uns oder werden aufgesogen. Ganz wie im richtigen Leben, wo im Fernsehen oder in der Zeitung natürlich nicht die Wahrheit verbreitet wird, sondern die Meinung des Reporters, des Redakteurs oder des Inhabers dieses Informationsorgans. Und dieser wiederum kann mit der Regierung oder der Opposition befreundet sein oder von dort unter Druck gesetzt werden.

Im Laufe unseres Lebens haben wir gelernt, mehrere Informanten zu Rate zu ziehen. Wir wissen aus Erfahrung, welche Zeitung auf welcher politischen Seite steht und wir können sogar, welch erstaunliche Wortwahl, „zwischen den Zeilen lesen“. Im Prinzip haben wir hier ein kleines Abbild der Landkarte der Matrix.

Mit Remote Viewing lernen wir nicht nur, diese Informationen auszulesen, sondern auch, sie einzuordnen.

Ab der Stufe 4 enthält das RV-Protokoll Hilfsmittel und Mechanismen, um Irrwege auszusondern und an irrelevanten Daten sich vorbeizupirschen. Weiterhin wird der Viewer in die Lage versetzt, den Einfluss seiner persönlichen Einstellung abzuarbeiten. In der Stufe 6 und darüber hinaus gewinnt er Werkzeuge zur genauen Einjustierung auf das Target und die Möglichkeit, manipulierte Daten zu erkennen und selbst die kosmische Datenwelt gezielt zu gestalten.

Im Amerikanischen heißen diese Techniken „Remote Influence“ und werden ebenfalls von Beteiligten der damaligen Forschungen gelehrt. Und obwohl auch diese Trainer nach eigenen Angaben keine Ahnung haben, wie diese Techniken am Ende wirklich funktionieren (Buchanan gebraucht den Begriff „the great unknown“ - das große Unbekannte) konstatieren sie doch stolz die erfolgreiche Anwendung. Neue Hexenmeister oder doch nur übermütige Zauberlehrlinge?

Immerhin warnt namentlich auch Lyn Buchanan vor allzu leichtfertiger Anwendung dieser Techniken und warnt eindringlich davor, in diese Welt ohne jede Hilfe wie z. B. einen Monitor, einzusteigen. Dem möchte ich mich für jeden Teil des Protokolls anschließen. Sich die Methode von Beginn an in Solos anzueignen, führt gemeinhin nur zum Frust.

Und noch ein Beispiel sei genannt in diesem Zusammenhang, etwas, das Außenstehenden immer schwer begreiflich zu machen ist. Es betrifft alle Viewer bis hin zum absolut hochtrainierten Profi des Remote Viewing, wofür sich in Amerika ja einige Leute glauben, ausgeben zu müssen, und man kann es immer wieder an ganz bestimmten öffentlich werdenden Projekten feststellen. Wenn es ein aktuelles Ereignis gibt, das alle Zeitungen füllt und die Gemüter der Leser mit Sorge, dann machen Sie dieses lieber nicht zu einem aktuellen Remote Viewing-Projekt! (Es sei denn vielleicht, der Viewer hätte absolut nichts davon mitbekommen, aber wer kann sich in der heutigen Medienwelt da schon rausziehen?!)

Zum Ersten wird in Zeiten, in denen Kriege oder entführte Kinder die Nachrichtenfront beherrschen, fast jeder Viewer, der in einen operationalen Einsatz gehen soll, dieses Target als Vermutung unter PI ablegen. Und dann werden Sie feststellen, wie schwer sich im Laufe der Session auch der abgebrühteste PSI-Agent davon lösen kann.

Die besten Ergebnisse bringen da noch Trainingssessions, weil die angehenden Viewer nicht auf solche Targets gefasst sind, bevor sie nicht „fertig“ sind. Dafür hat man aber auch Viewer dabei, die noch sehr unerfahren sind, was sich auch in der Datenausbeute niederschlägt.

Das zweite Problem sind die damit verbundenen Emotionen und generellen Informationsfelder. Nehmen wir also ein entführtes Kind, zum Beispiel der Anfang 2003 durch die amerikanische Presse geheizte Fall der Elizabeth Smart, der sogenannte „Smart-Case“ (was für eine Wortschöpfung!).

Der Normalfall einer Kindesentführung ist, dass hinterher das Kind tot ist. Das ist so traurig, wie es wahr ist. Meist schon zwei bis drei Stunden nach dem Verschwinden, also dann, wenn oft erst mit der Suche begonnen wird, ist es schon passiert. Was geschieht mit dem Viewer?

Wenn er eilig angerufen wird, „schnell mal eine Session zu machen“, schwant ihm schon etwas, und manche kriegen in diesem Moment auch eine blitzartige PSI-Eingebung. Die meisten Viewer lehnen das Thema ohnehin ab.

So steht denn oft die Presse vor der Tür und drinnen hat ein Team meist nur Zeit für wenige Sessions, geschweige denn für mehrere von einer Person, in der diese beispielsweise Zeit hätte, aus der Gefühls-Falle herauszukommen.

Unter diesen Bedingungen geraten auch die Abgebrühtesten in die dem Target anhaftenden Emotionen, inklusive der eigenen dazu. Auf der Datenseite sind AULs ungemein schwer von tatsächlichen Ereignissen zu trennen. Wenn ein Viewer behauptet, das Kind wäre tot, so wird man diesen Daten schon deshalb trauen, weil dieser Fall eben der Normalfall ist.

Im *Smart-Case* war das Kind aber lebendig, kam nach Hause zurück und die Viewer standen da, wie begossene Pudel, so erfreulich der Ausgang auch war. Leider hatte man auch schon differenzierte Täterprofile erstellt und Personenverfolgungsmaßnahmen eingeleitet. Ich kann für solche Fälle nur warnend auf die beschriebenen Problemkonstellationen hinweisen, weil ich aus vielen Sessions weiß, wie Viewer „hineingesaugt“ werden. In diesen Sessions ging es aber nicht um Leben und Tod in einem echten Fall und es gab keine Schwierigkeiten, zu differenzieren.

Natürlich habe ich gelegentlich auch diese Art Sessions im Ernstfall durchgeführt, um eine eigene Meinung dazu zu haben. Dabei gab es auch erheiternde Momente, wie z. B. im Fall des ausgebliebenen Katers „Krümel", der in einem Schuppen eingeschlossen geviewt wurde und wenige Minuten nach der Session staubbedeckt und fröhlich von selbst entkommen wieder beim Besitzer eintraf.

Im Folgenden werden wir einige weitere Anwendungen kennenlernen, die dem Viewer (und natürlich dem Monitor) helfen, sich in der zwölfdimensionalen Landkarte der Matrix zu orientieren, aber das wollte ich nicht tun, ohne vorher absolut problematische Situationen zu schildern. Es ist nicht nur gut, wenn man einen Eindruck von der Struktur des Feldes hat, mit dem man sich beschäftigt. Noch besser ist es, wenn man weiß, wo die Grenzen der Möglichkeiten liegen.

8. Kapitel: Stufe 5 - das Grundwerkzeug

In den Beschreibungen und Kommentaren zum CRV-Protokoll wird die hier eingeführte Stufe 5 meist nicht als echte Stufe gewürdigt mit dem Hinweis, sie wäre nur in wenigen Fällen erforderlich und würde im normalen Ablauf sowieso meist übersprungen. In Courtney Browns SRV-Protokoll und allen anderen Varianten, die sich nicht auf CRV stützen, fehlt diese Stufe oder Phase ganz.

Warum also haben Swann und Mitarbeiter dann eine gewisse Gleichstellung mit anderen Protokollbereichen so sichtbar verankert?

Es ist so leider nicht mit sicherer Quelle belegt, aber es steht zu vermuten, dass die Gründe in der Entwicklungsgeschichte des Protokolls zu suchen sind. Bevor man eine Stufe 6 entwickeln konnte, musste man dafür zunächst die Grundwerkzeuge erarbeiten, ja, überhaupt die Idee dazu haben, wie man weitergehend den Viewer zu immer exakteren Daten führen könnte. Der Aufbau der Stufe 5 stellt sozusagen das Grundkonzept dar, das dann immer weiter entwickelt wurde und schließlich in die breite Auffächerung der Stufe-6-Werkzeuge einmündete. Dennoch ist sie eigenständig erhalten geblieben, denn sie enthält vielfältige Anwendungsmöglichkeiten, die so in der Stufe 6 nicht mehr enthalten sind. Außerdem ist die Ansage des Begriffs der „Stufe“ ebenfalls im Sinne des „Wechsels“ als initiierende Mechanik zu verstehen und zu beachten.

Die Entwickler des CRV-Protokolls waren der Ansicht, dass in der Stufe 5, im Gegensatz zu den anderen Stufen, keine direkte Verbindung zur Signallinie besteht, um in der Matrix Informationen anzufordern und abzuholen. Es werden nur Inhalte abgearbeitet, die bereits im Laufe der Session „heruntergeladen“ und „abgespeichert“ wurden und nun sozusagen „subliminal“, also unterhalb der Bewusstseinsschwelle darauf warten, abgerufen zu werden. An dieser Stelle eine kleine Kostprobe aus dem CRV-Handbuch, das von der Firma PSITECH in den 90er Jahren an ihre Trainingsabsolventen herausgegeben wurde: „Diese Informationen wurden bereits in vorherigen Stages abgelegt, als die Signal

Line in das System eingeflossen ist und Daten in das Gehirn „eingebrannt“ hat, indem sie dazu geführt hat, dass sich Kognitronen durch Rearrangement der neuronalen Cluster des Gehirns in einer Art Abdruck zusammengefügt haben. Dieser Vorgang ähnelt ein wenig dem Ablauf in einem Computerspeicher, wenn ein Speicherdump erzeugt wird.“

Alles klar? Unter einem Kognitron verstanden die Erfinder des Protokolls eine Art „Erinnerungsbaustein“, der, ähnlich einem Kondensator, mit Informationen aufgeladen oder eben mit Daten vollgepackt wird. Demgemäß müssen diese Datenpakete nur noch „entpackt“ werden, um das für den Viewer bisher verfügbare Abbild des Targets auszubreiten. Damit lässt sich nicht nur eine Fragestellung, die einer Session zugrunde lag, oft schon ausreichend beantworten, sondern wir können dadurch auch AULs abarbeiten. Diese sind im Grunde Schlussfolgerungen, die auf einer Reihe von Eindrücken basieren, die sich dann ebenfalls im Sinne eines bestimmten Bildes zusammengeballt haben. Diese Technik ist im nächsten Kapitel beschrieben.

Beschäftigen wir uns hier mit dem Abfrageprozess für Daten, die für die Ergründung des Targets wichtig sind.

Nach Erkenntnis der RV-Entwickler ist es dem Viewer in der Stufe 4 meist nur möglich, für Datenpakete, die er „empfangen“ hat, einen oder zwei Oberbegriffe aufzuschreiben. Teilweise ist das damit begründet, dass er durch die Spaltenstruktur nur einen begrenzten (Zeit-) Raum zur Verfügung hat, seine Eindrücke „loszuwerden“. Zugleich hat er zu dieser Zeit der Session schon einen sehr guten Targetkontakt, sodass auch bei weniger komplexen Fragestellungen der Datenstrom sehr stark ist. Deshalb werden die meisten Informationen unter einem gewissen Schwellenwert verbleiben (subliminal). Wir müssen im weiteren Vorgehen also diese einzelnen „Schubladen“ auf ihre Inhalte untersuchen.

Die Struktur der Stufe 5 ist offen, ohne Linien oder Kästchen, wenngleich wir beachten sollten, dass zusammengehörende Eindrücke auch in einem Block untereinander geschrieben werden sollten. Für diese Abfolge nehmen wir natürlich wieder ein neues Blatt.

Wir beginnen damit, dass wir uns einen in der Stufe 4 aufgetauchten Begriff, den wir für inhaltlich bedeutsam halten, aufschreiben und am besten unterstreichen, um seine Funktion als Oberbegriff dadurch klarzustellen. Dieser Begriff wird wieder in Kategorien durchsucht. Im Prinzip ist die Aufteilung so ähnlich wie in der Stufe 4, aber man kann auch sagen, dass man kaum zu einer anderen einfachen Unterteilung kommen könnte, würde man sich fragen, was der Viewer jetzt beschreiben sollte. Es ist so banal wie logisch: erstens die festen Sachen, das kennen wir doch schon, die „physicals", die physikalisch realen Dinge, zweitens die immateriellen Dinge, die Ideen und Funktionen, die einem Begriff anhaften.

Also schreiben wir als Erstes: „Objekte" und versehen dieses Wort mit einem auffordernden Doppelpunkt. Dann tippen wir mit dem Stift in unseren unterstrichenen Begriff, also tatsächlich in das Wort, und schreiben daraufhin alle Dinge, Gegenstände, alles was physikalisch existent und anfassbar ist, auf, die uns zu unserem Begriff im Zielgebiet einfallen.
In der Regel wird es sich hier um drei bis sechs Zeilen handeln, die der Viewer flüssig und unter wiederholtem Antippen des zu untersuchenden Begriffs aufschreibt. Dann hält er meist inne oder er schreibt plötzlich andere Eindrücke auf. Das ist der Moment, indem er seinen Begriff fürs Erste ausreichend abgearbeitet hat und nun eine andere Kategorie aufsuchen möchte. Dies ist wiederum ein sogenannter „Wechsel", eine Aufforderung an eine neue Kategorie von Daten.
Dem ist sofort nachzugeben und wir schreiben jetzt, zur besseren Abhebung etwas nach rechts versetzt, das Wort „Attribute", ebenfalls mit Doppelpunkt (oder einem Fragezeichen). Wer es etwas deutscher mag, kann auch gern „Eigenschaften" schreiben, denn genau das ist gefragt, die Qualität oder Eigenart des zu untersuchenden Begriffes. Dabei können neben Adjektiven durchaus auch Substantive auftauchen, z. B. ist eine Eigenschaft von Wasser, Glas oder einem Spiegel (als Objekt), dass sie Licht reflektieren. Deshalb würde der Viewer jetzt unter „Attribute" hinschreiben: „reflektiert Licht" oder einfach nur „Reflexe".

Die dritte Kategorie, wie schon angekündigt, ist der immaterielle Bereich. Da hinein gehört alles, was wir schon in der Stufe 4, Spalte „IT" kennengelernt haben: Ideen, Konzepte, Arbeitsweisen, Zweck, Vorgänge etc.

Das CRV-Handbuch definiert diese Kategorie als „subjects", die deutsche Übersetzung als „Subjekte" oder „Gegenstände" ist eher irreführend, „Funktionen" würde noch am besten passen, denn man kann auch sagen, gefragt ist etwas, das man mit diesem „Ding" anstellen kann oder welchen Sinn es hat. Nehmen wir zum Beispiel den Begriff „Sportwagen". Dazu könnte der Viewer in der Funktions-Aufschlüsselung schreiben: „Transport, schöne Formen, Wirtschaftsbereich, Geschwindigkeitsrausch, Sportartikel, Liebesobjekt".

Die vierte Kategorie sollte wiederum eine Untergruppe der dritten darstellen, aber die hier genannten Begriffe können oft sogar zwischen diesen beiden Kategorien ausgetauscht werden. Im englischen „Topics" finden wir wieder das Problem bei Übersetzungsversuchen abstrakter Begriffe. „Gesprächsthemen" wäre vielleicht passend, oder vielleicht: „Überschriften". Das Wörterbuch sieht es so: „Thema. Topical: aktuell." Es geht also um eher aktuelle „Inhalte von Diskussionen, Unterhaltungen, Vorträgen, Ideen, Konzepte und Abhandlungen" gemeint sind, also das, was Menschen darüber denken und reden. Diese „Inhalte" müssen nicht richtig oder Stimmig sein, es sind im Prinzip „Meinungen". Das oben angeführte Beispiel mit dem Sportwagen könnte also folgende Themen haben: „Kann wenig mitnehmen, hoher Verbrauch, muss ständig geputzt werden, oft kaputt, teuer, fürs Fotoalbum, kommt man heute nicht mehr ohne aus, Hochgefühl, Rennen fahren und gewinnen, sowieso nur für die, die Geld haben, macht man dauernd Werbung mit, führt bestimmt zum globalen Verkehrskollaps!"

Beschränken wir uns also am besten auf den Begriff „Themen", denken an „Gesprächsthemen" und dass wir nicht solche langen Worte schreiben möchten, genau wie die Englischsprachigen, und die Frage des Monitors könnte dann lauten: „Was sagen man so darüber?"

Jeder der generierten Begriffe kann bei Interesse wieder neue „Funktionen“ und „Themen“ produzieren bzw. nach ihnen abgefragt werden, sodass auch größere Datenbereiche in einer hierarchischen Vorgehensweise „aufgebrochen“, zerkleinert und in ihren einzelnen Bedeutungen und Inhalten erkundet werden können. Das gilt für den ganzen Stufe 5-Bereich, genau so, wie jeder genannte Begriff selbst wieder Ausgangspunkt für eine komplette Stufe 5 sein kann.

Formaler Aufbau einer Stufe 5

Seite x
Stufe 5

Zu bearbeitender Eindruck

Objekte:
Mehr oder weniger physikalische
Inhalte des zu bearbeitenden Eindrucks

Attribute:
Eigenschaften des zu
bearbeitenden Eindrucks

Funktionen:
Begriffe, die im Zusammenhang
mit dem Eindruck wichtig sind
und besprochen werden können

Themen:
Inhalte der Gesprächsthemen
Beurteilungen und Meinungen
anderer Personen im Targetbereich

Es ist klar, dass in der Stufe 5 eine große Gefahr besteht, dass der Viewer nur assoziiert, und wir müssen auch hier wieder auf eine strenge Sprachregelung achten. Wenn wir uns also die entsprechenden Begriffe herausgreifen, aufschreiben und uns auffordern, diese zu „entpacken", kann die Anweisung zum Beispiel so aussehen:

„Nimm mal den Begriff Sportwagen. Schreib hin: Sportwagen. Darunter: Funktionen. Doppelpunkt. Was fällt dir dazu ein, im Sinne des Targets? Was für Ideen hast du dazu?" Das CRV-Protokoll empfiehlt außerdem noch das Aufschreiben eines Fragezeichens, um die Stimulierung optimal zu gestalten, den Viewer sozusagen noch einmal anzustoßen.

Das amerikanische Handbuch empfiehlt dazu noch das Aufschreiben des Wortes „idea", um die Handlungsanweisung als Weg zu gestalten und dem Viewer zu ermöglichen, sich so „abstützend" voranzukommen im Feld der Informationen, bis das Zielgebiet erreicht ist. „Idea" beinhaltet aber heute entymologisch nicht genau die gleichen Inhalte wie das deutsche „Idee", deshalb und auch weil ich finde, dass jedes Wort, das mehr als nötig ausgesprochen wird, hier eines zu viel sein kann, schlage ich vor, dieses wegzulassen. Ich finde, der Doppelpunkt bzw. das Fragezeichen enthalten genug Aufforderungscharaktere und die Kontaktaufnahme bzw. Zentrierung durch „antippen" hat sich bis jetzt gut bewährt, sodass unsere Ausstattung an Aufforderungssignalen völlig ausreichend ist.

Man kann hier noch einmal beispielhaft den Prozess der Stufe 5 mitverfolgen, und es wäre vielleicht eine gute Übung für den Leser, die Anordnung und Reihenfolge selbst einmal „nachzufühlen", um zu bemerken, wie der Fortgang erst einen Weg und dann eine gewisse Sogwirkung entfaltet. Das ist natürlich auch eine Technik, wie sie in anderen Bereichen des Lebens, im Management aber auch im Alltag genutzt wird, um plötzlich auftauchende Probleme zu bearbeiten, ihr Umfeld zu ergründen und Lösungsansätze zu generieren. Wenden wir diese Art von Untersuchung nicht an, bleiben alle diese wichtigen Informationen und Anknüpfungsmöglichkeiten unter der subliminalen Schwelle verborgen.

In den Unterkategorien „Attribute“ und „Themen“ findet sich auch eine Fülle von Informationen für umfassendere Projekte.

Hier ein Beispiel für eine komplette Stufe 5:

SEITE XY

STUFE 5

PLASTIK

OBJEKTE:
SITZ
STANGEN
FIGUR

ATTRIBUTE:
HART
WIRD GEGOSSEN
BUNT
GESTALTET UMGEBUNG

FUNKTIONEN:
INDUSTRIE
UNZÄHLIGE FORMEN / FARBEN
STABILITÄT, SICHERHEIT

THEMEN:
UMWELTVERSCHMUTZUNG
CHEMISCHE ZUSAMMEN-
SETZUNG
VIELE GESTALTUNGS-
MÖGLICHKEITEN
SPIELZEUG
MÖBEL

Die Stufe fünf leistet auch für andere Ermittlungen ihre Dienste. Man kann an ihrem Ablauf und Inhalt deutlich erkennen, ob es sich bei dem abzuarbeitenden Begriff unter Umständen um ein AUL handelt. Ein Viewer wird für ein AUL normalerweise nicht so viele Begriffe in den Kategorien bereitstellen können, wie zu einem echten Target. Er kommt schneller ins Stocken, oder er kann sogar überhaupt keine Daten in den vier Kategorien liefern, oder keine, die targetrelevant sind.

Wenn der Monitor das Target kennt, wird er hier sehr schnell bemerken, wie der Viewer abdriftet. Er muss dann anhalten und geeignete Maßnahmen einleiten, wie sie im Kapitel über AULs beschrieben sind.

Für Solotrainierende ergibt sich leider der Ratschlag, dass sie diesen Vorgang sehr viel üben werden müssen. Sich eine Liste hinzulegen, welche Fragen man sich an dieser oder jener Stelle des Protokolls stellen müsste, greift hier leider nicht. Das, glaube ich, ist spätestens bei eigener Praxis sofort einsehbar. Erst wenn man eine gute Zahl von Session absolviert hat, entwickelt man eine ausreichende Sensibilität für Vorgänge wie „ins Stocken kommen", ohne darauf viel Aufmerksamkeit zu verwenden und durch methodische Überlegungen herauskatapultiert zu werden.

Es soll nach eigener Aussage der Betroffenen, die meist aus einem Mangel an Bezugspersonen in ihrer Umgebung die Solo-Technik perfektioniert haben, keine Schwierigkeiten machen, damit umzugehen, wenn man sich wirklich ausgiebig mit Remote Viewing beschäftig hat. Ein bis zwei Sessions pro Tag über einen Zeitraum von mehreren Monaten sind dafür aber schon nötig.

Der Umstand, dass der Viewer ins Stocken kommt, erklärt sich also aus zwei Gründen. Erstens kann tatsächlich das Ende der Informationsballung (Cluster) erreicht sein und im Sinne des Targets keine weiteren Informationen greifbar sein, andererseits kann ein AUL vorliegen.

Wenn der Viewer alle vier Kategorien mit unverdächtigen Daten gefüllt hat und innehält, sollte der Monitor die Stufe 5 beenden oder eine neue einleiten.

Dabei muss klargestellt werden, dass die Abfolge der aufgeschriebenen Eindrücke durchaus nicht in dem hier vorgestellten

Ablaufplan geschehen muss. Der Viewer kann durchaus mit „Themen“ beginnen, wenn es ihn drängt, hier zuerst eine gewisse „Aufladung“ loszuwerden. Andererseits kann er von „Objekte“ sofort in die „Themen“-Kategorie springen und umgekehrt. Es liegt dann am Monitor, dies aufmerksam zu registrieren und die Kategorie zu wechseln. Es ist anzuraten, diesen Wechsel konsequent mitzumachen, um zu vermeiden, dass der Viewer beim zwanghaften Verbleiben in der Spalte AULs produziert.

Der vom Viewer selbst ausgelöste Wechsel geht durch den Abarbeitungsvorgang zumeist in eine Unterkategorie, also von „Objekte“ in „Attribute“ oder von „Funktionen“ in „Themen“.

Die Hauptkategorien müssen eher vom Monitor ausgelöst werden, eine gute Vorübung für Stufe-6-Arbeiten. Dieser Wechsel wird, siehe oben, durchgeführt, wenn der Viewer in der Unterkategorie länger als zwei Sekunden stockt. Das für den Viewer aktuelle Zeitmaß sollte dabei aber berücksichtigt bleiben.

Der Wechsel von „Funktionen“ nach „Themen“ ist oft schwer zu bemerken, weil hier nicht unbedingt ein Informationsbündel nach dem anderen abgearbeitet wird, sondern die Daten fließend in die nächste Kategorie übergehen können. Hauptsache ist, dass an einer markanten Stelle überhaupt ein Kategorienwechsel durchgeführt wird, um auch dem Viewer das Feedback zu geben, etwas abgearbeitet zu haben.

Es gibt auch Stufe-5-Abläufe, in denen der Viewer wild durch die Kategorien springt. Das ist an sich völlig in Ordnung, wenn die Daten in der richtigen Kategorie landen. Für den Monitor bedeutet es, sehr aufmerksam sein zu müssen, damit ihm keiner dieser Sprünge entgeht. Wie wir gesehen haben, können Eindrücke auftreten, die auch in andere Kategorien passen.

Es ist durchaus nicht verkehrt, wenn dann der Viewer gebeten wird, noch einmal kurz zu überprüfen, ob er mit seiner Niederschrift an der richtigen Stelle gelandet sei. Dieser Vorgang verstärkt den Targetkontakt und führt kaum zu einem plötzlichen AUL. Im Gegenteil kann der Viewer hier plötzlich eine wichtige neue Informationskette entdecken. Ein Beispiel dafür ist der Begriff „Elektronik“, der eigentlich kein „Objekt“ ist, dort aber berechtigterweise auftreten kann, genau so wie in den anderen Kategorien. Dann aber steht jeweils ein anderer Sinnzusammenhang dahinter.

SEITE XY

STUFE 5

PLASTIK

OBJEKTE:
SITZE
STANGEN
FIGUR

ATTRIBUTE:
HART

HARTSCHALEN-
SESSEL

BUNT

FUNKTIONEN:

INDUSTRIE

VERPESTET LUFT
STINKT

FORMEN / FARBEN

KARUSSELL

THEMEN:

Hier noch ein Beispiel einer „sprunghaften“ Stufe 5

Wenn der Viewer „Funktionen"- Begriffe in die „Objekt"- Spalte einordnet, kommt die Begründung dafür meist in der darauf folgenden „Attribut"- Abarbeitung heraus.

So kompliziert das alles klingen mag, mit etwas Praxis werden die Unterschiede leicht deutlich und vielleicht gehören Sie auch bald zu den Viewern oder Monitoren, für die Stufe 5 in allen Variationen ihr Lieblingswerkzeug ist.

Irgendwann wird aber auch die Stufe 5 beendet, entweder aus zeitlichen, meist aber aus inhaltlichen Gründen. Wenn der Viewer zu erkennen gibt, dass er alles abgearbeitet hat, kann der Monitor entweder in Stufe 6 gehen oder die Session beenden. Dieser Teil des Lehrbuchs, das sich auch an logischen Trainingsblöcken orientiert, beinhaltet nur den Ablauf bis zur Stufe 5.

Deshalb werden wir an dieser Stelle auch die Session beenden, wenn uns nicht noch ein interessanter Begriff in Auge sticht, der durch eine neue Stufe 5 abgearbeitet werden sollte. Dabei haben wir immer die Uhr im Auge. Wenn die Session mittlerweile 50 Minuten lang ist, sollte man keinen neuen Ansatz machen. Es gibt unzählige Beispiele von Sessions, bei denen man deutlich merkt, wann die interne Konzentration des Viewers zusammenbricht und die Phantasie die Regie übernimmt.

Wir absolvieren also die üblichen Schlussformalien, beginnen, wenn nötig mit einem AI, schreiben dann „Ende bei ..." mit der aktuellen Uhrzeit und entfernen uns psychisch und physisch gleichzeitig durch drei waagerechte Striche, Schlussstriche sozusagen, vom Target.

Wir können dann noch eine Zusammenfassung schreiben, die für uns wichtigsten Daten hervorheben und Mutmaßungen aussprechen, wenn wir welche haben. Wir kennen das schon vom bisherigen Ablauf: Alles kann, ja muss herausgeschrieben werden, was uns einfällt. Wichtig ist, dass diese unsere Äußerungen richtig zuzuordnen sind. Das heißt, dass AULs auch so bezeichnet werden und wir aufschreiben, wenn wir vermuten, bestimmte Gefühle bei etwas haben oder uns Fragen des Sinnzusammenhanges stellen.

Nur so lässt sich das Ergebnis einer Session objektiv auswerten und beurteilen.

9. Kapitel: Was tun mit AULs? - Stufe 5 und NLP

Im Verlauf dieser Remote Viewing-Lehrbücher sind Sie immer wieder, hier in Stufe 4 sogar sehr ausgiebig, auf NLP gestoßen. Ich habe bisher aus gutem Grund diese Technik immer ohne tiefer gehende Erklärung einbezogen und wenig hinterfragt, sodass Sie zunächst schon einmal mit bestimmten Anwendungen losarbeiten konnten. Die eigene praktische Tätigkeit ist ein nicht zu unterschätzender Motivationsfaktor.

Die Besprechung von Hintergründen muss aber irgendwann nachgeholt werden und wir werden uns jetzt ein wenig mehr mit den theoretischen Konstrukten beschäftigen, die mit Remote Viewing zusammenhängen. Es sind meist grenzwissenschaftliche Bereiche der Physik, die zur Sprache kommen, neben solchen der Psychologie und der Informatik.

Ich werde aber auch hier versuchen, mich auf das Nötigste zu konzentrieren. Bei größerem Interesse Ihrerseits empfehle ich den Besuch einer gutsortierten Fachbuchhandlung, die an Universitätsstandorten mit Sicherheit zu finden ist. Obwohl diese Sparte der Psychologie noch sehr jung ist, werden Sie vor einem gut gefüllten Regal stehen und sich wundern, wie weit diese Anwendungen bereits unser tägliches Leben durchziehen, ohne dass es noch jemand besonders aufstößt. Lernen, Heilen, Kommunikation und Persönlichkeitsgestaltung sind Eckpfeiler von Anwendungen, deren Ziel als die Verbesserung der persönlichen Lebensqualität dargestellt wird. Im Remote Viewing-Protokoll finden wir NLP als grundlegenden Ansatz, mit der PSI-Fähigkeit umzugehen und sie zu entwickeln.

Also gut, ganz kurz, was ist NLP, was muss man darüber als Remote Viewer wissen? Um eine allgemeingültige Definition dieses Wissensgebietes wird in der wissenschaftlichen Welt noch etwas gerungen. Die Abkürzung bedeutet *neuro-linguistisches Programmieren*, was zwar scheinbar fast jeder weiß, aber wenig hinterfragt.

Beginnen wir mit dem Begriff „programmieren". Er bedeutet, dass eine Zielvorstellung formuliert wird, meist im Hinblick auf eine Änderung einer bestehenden Situation. Es werden bekannte

Einzelteile zu einem neuen Muster zusammengesetzt, um ein im Voraus festgelegtes Resultat zu erhalten. Im Alltag bedeutet das, eine anzustrebende Lebenssituation zu formulieren, die dann durch Beratung, Coaching oder sogar eine komplexe Therapie erreicht wird.

Lösungen für Alkoholprobleme fallen darunter, ebenso wie gezielter Erfolg im Beruf, aber auch jede andere Weiterentwicklung menschlicher Potenziale wie Lernfähigkeit oder ethisches Verhalten.

Wodurch wird dieses erreicht? Am Anfang unseres Begriffes steht N für „neuro“, eigentlich für *neuronal*, also durch die Vernetzung der Neuronen, der Nervenzellen in unserem Körper herbeigeführt. Unser gesamter Lebensprozess, Wahrnehmung, Denken, Verhalten und Gefühle, mithin alle motorischen Prozesse sowie alle Abwehrmechanismen gegen Krankheiten, kurz: alles was für die Lebenserhaltung notwendig ist, wird vom Netz der Nervenzellen gesteuert. Sie ballen sich in unserem Kopf zur Schaltzentrale, dem Gehirn, zusammen. NLP beschäftigt sich mit der Untersuchung dieser Funktionen, in seiner Anwendung meist mit der Behebung von unerwünschten Verhaltensweisen.

Nun gut, diesen Anspruch haben letztlich alle psychologischen Anwendungen, die nicht nur der Forschung verschrieben sind. Was ist das Besondere an NLP?

Den Haupthinweis finden wir im zweiten Wort: L für „linguistisch“, auf Deutsch also „sprachlich“. NLP untersucht die Bedeutung der Sprache für mentale Muster und die Möglichkeiten, über diesen Weg Veränderungen durchzuführen. Die älteren Therapieformen Gesprächstherapie (GT) und Verhaltenstherapie (VT) sind durchaus damit verwandt; NLP formuliert jedoch nicht nur sprachlich eine Zielvorgabe, man begleitet den Prozess dorthin auch durch sprachliche Unterstützung.

Der besondere Standpunkt von NLP ist dabei, nicht unerwünschte Verhaltensweisen oder Denkmuster abzugewöhnen, sondern explizit erwünschte Entwicklungen zu formulieren und mit positiven Formulierungen darauf hinzuarbeiten. Ein Beispiel: Um sich das Rauchen abzugewöhnen, bekommt der Proband keinen Cocktail von gesellschaftlichen Ausgrenzungen und Albtraum auslösenden medizinischen Horrorfilmen, sondern er formuliert (am besten selbst) die großartigen Vorzüge (frische Luft, nette Mädels, Geld sparen) seines geänderten Verhaltens. Oder nehmen wir die Therapie von Phobien, von Angst- und Vermeidungsverhalten. Die Gesprächstherapie würde den Leidensbedrückten zunächst sich alles von der Seele reden lassen, um dann Verständnis auszudrücken und gemeinsam nach Wegen aus der Krise suchen. Die Verhaltenstherapie würde den Kunden mehrmals bewusst der angstbesetzten Situation aussetzen, wobei die Intensität von schwach bis „volle Härte" langsam gesteigert wird. Das nennt man dann systematische Desensibilisierung. Schließlich und endlich soll der Klient in der Lage sein, die gefürchtete Situation allein durchzustehen. NLP dagegen formuliert einzig die erfolgreiche Endsituation und lässt alles andere unter den Tisch fallen. Wobei Wert darauf gelegt wird, dass hier keine Verdrängungsmechanismen angewandt werden, sondern die vorhandenen Ängste nicht durch neues Aufrufen neu mit einem Szenario verknüpft werden. Sie werden einfach durch Nicht-Beachtung bestraft, sozusagen. Begründung: Es sei bewiesen, dass man diese fragliche Lage durchaus bewältigen könne, weil es andere vorher schon getan hätten. Natürlich kann man so auch Zielvorstellungen formulieren, die noch niemand ausgehalten hat, und es ist klar, dass aus dieser Technik auch sehr schnell eine gehirnwaschende Kaderschulung speziell für Manageranwendungen entstehen kann. Es ist eben wie immer, man kann alles korrumpieren.

Das ist jedoch nicht die Anwendung in Remote Viewing. Man kann sagen, dass hier eher die Formulierung der Vorstellung betrieben wird, als die des Zieles und wir uns eigentlich nur der Techniken bedienen, die im Zuge der NLP-Forschung aufgetaucht sind, ohne tatsächliche Endzustände hervorrufen zu wollen. Alle symbolischen Aktionen gehören dazu, das „durch eine Ersatzhandlung so zu tun, als ob man etwas tatsächlich täte." Grundsätzlich geht man bei NLP davon aus, dass der Konstruktionsaspekt für das Gehirn am wichtigsten ist. Man lebt sozusagen, indem man sich immer weiter konstruiert. Dieser Vorgang wird von NLP kopiert und von außen hinzugefügt.

Wenn Sie die bereits bekannten Protokollaktionen durchsehen, werden Sie feststellen, dass der gesamte RV-Prozess durch die Sichtweise des NLP geprägt ist, ohne letztlich dessen (Therapie-) Vorhaben durchzuführen, denn wir wollen ja Daten ermitteln, nicht etwa erwünschte Daten im Viewer verankern.

Leser meines Buches „Schritte in die Zukunft“ werden hier möglicherweise anmerken, dass ich damit im Grunde genau das aber in diesem Buch beschrieben hätte, denn „Wünschen“ sei doch letztlich nichts anderes als eine Zielformulierung, die man dann durch unbewusste Aktionen erreicht. Dem muss ich widersprechen, denn das ist es meiner Meinung nach genau nicht und die Ausführung des NLP-Begriffes hätte hier auch die Leser auf genau diese falsche Fährte geführt. Die Bemühungen der NLP-Vertreter, als streng wissenschaftlich wahrgenommen zu werden und nicht etwa als Trainer von (siehe oben) Gesundbetungspredigern oder gar Hexern hat dazu geführt, dass alle Ereignisse nur aus physikalisch-phenomenologischer Sicht wahrgenommen werden und jede unterbewusste Tätigkeit im Sinne von C.G.Jung, Sheldrake oder im Sammelbegriff PSI vertreten, völlig außen vor gelassen wird.

Aber, wie wir gesehen haben, das ist genau der springende Punkt. Es ist etwa so, also würde man die Bahnfahrt hin zu einem Tagungsort als die einzige Tätigkeit zwischen der Abfahrt und der Ankunft wahrnehmen und dann abstreiten, dass sich der Teilnehmer durch Lesen von Informationsmaterial auch noch fit für ein unerwartet und kurzfristig angekündigtes Thema gemacht hätte. Begründung: Den Zug kann man ja anfassen, besteigen und sehen, wie er fährt. Für die Reiselektüre unterwegs gibt es allerdings keine Zeugen.

Wir müssen uns deshalb immer bewusst sein, dass wir mit Anwendungen in einem Remote Viewing-Protokoll nicht nur an einem Kommunikationsprozess mit dem Viewer arbeiten, sondern durch konstruierte Sprachabläufe auf verdeckte Vorgänge einwirken, die sich auch dessen kognitivem Einfluss entziehen.

Nun mag man einwenden, dass es doch sehr gefährlich sei, sozusagen Gehirnzellen gezielt als Schwingkreise für die Resonanz mit der Matrix zu verwenden. Das wäre mal wieder typisch und fahrlässig wie sonst in der Menschheitsgeschichte, wo man ja auch immer erst die Atombombe baut und wirft, ehe man genau weiß, was sich daraus alles ergibt.

Der Vergleich hinkt sehr stark. Wir haben es ja nicht mit einem künstlichen Brachialvorgang zu tun, wie ihn eine Atombombe darstellt, sondern mit dem Eingriff in Vorgänge, die sowieso beständig durch unser Unterbewusstsein durchgeführt werden. Wir tragen hier nur unsere aktuellen Wünsche in sehr expliziter Form an diese unsere Servicestelle heran und können durch die Möglichkeit der beständigen Abfrage und damit der Rückkopplung den Verlauf eines Vorganges kontrollieren.

Und in sachlicher Betrachtung der Zustände in unserem Universum muss man sagen, es ist sehr schwer möglich, „böse" zu agieren. Die Gesamtheit des kosmischen Feldes ist doch zu groß für einschneidende Änderungen durch so ein kleines menschliches Feld. Im schlimmsten Fall kippt sich der Übermütige selbst in eine letztlich für ihn sehr unangenehme Wahrscheinlichkeit. Da muss er dann durch. Der Zauberlehrling beißt sich selbst in den Zeh, das hat er nun davon. Dem Universum ist das egal, die Karawane zieht weiter.

Genug dieser Betrachtungen. Die praktischen Anwendungen, die wir hier betrachten wollen, sind weit weniger sensationell, sie haben eher etwas mit Arbeit zu tun. Achten Sie einfach darauf, wie allein Formulierungstechniken in einer Interaktion des Viewers mit der Matrix helfen können, erwünschte Effekte hervorzurufen, auch wenn das Ziel keine Verbesserung eines Zustandes, sondern „nur" die Informationsermittlung ist.

Im Laufe einer Session kommt es relativ häufig vor, dass nach einem guten Fluss bis in die Stufe 4 hinein sich plötzlich ein AUL einstellt, das der Viewer einfach nicht mehr loswird. Die Väter des Remote Viewing schreiben dazu, dass der Signalfluss zu dieser Zeit der Session bereits so gut ist, dass man keine besonderen Unterbrechungen mehr durchführen muss, wenn der Viewer solche Assoziationen hat. Er schreibt sie einfach in die entsprechende Spalte, wechselt wieder zurück (kleine Bewegungsübung, wir erinnern uns) und dann ist alles wieder gut.

S. 3
STUFE 2

weiß
grau
gelb
mattschimmernd
blau
rot

---

metallisch
glatt
pulverig
flüssig
dünn
AULS: wie Glas
AUL: Glühbirne
Leuchtmittel
Neonröhre
Laserschwert
Darth Vader
Waffe
Strahlenwaffen
Abwehrschirme

Kinoliebhaber und Verschwörungstheoretiker sind oft anfälliger für Serien-AULs als andere Viewer.

Erfahrene Viewer werden hier anfangen, zu lachen und einen Packen Sessions herauskramen, in denen deutlich ablesbar ist, dass sie von diesem Punkt an, da sie das AUL hatten, in der Stufe 4 nur noch dieses abgearbeitet haben und sonst nichts.

Der so viel gepriesene Anforderungsmechanismus dieses Protokollteils fördert plötzlich nur noch mehr Informationen über den ungewollten Begriff zutage. Man kann durch die Spalten springen, neu zentrieren, alles gerät zur Farce.

Betrachten wir diesen Vorgang einmal formal. An was erinnert er uns? Genau, an die Abarbeitung einer Stufe 5, so wie wir sie schon mit sozusagen positivem Vorzeichen kennengelernt haben. Es liegt also nahe, den Funktionsprozess dieses Werkzeugs auch im unerwünschten Bereich anzuwenden, immer mehr „falsche" Daten gezielt anzufordern, bis tatsächlich das gesamte Informationspaket, das sich mit dem AUL eingeschlichen hat, entleert wurde.

Die konservative Erklärung der Remote Viewing-Väter ist hier, dass zu jedem Begriff auch eine volle Gedächtnisschublade gehört, die man entleeren muss, auch und gerade wenn man sie unbeabsichtigt geöffnet hat. Da solche auf dem assoziativen Weg ankommende Eindrücke oft sehr attraktiv und/oder für den Viewer von persönlicher Bedeutung sind (Ängste, Vorlieben), kann es vorkommen, dass sie sich zu einer Kette von AULs entwickeln, eins ins andere, unaufhaltsam.

Mit der Stufe 5 können wir hier entgegenarbeiten, können auch die letzte Kiste auskippen. In der Praxis funktioniert das sehr gut, auch wenn hartnäckige Leute manchmal eine ganze Seite vollschreiben.

Man kann dieses Entleeren bis in die letzte Schublade auch anders beschreiben. Letztlich ist es die Attraktion des Begriffes für das Wachbewusstsein, die hier den PSI-Datenfluss stört. Wenn man diesem Bedürfnis formal nachgibt, also dem Wachbewusstsein die Situation formuliert, sich ausgiebig mit den geliebten Begriffen beschäftigen zu können, wird der Viewer mit Begeisterung bei der Sache sein.

Man verspricht ihm sozusagen, einen durch das Verfolgen des Protokolls gestörten Lustbedarf nun aufholen zu können.

SEITE XY

STUFE 5

FAHRSTUHL (AUL)

HOCH UND RUNTER
GEBÄUDE
HOCHHAUS
WOLKENKRATZER
ABSTURZ
MENSCHEN
PANIK
VERLETZTE
KRANKENWAGEN
FAHRZEUG
AUTO
SCHNELL
SIRENE
.
.
.
.
.

In der Regel verläuft sich dieser Prozess nach recht kurzer Zeit im Sande, weil er nicht durch die Aufgabenstellung der Session, eben die Targetformulierung, abgedeckt ist.

Man muss jedoch aufpassen, dass nicht sehr bald ein neues AUL auftritt, denn durch die der Assoziation ähnlichen Abarbeitungsweise besteht in der Stufe 5 schon eine erhöhte AUL-Gefahr, besonders bei persönlicher starker Betroffenheit.

Hier einfach ignorant weiterzumachen, in der Hoffnung, dass sich diese aufgesetzte Gleichgültigkeit auf den gesamten Prozess überträgt, ist ein Spiel mit dem Feuer und führt meistens zu weitreichenden Verstrickungen in persönlichen Phantasiewelten.

Besser wäre es, diese Frage offen zu stellen, den Viewer prüfen zu lassen, ob die angesprochenen Inhalte ihn persönlich betreffen oder betroffen machen.

Beispiel: „Ist dieser Eindruck im Target oder ist es dein Eindruck? Prüfe mal. Eindruck im Target? Reaktion von dir selbst?"

Das kann der Viewer sehr gut unterscheiden und die Antwort ist dann auch folgerichtig ein EI oder eben ein AI und wir stellen fest, dass wir es unter Umständen mit einem unterdrückten AI zu tun haben.

„Das gefällt mir. Das könnte ich sein", wäre eine AI-Formulierung gewesen, oder, häufiger, die negative Stellungnahme: „Diese Person A möchte ich nicht sein!" Ist er dann aber doch und leider hat sich der Viewer auch nicht davon trennen können, weil er das AI nicht herausgeschrieben hat.

In verzwickten Fällen muss man dann als Monitor zu weitreichenderen Maßnahmen greifen.

Buchanan schlägt vor, „to detox", also sich bewusst von dem Vorgang zu differenzieren und zu lösen. „Das bin nicht ich, das betrifft mich nicht. Ich schiebe es weg von mir."

Eine davon wäre, dem Viewer aufzugeben, sich vorzustellen, wie er alle diese belastenden Bilder und Zusammenhänge in eine imaginäre Kiste steckt, den Deckel schließt, worauf sie nicht mehr sichtbar ist, und sie in die Unendlichkeit wegkickt. Das ist ein sehr bekanntes Vorgehen. Helfen kann auch, an dieser Stelle ein Alternativbild zu präsentieren, das sich der Viewer vorstellt und das sehr gegensätzlich zum gerade präsenten Eindruck ist. Wir fordern den Viewer auf, sich diesem Bild zu nähern, bis er es deutlich beschreiben kann. Darauf folgt wieder eine Stufe 5, in der wir dieses künstlich gesetzte AUL abarbeiten, und dann geht es in der Session weiter.

Sie merken, ein ums andere Mal gehen wir mit Techniken des NLP um, mit dem Ziel, den Viewer vor Abschweifungen zu bewahren und zum Target zu führen.

Es sind Techniken, die dem Monitor erlauben, den Viewer zu leiten, ohne ihn zu verleiten, also in Kenntnis des Targets ihm als Monitor eigene Vorstellungen davon vorzugeben.
Das kann durchaus auch bei Doppelblind-Sessions gelingen, wenn also der Monitor auch keine Ahnung hat, worum es sich beim Target handelt. Man will ja als Monitor auch, dass der Viewer Erfolg hat.
Durch dieses Vorgehen in NLP-Manier kann sich der Monitor die dringend benötigte Neutralität erhalten.
Auf die Distanzierung des Monitors durch die Sprachregelung ebenso wie auf besonders problematische Fälle der Betroffenheit möchte ich in eigenen Kapiteln eingehen.
Auf jeden Fall sehen wir, wie wichtig die ständige Beobachtung des Viewers ist, denn er zeigt uns durchaus, beispielsweise durch Zögern, dass er Eindrücke nicht herausschreibt und Kommentare sich verkneift, vielleicht, weil sein Wachbewusstsein im gerade sagt „Mann, das ist aber albern, blamier dich mal nicht damit!“ Dann kann der Viewer unter Umständen auch leicht lächeln, aber nichts hinschreiben.
Wir erinnern uns: Gerade die Schulung der Wahrnehmung, die sogenannte „Feinwahrnehmung“ ist ein besonderes Anliegen des NLP, und wir müssen das übernehmen. Denn innerhalb einer Session können wir als Monitor nicht in den Viewer „hineinsehen“, denn wir repräsentieren ja seine linkshemisphärischen Funktionen, und wir können uns keine Argumentationen und Erklärungen leisten. Wir müssen beobachten, was passiert und mit den Schlussfolgerungen aus seinem Verhalten den „blinden“ Viewer führen.
Als Viewer in Solos haben wir mit diesen Abläufen natürlich erhebliche Schwierigkeiten, weil wir unsere „Fehlschüsse“ gleichzeitig diagnostizieren und therapieren müssen. Zwar helfen uns die Standardabläufe, aber letztlich geht es um Inhalte, sodass die Versuche der Distanzierung kläglich enden können. Deshalb auch hier noch einmal der dringende Rat, Trainings nicht allein durchzuführen und diese Aspekte mit dem Partner, wenn es keinen Trainer gibt, dringend und ausgiebig durchzusprechen.

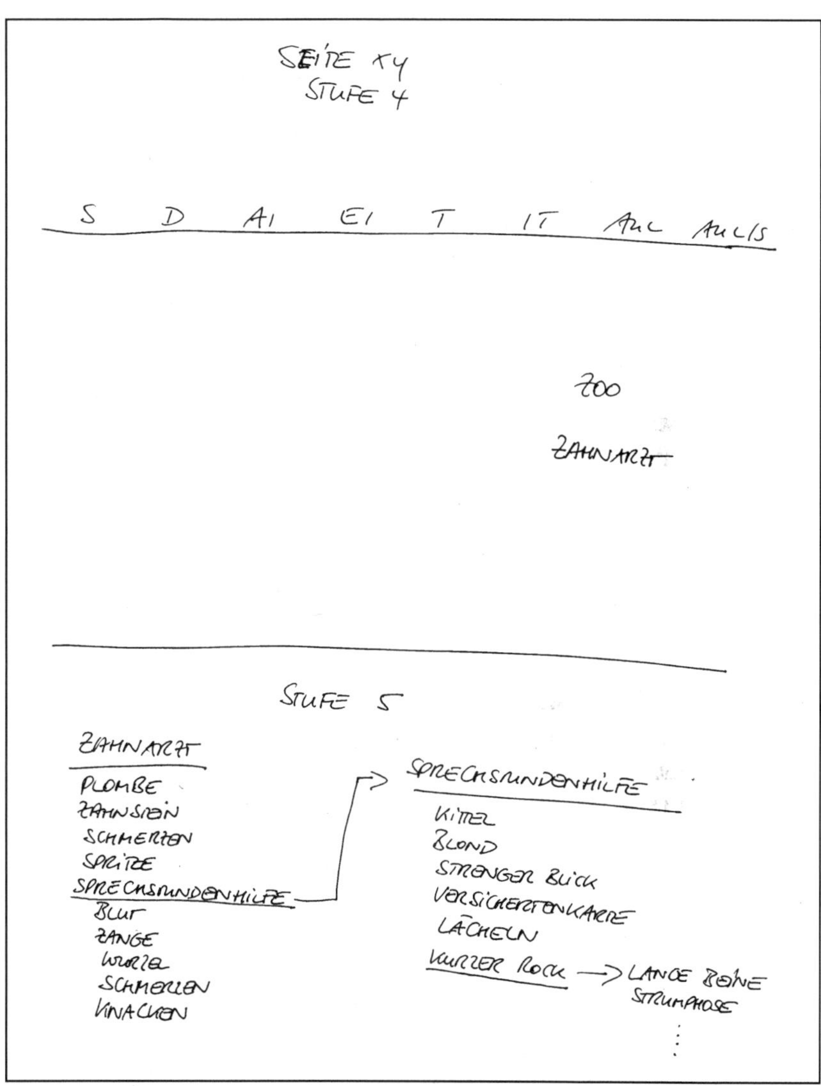

„Gegen-AUL“ und eine Abarbeitung mit der Stufe 5

Es ist unter Remote Viewern noch weitgehend in der Diskussion, ob Aspekte der *Feldnähe* in der Session tatsächlich eine Rolle spielen. Es gibt Hinweise darauf, dass Eindrücke von Zielgebieten, die dem Viewer kulturell oder geografisch näher sind, leichter erarbeitet werden können. Das wäre natürlich auch für das Auftreten von AULs von Bedeutung.

Existiert also dieses Phänomen, müsste man erwarten, dass der Viewer am leichtesten Targets, die sehr eng mit ihm selbst zusammenhängen, viewen kann. Ich habe Reihen durchgeführt, besonders eben optimale zukünftige Lebenswege, wo Viewer sich erheblich anstrengen mussten und offenbar bestimmte Barrieren zu überwinden hatten, sodass sogar leichte Kopfschmerzen aufgetreten sind - ein Zeichen für tatsächliche Anstrengung. In diesem Rahmen waren auch die Abarbeitungen von AULs nicht ganz einfach. Vielleicht traten alle diese Effekte auf, weil sich der Viewer, ohne das Target zu kennen, aber der Wichtigkeit seiner Session für ihn selbst bewusst (oder vorbewusst) wurde. Damit ist der Viewer zwar ganz anders motiviert, die Erfahrung zeigt aber, dass man eine ähnliche Effizienz auch erreicht, wenn die Session einen anderen betrifft. Der Umstand, dass die Ergebnisse dadurch optimiert werden können, indem die Zielperson in der Session anwesend ist, vielleicht als Monitor oder nur als Beisitzer, liegt meines Erachtens einzig darin, dass der anwesende Kenner (oder Erkenner) der geviewten Fakten sofort eingreifen kann, um an entsprechenden Stellen weiter nachzuhaken. Das wäre dann kein Feldnähe-Affekt, sondern schlicht und einfach optimierte Sessionführung.

Tatsache ist aber, dass neben diesen persönlichen Daten auffällig ist, dass westliche Viewer besser Ereignisse des westlichen Kulturraumes viewen können. Das liegt aber, ebenfalls meine persönliche Meinung, eher daran, dass hier die Übersetzungsmechanismen des kognitiven Apparates, die wir ja unbedingt brauchen, solche Daten verständlicher transferieren können. Das Problem scheint hier tatsächlich in soziokulturellen Aspekten zu liegen, denn es gelang bisher jedem Viewer ohne Probleme, Targets außerhalb der Erde zu beschreiben. Es schien, als hätte man sich mit dem Viewer geeinigt, diese Orte aus wissenschaftlichbeobachtender Sicht zu beschreiben und die einzigen auftretenden Erschwernisse kamen dadurch zustande, dass der Viewer bei seinen Reisen an solche Orte die Wirkung auf seinen Körper analysierte, für den Fall, dass er persönlich anwesend wäre. Dann kamen Bemerkungen wie: „AI: hier könnte ich nicht leben!“ bis hin zu „AI: ich kriege keine Luft mehr!“

Je nachdem, wie hart diese Feststellung auf die Befindlichkeit des Viewers durchschlägt, desto schneller muss der Monitor eingreifen. Zum Beispiel kann er die Anweisung geben (oder die Vorstellung durchkonstruieren lassen), dass der Viewer einen Raumanzug anzieht oder sowieso anhat. Das sind Techniken der aktiven Steuerung, die eigentlich erst später bei einem Training zur Sprache kommen. Da die auftretenden Situationen sich aber nicht nach elegant gestylten Trainingskonzepten richten, möchte ich bereits in diesem Buch solchen Gefahren ein ganzes Kapitel (und zwar das nächste) widmen.

Bleiben wir aber noch ein wenig bei den Feldnähe-Phänomenen. Generell ist also zu sagen, dass irgendeine physikalische Distanz keine echte Schwierigkeit für einen Viewer darstellt. Schon Ingo Swann besuchte erfolgreich die Planeten unseres Sonnensystems und wir haben es ihm natürlich gleich getan. Auch die Untersuchung eines viele Lichtjahre entfernten Sonnensystems, das gerade wegen neuentdeckter Planeten in der Diskussion der Astronomen war, förderte problemfrei die chemischen Analysen zutage, die bereits in den Berichten der untersuchenden Astronomen und Entdecker festgehalten waren, zuzüglich der Information, dass es kein Leben in dieser Szenerie gäbe und bestenfalls auch nur sehr niederes möglich wäre.

Bedeutungsvoll war eher der Blickwinkel, den der Viewer dabei einnahm. Geradezu typisch waren Anfangspositionen aus der Sicht eines professionellen Observatoriumsbenutzers. Nach Bewegungsübungen schwebten die Viewer oft in lebenssichernden Sphären (Raumschiffen) in der betreffenden Gegend herum. Man kann also das Fazit ziehen, dass Sozialisation und Blickwinkel des Viewers für alle erfolgreichen Datensammlungen entscheidend sind und einfach nur die Übersetzungsfähigkeit und damit die Findung adäquater Bezeichnungen eine Rolle spielt, soziologisch wie geografisch. Der Effekt der Feldnähe ist meiner Meinung nach eher einer, der durch die (gelernten) Kenntnisse des Viewers bestimmt ist.

Ein Abendländer wird besser die hiesigen Beziehungen beschreiben können, obwohl ihm auch die Informationen des Morgenlandes offenstehen. Diese wird er westlich und teilweise verständnislos (AI: kapiere ich nicht, ist aber wohl so) beschreiben.

Unter diesem Aspekt sind auch die Technik-Sessions der meisten Frauen zu betrachten, die den Monitor eher über die zwischenmenschlichen Verhältnisse beispielsweise der beteiligten Forschergruppe aufklären möchten.

Diese Bezugnahmen lassen auch echte Verweigerungshaltungen entstehen. Sessions auf Kriegsereignisse werden dann mit dem „AI: Damit möchte ich nichts zu tun haben“ quittiert. Und aus diesen sehr persönlichen AIs können sich dann auch hartnäckige AULs entwickeln.

Wie sinnvoll die Abarbeitung mit einer Stufe 5 ist, zeigt sich auch bei der Gruppe der „scheinbaren AULs“. Es kann durchaus sein, dass ein plötzlich auftretender Begriff wegen seiner vermeintlichen Beziehungslosigkeit zu dem Target vom Monitor eben als Phantasieprodukt eingestuft wird. Der Viewer, im Bewusstsein der diesbezüglichen Problematik, wird natürlich auch eher ein AUL annehmen, als solchen ausgefallenen Eindrücken Glauben zu schenken.

Ist der Eindruck aber richtig, wird er auch immer wieder auftauchen und somit offensichtlich die Kriterien eines pfauenartigen oder Serien-AULs erfüllt. Aber weder der Viewer, noch der Monitor wissen um diesen Umstand bzw. dürfen aus Gründen der Glaubwürdigkeit der gesamten Session hier einen Wahrheitsgehalt unterstellen. Was also tun? Stufe 5!

Ein Begriff, der tatsächlich ein AUL im Sinne des Targets darstellt, wird, wie wir schon gesehen haben, relativ schnell abgearbeitet sein. Hier hilft uns wieder einmal die Struktur des Protokolls. Ein scheinbares AUL wird aber neue Daten produzieren, an denen wir durchaus ablesen können, dass es sich um einen unbekannten Aspekt des Targets handelt. Manche Sessions, die sonst sehr allgemein vor sich hindümpelten und nur sehr oberflächliche

Daten, die sowieso schon bekannt waren, lieferten, wurden durch solche blitzartig auftauchenden Begriffe und Formulierungen sozusagen „gerettet". Wir nennen sie gemeinhin auch „Türöffner".

Solche „Türöffner" können auch in den Reihen der allgemeinen Stufe-5-Abarbeitungen auftauchen. Sie sind leicht als solche zu identifizieren, sobald man sie dem Viewer vorgelegt hat. Er wird sich nämlich darauf stürzen wie ein verirrter Wüstenwanderer auf den Oasentümpel. Der Schreibfluss steigert sich plötzlich enorm bis hin zur Unfähigkeit, überhaupt etwas zu Papier zu bringen. Wohl dem, der dann ein Tonband oder einen Camcorder mitlaufen ließ. Dann nämlich kann sich der Viewer darauf beschränken, nur noch den Anfangsbuchstaben seines Eindruck aufzuschreiben und den Rest zu erzählen.

Hinterher kann man dann immer noch ein Transcript erstellen. Dieser plötzlich einsetzende Erzählfluss wird oft von Ausrufen begleitet, die so etwa lauten: „Jetzt hab ich`s! Das ist es! Ja, klar! Genau so! Boah, warum weiß ich das plötzlich? Ich bin mir ganz sicher, das ist es!" usw.

Diese plötzlichen Steigerungen sind immer wieder spannend und ich kann dem Monitor nur raten, ruhig Blut zu bewahren, auch wenn die dann strömenden Informationen und die gesteigerte Körperaktivität des Viewers einen mitreißen und gespannt hochfahren lassen. Als ich meine ersten Erfahrungen in dieser Art machte, musste ich zuweilen aufstehen und mich selbst bewegen um diesem Sog zu entgehen.

Eigentlich braucht man in den meisten Fällen der „Türöffner" als Monitor nichts mehr zu tun, als den Viewer heraussprudeln zu lassen. Durch geschickte Auswahl von Stichworten kann man jedoch Abschweifungen vermeiden und schneller zum Kern des Zielgebietes vorstoßen bzw. Erklärungen des Viewers konzentrieren und verständlicher machen.

Wir sehen an solchen Beispielen den deutlich aktiven Charakter der Stufe 5 wie auch des RV-Protokolls generell. Ist ein Viewer einigermaßen „in der Zone", kann man so Datenströme mit völlig neuen Inhalten initiieren, die mit wirklich aufregenden und vor allem weiterführenden Informationen verbunden sind.

SEITE XY

WEITER STUFE 5

"SPIELZEUG" (BEGRIFF ALS TÜROFFNER)

BUNT
GEFORMT
GROß
KANN MAN HINEINGEHEN
BEWEGT SICH HOCH UND RUNTER
ES KÖNNEN MEHRERE MENSCHEN BENUTZEN
AUCH FÜR ERWACHSENE
SCHÖNE ÄUßERE ERSCHEINUNG
GESICHT
TIER / GROßES TIER
FAHRGESCHÄFT
KARUSSELL
FREUDE / SPAß

AI: DA WILL ICH AUCH MITFAHREN!

Von „Spielzeug" zu „Fahrgeschäft": Türöffner in der Stufe 5

Die Frage, die seit Einführung von Remote Viewing in Deutschland gewisse Grabenkämpfe des Glaubens hervorrief, nämlich, ob hier bereits im Viewer abgespeicherte Datenpakete abgearbeitet werden konnten, weil man einen „Schlüssel“ dafür gefunden hatte (siehe Schlüsselreiz in der Psychologie), oder ob durch einen neuen, gezielten Matrixkontakt eine besondere Tür aufgestoßen wurde, ist für den Anwender wenig relevant. Wie der von mir zugegebenermaßen verehrte deutsche Gehirnforscher Günter Haffelder immer sagt: „Wir sind hier in erster Linie Praktiker! Wir müssen sehen, dass es den Menschen gut geht und sie Ergebnisse haben.“ Dem kann ich mich gern anschließen. Letztlich ähneln sich die Praktiken und Anweisungen des Monitors in solchen Fällen sehr, sodass wir diese Diskussion für die Forschung belassen können, die uns vielleicht irgendwann mit spürbaren Differenzierungen verwöhnen wird. Zunächst ist es wichtig, dass wir in dieser Art an die Informationen kommen können, egal, wo sie ab- oder zwischengespeichert waren.

Abschließend zu den Stufe-5-Erörterungen möchte ich noch ein praktisches Beispiel für den Alltag angeben, das zeigt, wie sinnvoll man Remote Viewing auch für sich persönlich anwenden kann und wie schnell man bei solchen Anwendungen in eine Art „Zone“ gerät.

Zu mir kommen immer wieder Trainingsinteressierte, die deshalb Remote Viewing lernen möchten, um ihre akute persönliche Situation zu lösen. Häufig handelt es sich um anstehende Entscheidungen für Investitionen, aber auch darum, dass man sich entscheiden muss, welchen Weg man ab jetzt einschlägt, eigene Neigungen und Fähigkeiten zu verwirklichen. Beratunggespräche sind schön und gut, aber in den Betroffenen bleiben letztlich immer Zweifel und sie fühlen sich nicht richtig persönlich berührt.

Dem kann sehr schnell und einfach abgeholfen werden. Voraussetzung ist allerdings, dass die Betreffenden schon ein bisschen (wenigstens) Remote Viewing Techniken trainiert haben sollten, damit sie von den Vorgängen nicht allzu überrascht werden.

Für eigene Recherchen in Fällen anstehender Investitionen sollte allerdings wegen der Komplexität schon ein längeres bis abgeschlossenes Training vorhanden sein.

Die persönliche „Wahrheitsfindung“ kann man jedoch mit einer angewandten Form der Stufe 5, kurz „Angewandte 5“, erledigen. Sie werden hier einiges wiederfinden, das Ihnen sehr bekannt vorkommt und insgesamt könnte ein NLP-Vertreter diese Technik auch annektieren. Aber auch das ist egal, wenn es hilft.

Nehmen Sie ein Blatt Papier und schreiben sie oben wie üblich einen persönlichen Bezug, also Name, Datum und die Fragestellung, also z. B. „Entscheidungsfindung für mein weiteres berufliches Fortkommen“.

Dann folgt links darunter: „Arbeiten, die ich nicht will“.

Jetzt bemühen Sie sich, ehrlich aufzuschreiben, welche Arbeiten Sie auf keinen Fall mehr machen möchten und auch, welche Eigenschaften diese Arbeiten haben, ganz wie eine Stufe 5 herunter. Sie können noch gerne als „AI“ hinzufügen, was Sie persönlich an dieser Arbeit stört, welche unangenehmen Konsequenzen sie für Sie hatte. Versuchen Sie, nur die linke Seite des Blattes vollzuschreiben. Wenn Sie fertig sind, machen Sie daneben einen senkrechten Strich. Damit ist das Blatt in zwei Spalten unterteilt, der linke, negative Teil ist abgeschlossen. Streichen Sie ihn durch! Einmal schräg reicht vollkommen, wenn Sie ein erleichterndes Gefühl dabei haben.

Jetzt benutzen wir die noch freie rechte Seite. Unter „Arbeiten, die ich will“ beginnen Sie jetzt gleichermaßen die für Sie positiv scheinenden Möglichkeiten aufzuzählen inklusive ihrer Eigenschaften und AIs, genau wie auf der linken Seite.

Wenn Sie alles dies fertig haben, suchen Sie sich einen Begriff in der rechten Spalte, der Ihnen am besten gefällt.

GISELA MÜLLER
7.1. 2003

ENTSCHEIDUNGSFINDUNG FÜR MEIN WEITERES BERUFLICHES FORTKOMMEN

ARBEITEN, DIE ICH NICHT WILL:	ARBEITEN, DIE ICH WILL:
· NACHTARBEIT	· ABWECHSLUNGSREICH
· UNTERHALB MEINER QUALIFIKATION → LANGWEILIG	· MEHR VERANTWORTUNG
· NUR AM SCHREIBTISCH	· KONTAKT ZU ANDEREN → TEAMARBEIT
· OHNE KONTAKT ZU ANDEREN MENSCHEN	· EIGENE PROJEKTE
· BISHERIGES GEHALT, DARUNTER ERST RECHT NICHT!	· MEHR GEHALT !!!
· WENIGER URLAUB ALS BISHER	· AUCH MAL KURZZEITIG AN ANDEREN ORTEN ARBEITEN
· ZUVIEL ÜBERSTUNDEN	· GLEITENDE ARBEITSZEIT
· MIT FRAU BRAUN ZUSAMMENARBEITEN MÜSSEN!	· NIE MEHR MIT FRAU BRAUN ZUSAMMENARBEITEN MÜSSEN!! AI: DAS WÄR SCHÖN!

Nun nehmen wir ein neues Blatt, schreiben „Seite 2“ drüber und darunter: „Was ich tun muss, um diese Situation zu erreichen“.

SEITE 2

WAS ICH TUN MUß, UM DIESE SITUATION ZU ERREICHEN

EIGENE PROJEKTE:

- KÜNDIGEN!
- SELBSTSTÄNDIG MACHEN ALS DIENSTLEISTER
- ALTE KONTAKTE AUFFRISCHEN
- VERSUCHEN, STAATLICHE UNTERSTÜTZUNG ZU BEKOMMEN (ICH-AG)
- ARBEITSZIMMER ENTSPRECHEND UMGESTALTEN
- WERBUNG
- GUT RECHERCHIEREN!
- MUT ZU NEUEN IDEEN AUFBRINGEN! AI: NICHT DER ALTE SPIESSIGE MIST WIE IN MEINER JETZIGEN FIRMA!
- AUCH ABENDS ARBEITEN + AM WOCHENENDE

Und nun wieder Handlungen und Situationen, die es möglich machen, die vorgegebene Arbeitsposition zu erreichen.

SEITE 3

MÖGLICHKEITEN, DIE MIR GEBOTEN WERDEN
UND DIE ICH AUFGREIFEN SOLLTE

- ABENDKURS → WEITERBILDUNG
- VIELLEICHT BEI STEFAN AM WOCHENENDE MITHELFEN → NEUE KONTAKTE
→ MEHR ERFAHRUNG
→ ANDERE COMPUTERPROGRAMME
- FINDE FLYER AUF STRAßE FÜR WORKSHOP
- ALTEN SCHREIBTISCH VON CARSTEN ABKAUFEN
→ FÜR ARBEITSZIMMER
- PARTY IN 2 WOCHEN: HINGEHEN!
AI: EIGENTLICH KEINE LUST, ABER VIELE LEUTE AUS BRANCHE SIND DA
- ES KLINGELT DAS TELEFON, ALTER KUMPEL VON VOR 10 JAHREN RUFT AN UND FRAGT, OB ICH BEI PROJEKT MITARBEITE

DAS WILL ICH!

UND ZWAR FLOTT!

ENDE

Sie können diese Liste für jeden Begriff erstellen, den Sie unter „Arbeiten, die ich will“ aufgeführt haben.
Im Laufe dieser Aktion werden Sie merken, dass Sie in eine Stimmung und Haltung ganz ähnlich einer Session kommen. Natürlich können Sie diesen Versuch auch mit einem Ideogramm und einer Stufe 1 beginnen. Es ist aber spannend, wie man sich auch ohne diese Hilfe langsam an das Thema heranarbeitet.
Als Letztes können Sie noch „Möglichkeiten, die mir geboten werden und die ich aufgreifen sollte“ aufschreiben und versuchen, ob Sie Eindrücke bekommen. Versuchen Sie es einfach.

Sollten Sie den Eindruck haben, nichts besonders Realistisches aufgeschrieben zu haben, so liegt vor Ihnen doch eine Datensammlung, die Ihren gegenwärtigen Zustand reflektiert und daraus eine Lösung formuliert. Schauen Sie sich die Lösungsmöglichkeiten an. Stellen Sie sich vor, wie Sie diese Lösungen wahrnehmen, wie Sie hier oder dort hingehen, die richtigen Leute treffen und die Arbeiten Ihres Wunsches angeboten bekommen. Dann können Sie noch einen Strich unter Ihre „Session“ ziehen und schreiben: „Das will ich. Ende“.
Voraussetzung für einen Erfolg dieses Spieles ist natürlich, dass Sie Aktivität entfalten, die Orte Ihrer Auflistung auch aufsuchen und mit den Personen dort sprechen. Das Universum hat es extrem schwer, mit seinen Angeboten zu Leuten vorzustoßen, die im Sessel hocken, warten und möglicherweise den Fernseher so laut eingestellt haben, dass sie sogar das Telefon überhören.
Natürlich müssen Sie bei aller Aktivität auch Ihre Wahrnehmung schärfen, aufpassen, wie sich die Gelegenheiten anbieten und immer auf dem Sprung sein, dass etwas passieren könnte. Aber das trainieren Sie beim Remote Viewing automatisch.
Viel Spaß dabei.

10. Kapitel: Exkurs - Was tun, wenn der Viewer davonfliegt?

Eigentlich hatte ich vor, zu Beginn dieses Buches gleich einen Disclaimer zu stellen: Für die Erfahrungen, die der Leser dieses Lehrbuches bei der Anwendung von Remote Viewing-Techniken macht, bin ich als Autor nicht verantwortlich. Aber dann dachte ich: „Wie sieht denn das aus!"

Und außerdem hatte ich in all den anderen Büchern über das Erlernen des Umgangs mit PSI-Kräften dergleichen auch nicht gefunden. Überhaupt werden die Gefahren dieser Techniken weitgehend ausgeblendet. Es kann doch nicht sein, dass der Wunsch, dem sehnsüchtigen Publikum etwas zu verkaufen, alle Vorsicht und auch menschliche Anteilnahme außen vor lässt.

Leser, die an dieser Stelle in das Buch und das Thema einsteigen, vielleicht weil sie das Inhaltsverzeichnis gelesen und durch die Überschrift neugierig geworden sind, werden nun fragen: „Ja, was meint er denn nur?" Trainierende, die auf dem Weg der Arbeit bis hierher vorgestoßen sind, werden mit Sicherheit einiges erlebt haben und sagen: „Na endlich, das möchte ich jetzt auch wissen!"

In den Trainings und Projekten der letzten Jahre kam es hin und wieder, wenngleich nicht allzu oft, zu Situationen, in denen das Zielgebiet der Session sich anschickte, den Viewer „einzunehmen". Tritt dieser Fall aber ein, steht der Monitor ziemlich unter Druck und für einen Solotrainierenden ist der entstehende Zugzwang kaum zu beherrschen.

Leider hatten die amerikanischen Väter und Lehrer des Remote Viewing dafür wenig Handlungsanweisung hinterlassen. Ihre Lehrmeinung war, dass der Viewer ohnehin nur Daten ausliest, also selbst unbeteiligt ist und deshalb ungefährdet. Dennoch kam es vor.

Lothar Rapior wurde 1996 von Ed Dames in seine eigene Zukunft geschickt und fand sich tot vor. Lothars Erzählung zufolge war er sehr geschockt und sie „mussten erstmal um den Block laufen", bis er sich beruhigt hatte. Ich erinnere mich an eine frühe Session auf ein Elektrolysegerät. „Stell dir vor, du bist der Wassertropfen", sagte der Monitor, „was passiert dir, wenn du da durchgehst!“ Der Viewer wurde blass, kippte fast um und sagte: „Nein, das mach ich nicht. Es zerreißt mich!“

Olympiastadion 1936. „Viele Menschen, sie schreien, Fackeln, es gibt Krieg, es wird furchtbar. Ich möchte aufhören!“

Unglücke, Katastrophen und Kriege bringen die Viewer immer wieder aus dem Gleichgewicht, häufig fangen meist Frauen an, zu weinen. Der allgemeine Vorschlag der „alten“ Remote Viewer war, dann die Session zu beenden und darauf zu vertrauen, dass der Viewer sich schon wieder fangen würde. Ein bisschen gut zureden, das musste genügen. Schließlich, wie gesagt, es waren ja nur Daten, da solle man sich nicht so anstellen. Man vertraute offenbar den natürlichen Selbsthilfekonzepten, die jeder Mensch so mit sich bringt.

Was aber machte sie so sicher, dass es keine Probleme geben würde? Was sagen Vertreter von anderen Praktiken darüber, denn Remote Viewing ist ja nicht der erste Versuch, „das dritte Auge“ zu öffnen. Offensichtlich gibt es dort kein Problem. Anhänger der außerkörperlichen Erfahrung (OBE = out of body experience) verweisen auf die sogenannte „Silberschnur“, die den Geist mit dem Körper verbindet und immer wieder zurückholt. Was ist aber, wenn man sich am Zielort etwas zugezogen hat, eine Beschädigung oder Infektion? Ist das unmöglich, weil es ja nur der Geist ist?

Harald Wessbecher, den ich als Forscher und Entertainer sonst sehr schätze, mag für eine ganze Reihe meditativ angelegter Hellsichtigkeitstechniken ein Beispiel geben. Auch er gibt den Ratschlag, sich beim Einstimmen auf ein Zielgebiet, meist eine andere Person, „neutral zu verhalten und nur beobachten, was ist. (...) Fällt einem dann trotzdem etwas auf, was man eindeutig für negativ hält, sollte man unbedingt sofort nach etwas Positivem suchen, um ein ausgeglichenes Bild zu erhalten. (...) Sollte sich Ihnen das Negative förmlich aufdrängen und Sie völlig einnehmen, dann suchen Sie erst recht nach dem Positiven, so lange, bis Sie es gefunden haben.“ Vielen Dank, großer Meister, das hilft uns sehr.

Wenn wir in einer Session, in der wir wirklich drin sind, (und davon reden wir doch, oder?) unsere Urteilsfähigkeit aufgeben, unsere Entscheidungsfähigkeit und damit auch größtenteils die

Möglichkeit der aktiven Handlung, verlieren wir auch unsere Abwehrmechanismen und sind so allen Einflüssen schutzlos ausgeliefert.

Wessbecher gibt noch den guten Ratschlag, sich an Affirmationen zu halten, etwa mit der Formulierung: „Ich suche nur die Energien, die mir guttun!" Ein Ratschlag ist auch nur ein Schlag, sagte Johannes Rau als Bundespräsident. Ich persönlich betrachte die hier angetragene Vorgehensweise mindestens sehr zwiespältig.

Einerseits also sagen wir, und damit befinden wir uns heutzutage im Einklang mit großen zeitgenössischen Wissenschaftlern, dass die sogenannte „feinstoffliche Welt", in der wir uns als „Geistwesen" bewegen, durchaus real ist und alles wie in der normalen physikalischen Welt miteinander interagiert. Dann haben wir das Problem, das wir mitresonieren, denn Resonanz ist das Grundprinzip aller Existenz. Sagen wir aber, die Welt der Informationen sei so nicht existent, dann müssen wir auch jede Art von medialer Erkenntnisgewinnung ablehnen, Remote Viewing eingeschlossen. Nun gut, das tut ja ein sehr großer Teil der Bevölkerung.

Wir, die wir mit PSI umgehen, erfahren aber jedes Mal diese Interaktion mit der Matrix, mit dem Zielgebiet, mit den Informationsfeldern. Für uns sind sie real, so real, dass wir ein Target in allen Einzelheiten beschreiben können und wir stellen fest, dass so ein Eindruck lange, wenn nicht für immer in uns scheinbar festgebrannt hängen bleibt. Viewer sprechen davon, dass sie mit einem einmal geviewten Ziel auf ewig verknüpft sind. Als Beweis dafür mag gelten, dass sie sich die Eindrücke jederzeit zurückrufen können und sofort „on target" sind, wenn sie sich wiederholt mit dem gleichen Zielgebiet beschäftigen. Deshalb bringt es auch so viel, mehrere Sessions auf ein Target zu machen, jede Sitzung bringt einen tiefer hinein. Diese Technik ist besonders unter Solo-Viewern stark verbreitet.

Und was passiert, wenn wir also „tief in der Zone" auf ein höchst unerfreuliches, aggressiv „böses" Target stoßen?

„Die Gefahr besteht, dass Sie davon übernommen werden", sagt Lyn Buchanan in seinen Vorträgen zu Remote Influence, der Weiterentwicklung von Remote Viewing zum Zwecke der -Sie ahnen es schon - aktiven Umweltgestaltung mittels PSI. „Sie übernehmen die Einstellung von fremden Personen, die Sie anviewen, ohne dass Sie es merken. Sie verbinden sich mit dem Geist und werden hineingesaugt (sucked in)." Und das umso leichter, je unkritisch-neutraler man sich in die Session begeben hat.

Und Buchanan fährt fort: „Machen Sie das mindestens am Anfang niemals allein! Suchen Sie sich unbedingt einen vertrauenswerten Monitor, jemand, der etwas Erfahrung hat und im Notfall damit umgehen kann."

Dem kann ich nur beipflichten. All die guten Rat-Schläge sind im Ernstfall kaum einen Pfifferling wert, wie es so schön heißt, weil man nicht mehr in der Lage ist, sie allein durchzuführen. In diesem Sinne ist es meiner Meinung nach unverantwortlich, neugierige Trainierende (und sie sind alle neugierig, deshalb sind sie ja da!) sich unvorbereitet im Feinstoff-Universum herumtreiben zu lassen, ohne mindestens vor bestimmten Targets zu warnen und ein paar grundsätzliche, aber funktionierende Werkzeuge mit auf den Weg zu geben. Die Targets habe ich schon mehrfach angesprochen und möchte prinzipiell die detaillierte Personenwahrnehmung hinzufügen, solange jedenfalls, wie sie die Techniken in diesem Buch noch nicht beherrschen. Das kann man auch an ungefährlichen Objekten lernen, auch wenn das vielleicht langweilig erscheint.

Was sind das also für Techniken?

Als Erstes möchte ich den schon angesprochenen Lyn Buchanan, Remote Viewer der ersten Stunde, zu Wort kommen lassen. Seine Methode heißt „to detox", was soviel heißt wie „sich entgiften", also von schädlichen Fremdeinflüssen zu befreien.

In der Praxis sieht das so aus, dass der Viewer natürlich über die EI-Spalte in die Emotionen und latenten Zustände eines Lebewesens, speziell eines Menschen gehen kann und diese ausforschen. Dadurch kommt er in die Gefahr, diese fremden Inhalte zu übernehmen, sie sozusagen als seine eigenen anzusehen.

Nach Abschluss der EI-Recherche, nachdem er alles Wichtige heraus geschrieben hat, sollte der Viewer dann, beginnend mit dem letzten Eindruck, sich von diesen Daten nacheinander trennen. Er greift jeden dieser Begriffe noch einmal auf und stellt sich die Frage, ob dieser Eindruck von ihm selbst sei oder von der geviewten Person. Dann distanziert er sich bewusst von den fremden Inhalten. So geht er die Reihe durch bis zu seinem Start in die EI-Spalte. Buchanan geht davon aus, dass er damit auch gut aus der EI-Spalte selbst heraussteigt, weil die Eindrücke zum Anfang hin weniger intensiv sind und die Trennung so immer leichter fällt. Dies ist ein Vorgang, den ein geübter Viewer durchaus selbst verrichten kann. Buchanan hält für den Anfang jedoch einen Monitor für unerlässlich.

Die Methode des „detox" lässt sich natürlich auch auf andere Teile der Session anwenden und letztlich sind die drei Striche, die wir als Abschluss am Ende unter die Session machen können, genau dieses: sich formal und konsequent distanzieren.

Eine andere Technik ist der Stufe 7 entlehnt, wie wir sie in Deutschland betreiben. Diese Anwendung ist eigentlich, wie die Nummerierung schon sagt, erst Thema nach einem abgeschlossenen Stufe 1- 6 Training. Aber die daraus resultierende Hilfe ist vielleicht schon in der Stufe 4 nötig. Deshalb möchte ich hier an Beispielen eine spezielle Auswahl von Möglichkeiten vorstellen.

Beginnen wir mit dem Absicherungs-Werkzeug der geringsten Intensität. Im Laufe der Session kann es vorkommen, dass der Monitor den Eindruck gewinnt, dass der Viewer versucht, aktiv das Target zu vermeiden, weil es ihm unangenehm ist oder er sogar Angst davor hat. Er kann auch selbst durch ein AI kundtun, dass er emotionale Probleme hat, das Target zu betrachten. Ganz beliebt in dieser Hinsicht ist das Trainingstarget „Atomexplosion über dem Bikini-Atoll", das schon von den amerikanischen Viewern in Fort Meade benutzt wurde.

Die meisten Viewer äußern ziemlich bald, dass sie es gefährlich finden, dieses Target anzuschauen oder gar, sich zu nähern. Es kann sein, dass sie stattdessen sich verkriechen, eine Wand zwischen sich und dem Target aufbauen oder schlicht nicht hinsehen. Statt nun die Session abzubrechen, weil man den Viewer ja auch nicht vergewaltigen will, kann man noch die Technik des „sicheren Ortes" anwenden.

Nehmen wir das Beispiel mit der amerikanischen Atombombe. Der Monitor stellt fest, dass der Viewer Vermeidungsreaktionen zeigt, entweder indem er nur die schöne Wasserwelt beschreibt oder sogar Angstreaktionen zeigt.

Der Effekt kann schon in einer sehr frühen Spalte der Stufe 4 auftreten oder sogar noch weiter vorher. Ein Ablauf in der Stufe 3 bietet sogar einen Vorteil, weil nämlich der Viewer ohnehin gerade am Zeichnen ist und man das Target oder die vermiedene Region als bildhaft positionierten Eintrag vor sich hat, zu dem man sich perspektivisch einordnen kann.

Hier könnte der Monitor beispielsweise wie folgt eingreifen: „Wo ist die Region in deiner Zeichnung, die das Target repräsentiert? Wo stehst du selbst in Bezug auf das Target? Kannst du das Target sehen?“ Für „sehen“ lassen sich, dem jeweiligen Target angemessen, natürlich andere Begriffe verwenden.

Wir haben in diesem Beispiel ja angenommen, dass sich der Viewer jetzt verweigert, anzeigt oder davon spricht, dass er das Target nicht anschauen oder sonst wie erfassen kann oder möchte.

„Gut“, sagt der Monitor, „Du bist also dort. Dort wo dein Stift auf dem Papier ist. Setze mal den Stift dorthin, wo du dich befindest!“

„Hier.“

„Ja, sehr gut. Von dort aus kannst du das Target also nicht wahrnehmen?“

„Nein. Ich kann nicht hinschauen. Es ist gefährlich. Es macht mich blind, wenn ich es tue.“

„Gut. Das liegt aber nur an diesem Ort. Bleib mit dem Stift auf dem Papier und bewege dich so von dem Target weg, dass du einen Ort erreichst, wo du das Target sehen kannst, ohne blind zu werden.“ (Oder: ohne Schaden zu nehmen, wo man es aushalten kann etc.)

Der Viewer wandert nun versuchsweise mit dem Stift über das Papier. Der Monitor kann versuchsweise Orte anbieten.

„Ist es hier sicher? Oder dort? Piek mal hier rein. Ist es hier in Ordnung? Oder hier? Versuche mal diese Stelle.“

Ich habe diesen Ablauf inzwischen so unzählige Male durchgespielt, dass ich sagen kann, dass der Viewer auf jeden Fall einen

Ort findet, der ihm „sicher“ erscheint, auch wenn sich dieser auf der nächsten Seite befindet.
Von diesem Ort aus gesehen, lässt man den Viewer nun das Target beschreiben, sozusagen „aus seiner Sicht“. Der Monitor weiß jetzt aber, dass es ein besonderer Ort ist und das Zielgebiet unter Umständen schwer zu erkennen ist. Eine Stufe 4 aus dieser Situation heraus, besonders mit den Spalten „S“, „D“, „T“ und „IT“, bringen ausreichend Aufschluss.

Wenn noch Zeit ist, kann man den Viewer noch fragen, z. B. mit einer Stufe 5, welche Schutzmaßnahmen er ergreifen müsste, um näher an das Target herankommen zu können und bessere Daten zu liefern. Dann lassen Sie den Viewer mit dem Stift auf dem Papier dorthin „laufen“, wo er diesen Ort findet. Es ist von alles überragender Wichtigkeit, dass der Viewer diese Orte selbst findet oder nach eingehender Prüfung ohne Einschränkung akzeptiert. Ich warne an dieser Stelle alle angehenden Monitore in solch einem Heimtraining davor, mit Gewalt oder Suggestion einen für diesen sicher erscheinenden Ort vorzugeben und den Viewer dort festzunageln. Diese Technik sollten Sie nur in wirklich ernsthaften Fällen, für die ich nachfolgend noch ein Beispiel gebe, anwenden.
Eine zweite Notwendigkeit für ein Eingreifen in Form eines „sicheren Ortes“ besteht natürlich dann, wenn der Viewer mitten in dem gefährlichen Target landet.

Da der Monitor hier einige Nervenstärke beweisen muss, um effektiv zu helfen, empfehle ich noch einmal dringend, etwaige Trainingstargets zu untersuchen, ob sich darin möglicherweise solche kritischen Situationen verbergen könnten. Ich bin mir voll bewusst, dass damit dem Training ein gewisser Reiz des Abenteuers genommen wird, aber glauben Sie mir, die Sensationen kommen noch. Sie müssen aber zunächst ganz allgemein Praxis im Umgang mit einem Viewer bekommen.

Und bitte: Machen Sie sich das folgende Verfahren **vor** einer diesbezüglichen Session klar. Wenn Sie erst ins Buch schauen müssen, wenn der Viewer in den Brunnen gefallen ist, wird es wirklich kritisch.

Wenn Sie den Ablauf für sich ein paarmal durchgespielt haben, werden Sie die Situation auch bewältigen, wenn der Viewer plötzlich mitteilt, dass es ganz furchtbar sei, was er gerade erlebe.
Passiert dies in der Stufe 1 oder 2, sollten Sie sicherheitshalber den Viewer aus der Session verbal herausführen.
„Gut, das scheint dir Probleme zu bereiten. Dann machen wir erstmal Schluss und überdenken das Target neu. Geh nicht weiter hinein. Entferne dich vom Target. Drehe dich um, bis du es nicht mehr wahrnimmst. Gehe weg, es verschwindet hinter dem Horizont, es ist nicht mehr zu sehen. Alles, was du siehst, ist der Raum hier, und der ist sicher. Sonst gibt es nichts. Du bist hier und alles ist gut hier. Mach drei Striche, lass alles los, was damit zu tun hat. Es hat nichts mit dir zu tun. Du bist hier. Schreib hin, Ende bei ...(Uhrzeit). Und nochmal einen Strich. Leg den Stift hin, steh auf. Wir gehen jetzt raus. Es tut gut, sich zu strecken. Frische Luft ist auch gut. Wollen wir etwas spazieren gehen?"
Diese Herausführung können Sie natürlich am Ende aller Sessions verwenden. Auch wenn es nicht sofort deutlich sichtbar wird, kann der Viewer doch mit einigen unliebsamen Bruchstücken verhaftet sein, die er auf diese Weise besser loswird. Im Prinzip müssen Sie das Gegenteil einer Stimulierung durchführen, wir wollen keine weiteren Daten ermitteln, sondern sie loswerden.
Tritt ein solcher Vorfall in Stufe 3 oder 4 auf, müssen wir etwas härter herangehen, weil sich der Viewer auch schon tiefer „in der Zone" befindet.
„Es ist furchtbar. Ich halte das nicht aus!" Manche Viewer neigen auch schon zu Tränenausbrüchen und gesteigerten Körperreaktionen. Greifen Sie schnell ein.
„Wo ist das. Tippe mit dem Stift dorthin, wo das Problem besteht."
Es ist wichtig, dass der Viewer den Ort seiner Schwierigkeiten lokalisiert, auch wenn es vielleicht seine Pein steigert. Wir haben aber etwas Zeit, ein paar Sekunden, weil offenbar der Umstand „doch nur Daten auszulesen" sofortige Abstürze verhindert oder aber die Selbstschutzmechanismen jedes Einzelnen noch eine Weile standhalten. Dann aber, wenn der Viewer den Zielkontakt

mit dem Problembereich bestätigt hat, müssen wir auch unverzüglich weitermachen.

„Bleib mit dem Stift auf dem Papier. Entferne dich jetzt von diesem Ort. Zeichne mit dem Stift eine Linie weg von diesem Gebiet. Du bemerkst, wie es besser wird. Halte kurz inne und stelle fest, dass dein jetziger Ort erheblich besser ist. Geht das?"

„Ja, aber es ist noch sehr stark. Es ist nur wenig besser."

„Gut. Aber schon besser. Mach jetzt einen Querstrich über deine Linie, die du bis hierher gezogen hast. Das ist eine Mauer. Da kommt nichts durch. Prallt alles ab, was dahinter ist. Tipp mal wieder in den Ort, den du schon erreicht hast. Ist es jetzt noch besser? Noch sicherer? Du hast ja noch diese Mauer gebaut. Fühl rein."

„Ja, es ist besser. Ich fühle mich schon erheblich besser. Aber ich habe immer noch Angst."

„Bleib mit dem Stift auf dem Papier. Suche einen Ort, wo es dir noch besser geht. Ziehe eine Linie dorthin. Das ist dein Weg. Fühle, wie es dir jetzt schon richtig gut geht."

„Ja, hier ist es noch besser."

„Gibt es einen Ort, der ganz optimal ist? Fahr mal noch etwas weiter, du bist jetzt frei und kannst dich orientieren. Wo ist es sehr gut. Fahre dorthin."

„Hier. Hier ist es am besten. Aber ich habe Angst, dass ich ein geholt werde."

„Alles ist gut. Ziehe einen Kreis um deinen Ort. Das ist eine Schutzglocke, durch die nichts von außen hereinkann. Nur du kannst hinaus, weil es dein Schutz ist. Aber alles andere bleibt draußen. Mal es hin. Du bist jetzt ganz sicher."

Man kann jetzt die Session beenden oder, wenn sich der Viewer wieder ganz gefangen hat mit seinem Einverständnis vorsichtig wieder dem Target nähern, so wie im ersten Beispiel beschrieben. Achten Sie auf jeden Fall möglichst auf positive Formulierungen. Wenn Sie negative Ausdrücke verwenden, benutzen Sie diese nur im Einstieg. Danach und später sollten immer mehr positiv formulierte Anweisungen kommen, um eine befreite Stimmung zu etablieren. Alles andere würde mit der Nennung von besetzten Begriffen, also auch „frei von Angst", nur wieder eine Assoziation an das Problemfeld hervorrufen. Dann müssen wir das unter Umständen noch einmal abarbeiten, vielleicht in Form eines AUL. Das können wir sparen, indem wir, ganz NLP-mäßig, eine durchweg positive Zielvorgabe formulieren und anstreben.

Dialog zum rechtsstehenden Beispiel über „sicherer Ort“.

G.M.: „Das Target ist gefährlich. Ich kann nicht reinschauen.“
Monitor: „Warum kannst du nicht reinschauen?“
G.M.: „Es macht mich blind!“
M.: „Wo stehst du?“
G.M.: „Hier im Wasser mittendrin.“
M.: „Schau dich mal um! Findest du auf dem Blatt Papier einen Ort, der sicher ist und von dem du auf das Target schauen kannst?“
G.M.: „Nicht in der Nähe.“
M.: „Dann geh so weit wie nötig weg von deinem Standort.“
G.M.: „Gut!“ (Probiert mehrere Orte aus.) „Hier unten in der Ecke fühle ich mich sicher.“
M.: „Dann bewege dich von deinem alten Standort mit einer Linie zu deinem sicheren neuen Standort.“ (G.M. malt eine Verbinmdungslinie und markiert 2. Standort.) „bist du angekommen?“
G.M.: „Ja.“
M.: „Fühlst du dich sicher?“
G.M.: „Ja.“
M.: „Kannst du das Target jetzt ansehen?“
G.M.: „Ja.“
M.: „Dann beschreibe das Target.“
G.M.: „Es ist sehr hell ...“

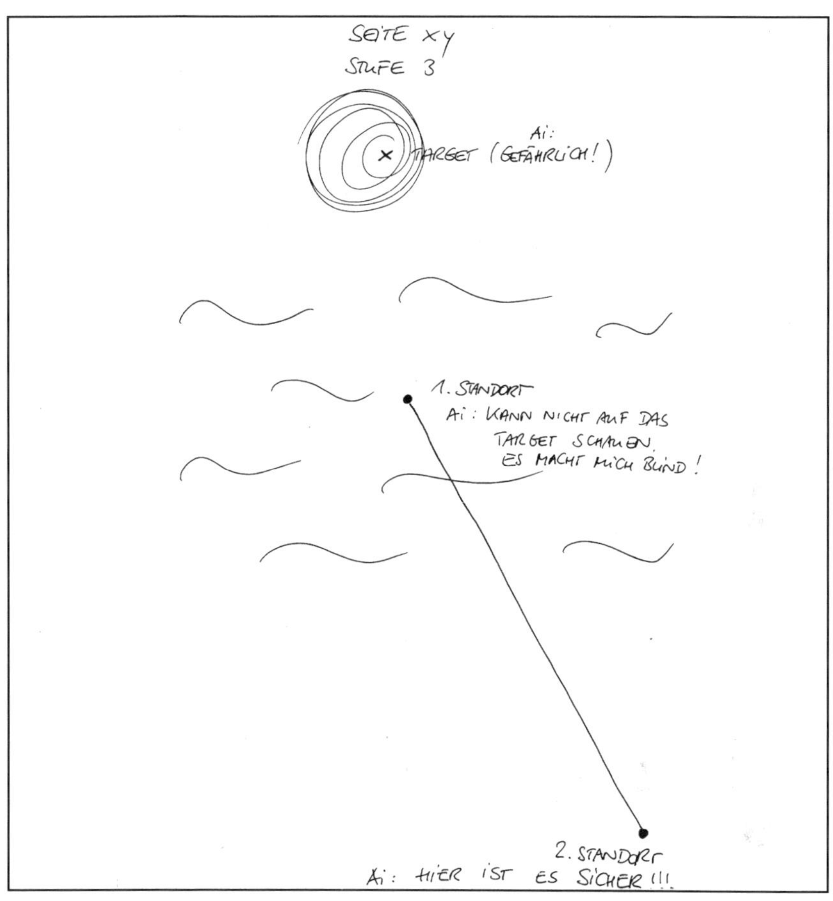

Dieser Ablauf ist in jedem Detail als Beispiel nur einmal durchgeführt. Natürlich verhält sich jeder Viewer anders, jede Session läuft verschieden ab. Deshalb muss man auch fähig sein, diese Grundkomponenten je nach Situation angemessen zu kombinieren oder auch zu wiederholen. Manchmal ist es nötig, mehrere Mauern zu bauen, noch andere Schutzglocken aufzusuchen usw. Scheuen Sie sich nicht, dies zu tun, wenn Ihnen bis zu diesem Punkt Ihr Erfolg nicht ausreichend erscheint.
Aber, um es noch einmal ins Blickfeld zu rücken: Im Ernstfall zunächst mit Zielkontakt herausführen, bevor man das Stifthinlegen-Trennungsritual benutzen kann.

Priorität hat auf jeden Fall die Rückmeldung des Viewers. Ohne seine positive Stellungnahme kann man den Vorgang nicht als beendet betrachten. Und er muss den Ort möglichst selbst finden.

SEITE XY
STUFE 5

(AUS STUFE 4 IT: VERBRECHEN)

VERBRECHEN:

SCHRECKLICH
GEWALT
NACHT
PARK
GRÜN
ÜBERFALL
MESSER

AI: ICH HALTE DAS NICHT AUS!!! HABE SCHMERZEN!

1. STANDORT

2. STANDORT

Dialog zum nebenstehenden zweiten Beispiel für „sicherer Ort".

G.M.: „Ich halte das nicht aus, es tut weh! Ich bin mittendrin und komme nicht weg! Ich will da weg!"
M.: „Wo bist du? Markier mal deinen Standort da."
(G.M. malt ersten Standort.)
M.: „Piek mal rein – bist du dort?"
G.M.: „Ja."
M.: „Dann zieh jetzt mal einen Strich davon weg nach unten. Mal dort ein Kreuz hin. Das ist dein neuer Standort. Hast du ihn erreicht? Bist du dort?"
G.M.: „Ja."
M.: „Fühlst du dich sicher?"
G.M.: „Nein, er kommt zu mir!"
M.: „Wer kommt?"
G.M.: „Ein Mann."
M.: „Mal einen dicken Strich kurz vor deinen neuen Standort quer auf die Linie. Das ist eine Mauer, die schützt dich.
G.M.: „Nein, er klettert rüber."
M.: „Gut, dann mal eine zweite Mauer, die ist viel höher. Bist du jetzt sicher? Fühl mal rein."
G.M.: „Nein, er klettert auch da hinüber."
M.: „Dann zieh jetzt einen Kreis um dich. Das ist ein Schutzschirm. Da kommt nichts durch.
Tipp mal rein, fühle, wie stark der Schutzkreis ist. Er ist sehr, sehr stark! Wie fühlst du dich jetzt?"
G.M.: „Besser! Hier kommt er nicht durch."
M.: „Gut, und jetzt beschreibe, was passiert ist."
G.M.: „Da war ein Mann mit einem Messer ..."

Nur in ganz harten Fällen (und im nächsten Beispiel) sollten wir den Ort seines optimalen Aufenthalts als Monitor vorgeben. Dazu muss man auch den Viewer genau beobachten, ob er beispielsweise noch verkrampfte Muskelbewegungen zeigt oder eine gepresste Atmung. Diese könnte man dann auch stellvertretend optimieren. Sie wissen schon: Stift hinlegen, trennen, aufstehen, durchatmen, laufen usw.

Nun kann es aber vorkommen, dass eine gefährliche Situation auftritt, die der Viewer nicht als solche identifiziert und nur vom

Monitor, wegen seines kognitiven Überblicks dazu auch abgestellt, überblickt werden kann.

Dazu gleich ein reales Beispiel. In einem Projekt hatten wir auf Anfrage eines Trainierenden das Target „Optimale, aber für alle Beteiligten sicherere Kommunikation mit Verstorbenen“ formuliert. Ganz klar, dies ist ein Zielgebiet, über das wir sehr wenig wussten und so auf jede Art von Gefahr gefasst sein mussten. Das Problem ließ auch nicht lange auf sich warten und hatte eine völlig unerwartete Dimension.

Die Angaben von Viewern in Stufe 1 und 2 zu diesem Target sind meist sehr gegenstandslos, ja geradezu gestaltlos und extrem unfarbig. Grau, schwarz, weiß, durchsichtig und undurchsichtig geben sich hier ein karges Stelldichein. In der Stufe 3 wird üblicherweise eine Region mit einem strahlenden, weißen Licht wahrgenommen, zu der ein Tunnel hinführt. Es gab ein paar problemlose Sessions, in denen die Viewer erzählten, dass dort im Licht viele Menschen seien, denen es offensichtlich gut gehe, die aber sehr beschäftigt seien. Ansprechen wäre ein Problem, weil sie zu sehr mit sich und ihrer Welt beschäftigt seien.

Das ist ja noch hinzunehmen.

Dann kam eine Session, in der der Viewer behauptete, es würde zwar kalt werden, wenn er da reinginge, aber es gäbe einen starken Sog, gegen den er sich kaum wehren könnte. Er konstatierte Schweißgeruch, hatte ein AUL: „Schwarzes Loch“ und meinte noch: „AI: Das ist ja abgefahren!“ Nach einer Stufe 4, die er „immer abgefahrener, scheint nicht zu laufen“ befand und einer Stufe 5, in der wir so interessante Inhalte wie „Saugvorgang“, „sorglos“ und „nicht allein“ abarbeiteten, befand er, dass am Ende des Tunnels die andere Seite wäre, Seelen im weißen Licht. Er befand es „AI: Super anziehend“ und, um es kurz zu fassen, wollte gerne dort hinein, zumal sich der Saugvorgang wieder spürbar in Erinnerung brachte.

Ich hatte überhaupt keine Lust, den Viewer hineingehen zu lassen und mir dadurch eventuell einen Koma-Patienten einzuhandeln, einen Körper, dem einfach nur der Geist abhanden gekommen war und der gar keinen Bock darauf hatte, wieder zurückzukehren. Hinzu kam noch, dass er beschrieb, wie er von der anderen Seite ermuntert werde, rüberzukommen.

Es ist höchst selten, um nicht zu sagen, es geschieht praktisch nie, dass sich ein Remote Viewer freiwillig in delikate Situationen bringt. Vielleicht war das eine Schutzmaßnahme des Lebenskonzeptes, das wir alle in uns tragen. Aber dies war ja auch ein ungewöhnliches Target.

Ich muss gestehen, dass ich sehr schnell und entschlossen eingegriffen habe und glaube, dass man dieses Konzept nur weiterempfehlen kann.

Zunächst nagelte ich den Viewer vor dem Tunnel fest, damit er nicht eingesaugt werden konnte. Wir haben dieses Werkzeug unter „sicherer Ort" schon angesprochen. Der Ablauf ging etwas so: (Und das schon in der Stufe 3!)

„Da ist ein ziemlicher Sog. Ich kann mich kaum halten. Es zieht mich hinein, denn das ist es wohl, was es tun soll."

„Wo stehst du jetzt?"

„Hier, vor dem Tunnel."

„Mal dich mal hin. So als Strichmännchen. Genau. Das bist du. Fühl mal rein. Bist du das?"

„Ja, bin ich. Find ich mich wieder."

„Gut. Wie geht's dir?"

„Kann mich kaum halten. Habe einen Druck auf den Ohren. Komisch."

„Ziehe einen Kreis um dich. Das ist eine Schutzglocke. Sie hält dich fest. Stehst du jetzt fester? Fühl mal rein."

„Ja, aber ich glaub, das reicht nicht. Ich brauche noch mehr. Vielleicht eine zusätzliche Mauer ..."

„Zeichne sie hin."

„So, das sind hier ganz große, schwere Steine, die male ich vor mich hin. Oh, da habe ich jetzt ein AUL: Goldklumpen!"

„Geh mal durch das AUL. Stehst du jetzt sicher?"

„Ja, jetzt geht es."

„Kannst du noch alles sehen?"

„Ja, kein Problem."

Wie schon berichtet, ließ sich diese Stellung eine Weile halten, bis zum Ende der Stufe 4 und auch noch eine gute Stufe 5 lang.

Dann allerdings hatte er den Eindruck, dass jemand durch den Tunnel zu ihm kam und es begann eine sehr merkwürdige Unterhaltung, in dessen Verlauf mehrere Effekte auftraten:

1. Die Antworten auf die Fragen des Viewers kamen sehr schnell, schon im Augenblick der Fragestellung und vielleicht sogar etwas vorher. Das gab ein Schreibproblem. Dieser Vorgang ist typisch für Begegnungen. Wenn Sie noch nicht sehr fit sind in den Techniken des RV-Protokolls, sollten Sie jede Heraufbeschwörung von Begegnungen unterlassen.
2. Die Begegnungsperson gewann Einfluss auf den Viewer. Er lud ihn ein, mitzukommen und wartete.
3. Der Viewer reagierte mit dem AI „Super anziehend!“

Ich gebe zu, dass es mir da reichte. Ich wies den Viewer an, sich zu verabschieden und ließ ihn eine Linie zeichnen, an dessen einem Ende er seine augenblickliche Position als Ist-Wert eintragen sollte.

„Tipp mal rein in die Ist-Stelle. Bist du jetzt dort?“

„Ja, ich bin da.“

„Wie ist es da?“

„Ich kann alles sehen und es ist super anziehend.“

„Gut. Bleib mit dem Stift auf dem Papier. Fahr die Linie ab, entferne dich damit vom Target. Sag mir, wo du das Target nicht mehr siehst.“

„Hier unten. Am Ende der Linie. Hier ist es nicht mehr zu sehen.“

„Sehr schön. Jetzt mach einen Querstrich kurz vorher über dein Weg. Den Strich, den du bis dorthin abgefahren hast. Genau. Dort, kurz vor deinem jetzigen Aufenthaltsort. Das ist eine Barriere. Dort kann nichts durch. Jetzt mach noch einen Kreis um dich. Darin bist du sicher. Du kann dich jetzt weiter entfernen. Wie ist es so?“

„Ja, geht so. Bin weg davon.“

Die Grundzüge dieses Ablaufes haben Sie schon in den vorherigen Beispielen kennengelernt. Ich hoffe, Sie konnten dadurch die Abweichungen in diesem Beispiel gut verfolgen.

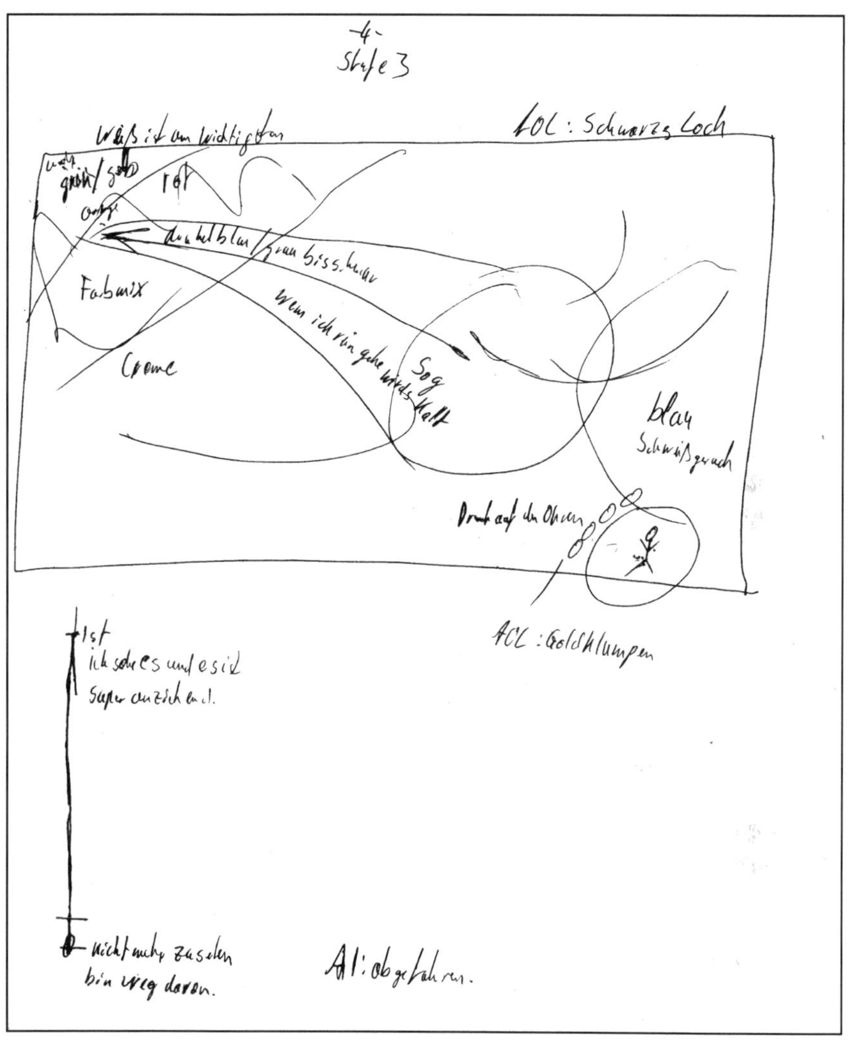

Der Unterschied besteht hauptsächlich darin, dass man dem Viewer Positionen vorgeben muss, die er einzunehmen hat. Allein würde er nicht auf die Idee kommen, er findet es ja gut, hinzugehen und womöglich zu verschwinden. Nur, der Monitor, der ja die Realität, das Hier und Jetzt repräsentiert, möchte das nicht und muss deshalb aktiv werden.

Ich glaube nicht, dass jemand in dieser Situation als Monitor überprüfen möchte, ob jeder Mensch tatsächlich diese Silberschnur zwischen Geist und Körper hat, die ihn zurückholt. Und vielleicht hat auch gerade kein Engel Zeit, sich hier hilfreich einzuschalten, was ja ein zentrales Erlebnis ist, von dem alle wiedererwachten Scheintoten reden. In diesem Fall hier waren vielleicht die diesbezüglichen Regeln und Kommunikationsbahnen außer Gefecht gesetzt.

Hier findet sich, wie gesagt, kein Terrain für Experimente und ich lehne ausdrücklich jede Verantwortung ab, wenn Sie sich solche Targets aussuchen und dabei in Szenarien geraten, die sich durch Übermut schließlich höchst unerfreulich auswirken.

Vielleicht werden kritische Personen an dieser Stelle immer noch bezweifeln, dass es praktische Auswirkungen hat, wenn sozusagen virtuelle Welten erzeugt werden. Dem möchte ich einen kurzen Auszug aus der aktuellen wissenschaftlichen Diskussion dieses Themas vorlegen, um noch einmal den Ernst der Lage zu unterstreichen.

Bisher hat es kein Physiker geschafft, die Vorgänge in dieser Welt vollständig zu erklären. Jede scheinbar umfassende Theorie ließ beständig Vorgänge übrig, die nicht durch die bisherigen Modelle aufklärbar waren. Die aktuellen Versuche in dieser Hinsicht beschäftigen sich mit Effekten, die alle bekannten Abschirmungen durchdringen und auch die herkömmlichen Gesetze eines „Zeitverbrauchs“ ad absurdum führen.

Was die Unmöglichkeit einer Abschirmung betrifft, so finden wir in der Gravitation ein Beispiel. Die Schwerkraft auf der Erde ist auch in bleiummantelten Räumen vorhanden. Hier hat man allerdings einen Ansatz gefunden, Einfluss zu nehmen. Man konnte messen, dass in der Nähe schnell rotierender Körper die Gravitation abnimmt.

Viel schlimmer ist es für den Versuch, die Welt mit physikalischen Gleichungen erklären zu wollen, dass im Labor Effekte herstellbar sind, die tatsächlich gleichzeitig oder sogar zeitlich rückläufig erscheinen. Inzwischen ist es mehreren Forschern gelungen, elementare Teilchen zu „beamen“, also ohne Zeitverlust von einem Ort auf den anderen zu übertragen. Das Erstaunliche war aber, dass es nicht unbedingt die Teilchen waren, die transportiert wurden, sondern die Information, die diesen Teilchen identifizierbar machte.

Dies bedeutet, dass es in der Natur noch eine weitere, uns bisher unbekannte Wechselwirkung der Kräfte geben muss, die die axiomatischen Grundlagen unserer Wissenschaft generell in Frage stellen. Prozesse dieser Art breiten sich zeitlich ungehindert aus und haben Einfluss auf das Verhalten der betroffenen Teilchen.

Viele zusammenhängende Teilchen bilden ein Konzept. Wenn man bedenkt, aus wie viel Myriaden von Atomteilchen auch unser Körper besteht, kann man durchaus formulieren, dass durch die reine Ansammlung von Teilchen hier ein ungeheuer komplexes Informationsfeld besteht, das in Nullzeit mit anderen Teilchen oder Konzepten in diesem Universum interagieren kann. Ervin Lazlo, ein moderner Vakuumtheoretiker, nennt dieses „fünfte Feld" physikalischer Interaktionen auch das „PSI-Feld", „ein fundamentales Informations- oder Gedächtnisfeld, das durch ein ständiges Feedback zwischen dem Quantenvakuum und den Objekten und Ereignissen der beobachtbaren Welt entsteht." Alle lebenden Organismen sind darin eingebettet und stehen in Wechselwirkung damit. Dies schließt auch das Bewusstsein ein. Nach Laszlo ist das PSI-Feld auch die Basis der Evolution und verändert sich selbst mit der Entwicklung seines Inhalts, was dann natürlich logisch ist.

Diese Informationsfelder lösen biologische Effekte aus, das wird uns mittlerweile klar, ganz genau so wie andere Übertragungsmedien wie etwas elektromagnetische Felder oder Wellen. Grundlagenforscher warnen deshalb nicht mehr hauptsächlich vor den Gewebe erhitzenden Nebenwirkungen von Handys. Die Übertragung oder Änderung von Informationsstrukturen der Gehirnzellen scheint weitaus problematischer zu sein.

Berichte über andere bereits existierende technische Einrichtungen, vom kleinen PSI-Strahler bis zum landschaftsfüllenden Antennenwald des bekannten HAARP-Projektes in Alaska lassen darauf schließen, dass in naher Zukunft die BeEinflussung und Ausbeutung des Feinstofflichen vermutlich genauso hemmungslos betrieben werden wird, wie das bisher mit allen Ressourcen geschah. Nach der Aufklärung der DNS-Struktur wird es auch eine informelle Totalveröffentlichung und -beeinflussung des Menschen geben. Alfons Rosenberg spricht bereits 1971 von der Möglichkeit, dass „Jenseitswissenschaftler“ sich aller Bereiche feinstofflicher Hintergrundfelder bedienen könnten. Um hier als Individuum bestehen zu können, benötigt man sicher eine starke Verankerung der individuellen Strukturen, und ich meine, dass dies am Besten dadurch gewährleistet ist, dass man sich dieser Vorgänge, Verhältnisse und damit auch Gefahren bewusst wird und bleibt.

Sicher kann der Endzustand der allgemeinen Auflösung eine Art Gleichschaltung bedeuten, die dann als ein Zustand der „Verinnerlichung Gottes“ definiert werden kann oder zunächst einmal als den Endzustand, was irdische soziale Systemtheoretiker postulierten: die absolute Gleichheit aller Menschen.

Vielleicht ist dieses Aufgehen im universellen Informationsfeld letztlich das Endziel jeden Lebewesens, ob es aber in Einklang mit dem voranschreitet, was wir derzeit als „leibliche und seelische Gesundheit“ anerkennen, muss als sehr fraglich angesehen werden.

Nun ja, das ist sicher nur eine Frage, die Kollisionen mit unserem Bewusstsein beschreibt, aber das ist doch das, was aktuell unser Leben steuert und trägt. Der Ameisen- oder Termitenstaat hat andere Konzepte und vielleicht müssten wir den Zustand des Bewusst-Seins dafür auch aufgeben, würden aber immerhin mit Gott verschmelzen.

Wie man sieht, muss unser Bewusstsein zwangsläufig und beständig in diese Interaktionen des kosmischen PSI-Feldes eingreifen, um sich selbst zu erhalten. Dies geschieht am Besten, in dem man sich über diese real existierenden physikalischen Vorgänge klar wird und sich wissentlich nur bedingt und überschaubar den Einflüssen dieses Feldes öffnet. Hier findet sich der Hintergrund zu Ergebnissen von Remote Viewing-Projekten, die ich zu diesem Thema durchgeführt habe: Wer von einer Beeinflussung weiß, ist schon weitgehend davor geschützt. Die letzte Heimat jedes einzelnen Menschen ist schließlich nur noch er selbst.

11. Kapitel: Organisation und Zeitbeschränkungen

Bereits im ersten Kapitel habe ich darauf hingewiesen, dass man nicht umhin kommt, Zeitbeschränkungen bei den einzelnen Abläufen einzuführen und die Session entsprechend zu organisieren. Ich möchte auf diese Aspekte jetzt, nachdem Sie weitere Stufen des Protokolls kennengelernt haben, darauf aus diesem neuen Blickwinkel noch einmal eingehen.

Obwohl man, wie schon besprochen und Sie sicher selbst erfahren haben, die Stufen 1-3 sehr ausführlich gestalten kann, wird man damit in der Praxis selten eine Sessiondauer von einer Stunde erreichen. Mit der Einbeziehung der Stufen 4 und 5 in Ihr Trainingsprogramm werden Sie diese Grenze dann öfter erreichen. Das Zeitlimit von 60 Minuten gilt faustregelartig, am Anfang sind Trainierende oft schon nach 40 Minuten erschöpft. Erfahrene Viewer halten locker 60 bis 70 Minuten durch, auch längere Zeiträume gab es schon, wenn der Viewer seine Arbeit besonders spannend fand und sich frisch fühlte.

In der Regel sollten Sie sich aber an die genannten Vorgaben halten. Sie merken selbst, wann Sie müde werden, und der Monitor sollte dies beachten und die Session nicht ohne triftigen Grund und dann aber auch nur wenige Minuten über den vom Viewer mitgeteilten Erschöpfungspunkt ausdehnen.

Betrachtet man die Ergebnisse von Sessions, stellt man demgemäß fest, dass zu diesem Zeitpunkt die ermittelten Daten auch sichtbar unzuverlässiger bis falsch werden. Das Wachbewusstsein kehrt in sein Haus zurück und äußert seine eigenen Vorstellungen.

Diese Vorgabe eines begrenzten Zeitrahmens bringt natürlich mit sich, dass die zu leistende Arbeit so eingeteilt werden muss, dass der größtmögliche Nutzen aus der Session gezogen werden kann. Da die detailliertesten und verwendbarsten Informationen aber aus den höchsten Stufen gezogen werden, ist klar, dass das Zeitfenster für die ersten Stufen so eingeschränkt werden muss, dass genügend Zeit bleibt, um die wirklich wichtigen Eindrücke in den höheren Stufen zu ermitteln.

Ich gebe zu, dass diese Formulierung sehr unscharf ist und keine brauchbare Handlungsanweisung mit sich bringt. Das lässt sich auch so leicht nicht auf einen einfachen Nenner bringen, da die Individualität des Viewers und die Art des Targets immer eine große Rolle spielen. Natürlich kann man auch hier wieder Faustregeln aufstellen, die aber nach Maßgabe der aktuellen Session auch angepasst werden müssen. Es gibt auch Sessions, die in den ersten Stufen sehr sparsam Daten liefern, was oft die Viewer selbst am meisten verwundert. Das im letzten Kapitel besprochene Jenseitstarget ist so ein Fall. Meist jedoch wird der Monitor bemüht sein müssen, den Datenstrom in der Stufe 1 radikal zu begrenzen. Das kann er auch ohne Gewissensbisse tun, auch wenn der Viewer sich gern schon jetzt voll ins Zielgebiet stürzen möchte. Es fällt mir immer schwer, hier den Begriff „disziplinieren" zu gebrauchen, aber man kann sich am Anfang auch freiwillig beschränken, um hinterher mehr Spaß am Ergebnis zu haben.

Deshalb schlage ich vor, dass in der Stufe 1 die Kurvenbeschreibung nicht mehr als drei bis vier Stichworte enthält und auch die gefühlten Eindrücke die Zahl drei nicht übersteigen sollte. Für B reichen zwei Stichpunkte völlig aus. Der Viewer muss auch lernen, sich zu entscheiden und die Daten zu wichten.

Natürlich wird immer mit erhobenem Zeigefinger vorgetragen: „Alles rausschreiben, damit es nicht unerledigt rumhängt und schließlich AULs produziert!"Das stimmt, aber es gilt auch, dass das, was nicht auftaucht, auch nicht genannt werden muss. In diesem Sinne muss der Viewer lernen, seinen Fokus zu begrenzen und nicht (manchmal krampfhaft, um einen Erfolg zu haben) nach immer noch mehr Daten zu forschen. Das kann er ab Stufe 4 gern exzessiv ausleben. Der Prozess der Einschränkung hilft dabei, die Neutralität des Viewers gegenüber dem Target zu stärken. Wenn man verinnerlicht hat, dass man ohnehin nicht aufgefordert ist, sofort die ganze Geschichte abzuliefern, kann man sich damit abfinden, nur den obersten Eindrücken nachzugehen.

Ein Mittel zu dieser Begrenzung ist natürlich, dass der Monitor das Tempo anzieht. Er kann intensiver fragen, schneller einhaken und auch sofort nach dem dritten Stichwort die Aufmerksamkeit des Viewers umlenken.

Das bedeutet z.B., dass er, wenn er meint, dass der Viewer durch ist mit der Kurvenbeschreibung, sofort einhakt: „Reicht die Beschreibung? Ist der Ideogrammteil ausreichend beschrieben? Ja? Dann fühl jetzt mal rein!“

Der Viewer gewöhnt sich daran, nur kurz in sich hineinzuhorchen und die spontane Entscheidung dazu anzunehmen, ganz im Sinne der Drei-Sekunden-Regel.

Wenn der Viewer aber das Gefühl hat, hier abgewürgt und sozusagen vergewaltigt zu werden, muss er das mitteilen und der Monitor tut gut daran, Rücksicht zu nehmen. Im Vertrauen: Das renkt sich sowieso ein. Wenn Sie erst ein paar Dutzend Sessions der besseren Art hinter sich haben, verschwindet für alle die inhaltliche Bedeutung der Stufe 1. Die Formale wird aber von niemand in Abrede gestellt.

Auch eine gewisse Blatteinteilung ist praktisch, zeitsparend und im Sinne der Auswertung durch andere als die direkt an der Session Beteiligten auch übersichtlich und deshalb hilfreich bei der Einordnung der Daten. Gut ist es deshalb, sich an die übliche Form, die in Teil 1 des Lehrbuches vorgestellt wurde, zu halten.

Sie werden feststellen, dass zehn Minuten für die Stufe 1 völlig ausreichend sein können.

In der Stufe 2 werden naturgemäß in einigen Wahrnehmungsbereichen mehr Eindrücke gewonnen als in anderen. Zum Beispiel sind die Geruchs- und Geschmackseindrücke erheblich seltener als etwa die Farben oder die Geräusche. Beim Menschen ist auch so die Rangfolge angelegt, in welcher die Sinne zur Entscheidungsfindung beitragen. Man sagt, dass gemeinhin 70% der bewerteten Eindrücke des Menschen optischer Natur sind. Aber seien Sie immer auf der Hut: Manche Targets liefern eine Fülle von Gerüchen, und es gibt sehr sinnliche Menschen des kinästhetischen Typus, die sehr wohl auf Geschmack und Geruch abfahren! Es gibt tatsächlich Viewer, die den Geschmack von Stein und den Geruch verschiedener metallische Legierungen beschreiben können. Die prozentuale Wichtung, die als wissenschaftlicher Richtwert herumgetragen wird, ist nur ein Durschnittswert, der jederzeit sowohl durch eine individuelle Gestimmtheit als auch bestimmte Eigenarten des Targets außer Kraft gesetzt werden kann. Wenn jedoch nicht sofort die Quelle des Viewers sprudelt, kann man durchaus als Monitor sagen: „Wenn nichts kommt, nicht so schlimm, mach einen Strich. Und weiter: Temperaturen! (Zum Beispiel)"

Die Stufe 2 kann sich mit fünf bis acht Minuten begnügen.

Die Stufe 3 ist nicht so einfach in den Griff zu bekommen. Wenn Sie meinen, der Viewer sei gut on Target, muss er nicht alle in dieser Session bisher generierten Daten eintragen. Hilfreich ist es, wenn klar wird, dass der Viewer einen Bezugspunkt hat, zum Target Stellung bezieht und einen Blickwinkel aufgebaut hat. Man kann ihn diesbezüglich fragen: „Kannst du sagen, wo du dich gerade befindest?"

Wenn er sich orten kann, die sonstigen Daten stimmen, dann ab in die Stufe 4. Eine Stufe drei muss auch nicht mehr als zehn Minuten verbrauchen, kann sogar erheblich kürzer ausfallen.

In der Stufe 4 sollten Sie sich solange aufhalten, bis Sie in zügigem Ablauf Ihre Grenzlinie erreicht haben. Das kann zunächst etwas länger dauern, wird sich aber auch im Laufe der Zeit eher zur Fünf-Minuten-Aktion hinbewegen als die Zehn-Minuten-Grenze überschreiten. Außer bei sehr hartnäckigen AULs, was wirklich sehr selten in diesem Ablauf vorkommt, sollten Sie auf die Anwendung der Stufe 5 verzichten, bis die Stufe 4 beendet ist, das abschließende AI inbegriffen.

Den Rest der verfügbaren Zeit können Sie sich jetzt genüsslich der Stufe 5 widmen, die sozusagen das Ur-Werkzeug für alle folgenden Stufen und Operation ist. Sie werden ohnehin genug Munition haben: interessante Eindrücke, die Sie entpacken können und AULs, die Sie aufarbeiten müssen.

Wenn Sie sehr viel Erfahrung gesammelt haben, können Sie auch schon mal das Stufenspringen versuchen. Wenn der Viewer wirklich gut ist, toll on target und der Monitor fit, auch in ungewöhnliche Situationen erfolgreich zu führen, können Sie es wagen. Dann ist sehr interessant, zu erleben, was passiert, wenn man den Viewer beispielsweise von der abgeschlossenen Stufe 1 aus sofort in die Stufe 3 oder gar in die Stufe 4 springen lässt. Anzeichen für die Bereitschaft des Viewers sind plötzliche, sehr detaillierte Angaben des Viewers zu bestimmten Ideogrammteilen, die sich nicht unterdrücken lassen. Manchmal wird auch damit begonnen, kleine Zeichnungen zu erstellen. Diese kann man auf einem extra

Blatt sofort zu einer Stufe 3 ausweiten, um den momentanen InformationsFluss auszunutzen. Manche Viewer verlieren tatsächlich den Faden (die Signallinie), wenn sie solchen Eindrücken nicht sofort nachgehen können. Hier können schon Türöffner versteckt sein.

Aber, wie schon gesagt, Vorsicht mit diesem verkürzten Ablauf! Ein paar Dutzend Sessions sollten Sie schon erfolgreich abgewickelt haben! Eine Einstiegsübung dazu ist auch, die Stufe 1 nur einmal zu machen, sich also die zusätzliche zentrierende Wirkung der Wiederholung zu sparen, was eben letztlich kostbare Zeit einbringt.

Achten Sie aber in jedem Fall darauf, bei jeder neuen Aktion wie einer Stufe oder eines Werkzeugs, das mehr als den noch verbliebenen Rest auf der Seite in Anspruch nehmen könnte, ein neues Blatt zu beginnen. Wenn nicht, werden Sie sich hinterher über unzusammenhängende Passagen und unleserliches Gekrakel ärgern, zusätzliche zu den schon vorhandenen Schreibschwierigkeiten.

Eine großartige Hilfe für den Trainierenden ist es, wenn er sich die Session hinterher in einer Videoaufzeichnung anschauen kann. Verständlich, dass man am Anfang Hemmungen haben wird, sich in seiner anfängerhaften Peinlichkeit aufnehmen zu lassen. Nun, da muss man durch. Wenn Sie die formalen Abläufe der Stufen 4 und 5 einigermaßen sicher drauf haben, wagen Sie es ruhig! Heutzutage sind Camcorder schon weit verbreitet. Wenn Sie über keinen eigenen verfügen, lässt sich sicher von irgendjemand in Ihrer Umgebung etwas Passendes ausborgen. Achten Sie aber darauf, dass Sie die Möglichkeit haben, mindestens eine Stunde, besser noch 80 Minuten aufzeichnen zu können. Sonst fehlen Ihnen unter Umständen gerade die spannendsten Augenblicke kurz vor Schluss der Session! Hi8-Kassetten gibt es bis 90 Minuten, eine DV-Mini zeichnet bis zu 80 Minuten auf.

Wenn die Kassettenlänge nicht ausreicht, kann man manche Geräte in den Sparmodus schalten, sodass sie 50% länger aufzeichnen. Das können Sie im Zweifel ohne Gewissensbisse tun. Was vor der Kamera passiert, ist ohnehin nicht besonders bewegungsintensiv und der Ton benötigt eher ein gutes Richtmikrophon als eine hohe Samplingrate, um verständlich herüberzukommen. Wenn Sie das eingebaute Mikrophon benutzen, müssen Sie sich mit der zusätzlichen Aufnahme des Kamerageräusches abfinden, das meist als tiefes Brummen mit schabenden Geräuschen auftritt. Ein einfaches Zusatzmikrophon auf dem Tisch wirkt da schon Wunder, nur sollte es auch nicht die Session oder den Viewer stören, der dann immer, wie das Kaninchen auf die Schlange, das Mikrophon anstarrt und sich nicht entspannen kann.

Ein Tonbandgerät oder Kassettenrekorder verrichtet diesen Job übrigens auch ausreichend.

Sie werden auf den Aufzeichnungen entdecken, dass erheblich mehr in einer Session passiert, als auf dem Papier überliefert bleibt, auch wenn das schon eine wertvolle Dokumentation für spätere Auswerter darstellt.

Sicher achten Sie darauf, dass auch genau die Formulierung auf das Blatt Papier kommt, die der Viewer ausgesprochen hat. Wenn Sie selbst viewen, ist das manchmal nicht einfach, weil schon der nächste Eindruck anklopft. Als Monitor sollten Sie versuchen, nur die Worte des Viewers aufzugreifen und ihn dazu anleiten, genau diese aufzuschreiben. Dann werden Sie bei Ansicht der Aufzeichnung feststellen, wie viel trotzdem durchgerutscht ist. Manchmal kommt es auch genau auf die Formulierung an, die ein Viewer gebraucht hat.

Häufig spricht er etwas sehr spontan aus, das ihm dann falsch vorkommt und er versucht, es zu verbessern. Aber in fast allen Fällen, mindestens im Training, wo man ein Bild als Vergleich hat, stellt sich heraus, dass der erste Eindruck richtig war. Es gibt auch Viewer, die vielen Eindrucken die Formulierung „oder auch ...“ anhängen, und dann kommt das genaue Gegenteil von dem, was sie vorher gesagt hatten. Ganz klar, hier hat sich das Wachbewusstsein eingeschaltet und versucht, die Situation auf seine Weise zu „retten“.

Aber auch über entgangene Chancen gibt das Video Auskunft. Man kann sehr gut sehen, wann der Monitor welchem Eindruck in den Stufen 4 und 5 hätte nachgehen sollen und kommt schon auf die Idee, dass andere Strategien vielleicht noch effizienter gewesen wären. Das ist dann für den Monitor peinlich.

Wir müssen uns allerdings angewöhnen, kritikfähig zu sein. Eine Session ist eine Session; es herrscht eine für einen abgesteckten Zeitraum, der mit Erwartungshaltung und überraschenden Wendungen verbunden ist, typische Situation der Involviertheit. Hinterher ist man immer schlauer.

Man kann aber sehr schön aus verpassten Gelegenheiten lernen, um es später besser zu machen. In Trainings ist einer meiner beliebtesten Sprüche: „Ich hoffe, dass wir eine Menge Fehler machen, dann lernen wir auch viel!" Und so meine ich das auch.

Das führt gelegentlich zu ganz merkwürdigen Insider-Flachsereien, in denen eine Hitliste der merkwürdigsten Sessions erstellt wird, die genau darauf beruhen: Überraschungen und Fehlreaktionen. Es ist dann fast so, dass man sich rühmen kann, einen ganz großartigen Fehler gemacht zu haben. Nun, es ist gut, solche Fehler daheim auf dem Fernseher festzustellen, anstatt mit falschen Meldungen marktschreierisch an die Öffentlichkeit zu gehen und mit nie eintreffenden Prophezeiungen sich und andere weithin lächerlich zu machen. Es gibt für diese Verfahrensweise genügend Beispiele in Amerika, das müssen wir nicht nachmachen.

Auf dem Videoschirm können wir auch das Spiel der Körperreaktionen und die unterschwellige Kommunikation der Beteiligten mittels Körpersprache verfolgen. Es ist immer wieder faszinierend, festzustellen, in welchem Moment der Viewer total in die „Zone" abtaucht. Dann kann der Monitor Kopfstand machen, sich ein Bier bestellen oder ein Kreuzworträtsel lösen, der Viewer wird nicht mehr von seiner Ansicht abzubringen sein, wie das Target aussieht. Das heißt natürlich nicht, dass der Monitor diese Dinge jetzt auch wirklich treiben sollte, im Gegenteil, er sollte alles unterlassen, was ihn bemerkbar macht. Manche Viewer sind gerade in der „Zone" so empfindlich in ihrer Wahrnehmung geworden, dass sie einem Monitor wegen nervöser Körperreaktionen auch schon mal an die Kehle gehen können. Weil sie sich gestört fühlen, wohlgemerkt, nicht weil sie denken „huch, habe ich jetzt etwas falsch gemacht?"

Im Gegenteil, auf Videos ist oft ganz prima zu beobachten, wie ein Viewer, der „voll drauf" ist, beginnt, dem Monitor „die Sache“ mit geradezu missionarischem Eifer zu erklären. Wie gesagt, Sie schaffen sich mit diesen Aufnahmen eine ganz neue Bibliothek von Lieblingsvideos.

Natürlich, ganz ohne Frage, werden die meisten Vorführungen für andere als die direkt Beteiligten nur mit Sessionaufnahmen durchgeführt, die gut und weiterführend sind. Wenn ein Viewer besonders dicht dran war oder ein Monitor ausgezeichnete Geistesgegenwart oder strategische Kreativität erfolgreich bewiesen hat, darf auch bewundert werden. Aber wie auch immer: Man kann daraus sehr viel lernen.

An dieser Stelle schlage ich vor, bereits mit ersten Projekten zu beginnen, Themen, die nicht auf einer Postkarte einzusehen sind, oder wenigstens nicht vollständig im Sinne des Targets. Lassen Sie uns in den nächsten Kapiteln einiges Wissenswertes zur Organisation von Remote Viewing-Projekten durchsprechen.

12. Kapitel: Erste Projekte - Anlage und Durchführung

Mit der Kenntnis der Stufen 4 und 5 sind wir erstmals in der Lage, Projekte durchzuführen mit der Aussicht, nicht nur viele Daten zu generieren, sondern auch Zusammenhänge festzustellen und Schlussfolgerungen im Sinne einer verwendbaren Aussage treffen zu können. Die meisten Interessenten werden sich natürlich schon vorher an spezielle Themen gemacht haben, Targets, die sie besonders interessierten und wegen derer sie beschlossen hatten, Remote Viewing zu lernen. Leider kann man in einer Stufe 3, ohne Kenntnis der entsprechenden Werkzeuge, nur sehr bedingt zielgerichtet weiterermitteln. Sicherlich wird es einigen „begabten“ Menschen gelungen sein, mit dem an dieser Stelle vorhandenen Zielkontakt einfach munter drauflos zu beschreiben, was sie „gesehen“ haben. Genau so ging es mir auch in jenen Zeiten. Es kam auch viel Erstaunliches bei den frühen Exkursionen heraus, ich hätte mir nur erheblich mehr bestimmte Informationen und deren Bezüge gewünscht. In Sessions auf die Zukunft kann ein derartiger Mangel zu Verständnislosigkeit, manchmal sogar zu unnötigem Schrecken oder unbegründeter Sorge führen.

Aber jetzt, ausgerüstet mit den Grundtechniken, wagen wir uns an komplexe, auch virtuelle Fragestellungen.

Jedes Projekt beginnt damit, dass zwei Entscheidungen getroffen werden müssen, bevor ein einziges Ideogramm die Stiftspitze verlässt.

1. Welches Target soll bearbeitet werden?
2. Welche Personen nehmen an dem Projekt teil?

Man kann im Vorfeld nicht genau sagen, welche Frage die größeren Schwierigkeiten aufwirft, ganz besonders zu Beginn unserer „Karriere“ als Remote Viewer.

Es ist klar, dass jeder der Beteiligten mindestens zwei Fragen allerhöchstens Interesses hat, die er unbedingt sofort geviewt bekommen möchte. Darauf haben wir doch solange gewartet und uns so keusch zurückgehalten, um erst die Technik zu akkumulieren. Zunächst ist es nicht so klar, aber im Zuge der Vorbereitungen eskaliert schnell zu einem Problem, wer sich in welcher Form beteiligt. „Ich will nur viewen!“ sagt dann plötzlich der eine, „Monitor machen? Ob ich das schaffe?“ grenzt die andere ein. Oder es gibt eine Gruppe von Leuten, die alle Monitor machen möchten und sich nicht trauen, „so ein Target“ selbst zu viewen. (Vielleicht, weil sie annehmen, die anderen haben sich auch so etwas Hinterlistiges wie sie selbst ausgedacht.)

Es ist ganz klar: Da müssen Sie ebenfalls durch. (Das ist ein Lieblingssatz von mir, ich weiß. Aber er ist der beste Kommentar.) Remote Viewing funktioniert zwar auch auf der ganz individuellen Ebene, aber wer sich, aus welchen Gründen immer, auf Solos spezialisieren möchte, wird es am allerschwersten haben. Das habe ich bereits zur Genüge ausgeführt. Hier kann man für Projekte auch nur den Ratschlag geben, mindestens zwanzig Targets zu formulieren und entsprechend viele, gleichartige Umschläge herzurichten, um dann per Zufallsauswahl (Umschläge gut mischen und ein paar Tage ruhen lassen!) alle Targets in jeweils mehreren Sitzungen abzuarbeiten. Für diese Vorgehensweise benötigen Sie aber einiges an innerer Stärke und vielleicht etwas Praxis in anderen Techniken. Reiki, Hypnose, Rückführungen, Rebirthing, OBE, mediale Reisen jeder Art, auch fernöstliche Kampfsportlehrgänge oder NLP-Seminare können sehr hilfreich sein. Als Solo müssen Sie alles können, sich in der Session gehen lassen und zugleich den Überblick bewahren. Kreativität und Disziplin, Neutralität und formale Kontrolle, alles gleichzeitig.

Vielleicht ist es da besser, sollte man sonst niemanden in der Nähe kennen, der auch gerade trainiert, Inserate aufzugeben oder in den entsprechenden Internetforen zu posten. Manche bringen die Technik auch ihrem Bekanntenkreis bei und es entwickeln sich muntere Remote Viewing-Zirkel, die so gar nichts mit mystischen Tischerückern zu tun haben, sondern lange abendfüllende philosophische und wissenschaftliche Diskussionen auslösen, neue Sichtweisen austauschen und gemeinsam atemberaubende Schlussfolgerungen hinterfragen.

Das einzige Problem bei dieser Vorgehensweise ist natürlich, dass diejenigen, die von jemandem lernen, der sich Remote Viewing „nur“ aus einem Buch angetan hat, dessen Interpretationen von halb verstandenen Inhalten übernehmen. Besser ist es da, wenn *alle* sich in dieser Form vorgebildet haben, dann kann man eigenwillige Auffassungen wenigstens mit anderen diskutieren, die den gleichen Kenntnisstand haben.

Eigentlich müsste es eine Beratungshotline dafür geben, was aber zur Zeit noch an einem wohlfährigen Sponsor scheitert. Vielleicht sollten Remote Viewing-Trainer über Kalibrierungs-Seminare nachdenken, in denen sich Interessenten nach einem Selbststudium abgleichen und ihre angelesene Vorgehensweise optimieren können.

Gut, gehen wir einmal davon aus, dass sich personelle Fragen lösen lassen und alle Beteiligten bereit sind, auch mal die Position auszufüllen, der sie sich eigentlich nicht gewachsen fühlen. Aber man lernt ja.

Das kleinste Team ist natürlich das Paar. Wenn gar nichts anderes möglich ist, funktioniert das auch für den Anfang, zumal man im meist vertrauten Kreis sich eher als Viewer gehen lassen kann. Die Zweier-Kombination führt aber im extensiven Betrieb zu „inzuchtartigen" Problemfeldern: Man kennt sich bald sehr gut, man weiß ungefähr, was der andere als Targets bringt und kennt seine Stärken als Viewer. Aber auch seine Schwächen.

Geradezu typisch für „natürliche Paare", also Mann/Frau, ist es, dass er verzweifelt, weil er so unscharfe Antworten aus Technik-Recherchen bekommt, und sie ist genervt, weil er Beziehungsverläufe mit mechanistischen Vokabeln versieht. Jeder findet die besten Beschreibungen, die ja Übersetzungen von (Sinnes-) Eindrücken in unsere Sprache sind, wenn er etwas schon einmal gesehen oder sogar begriffen hat. Ein gutes Beispiel sind die biblischen Propheten: viele Jahrhunderte lang waren ihre Texte sehr mystisch, erst heute kann man die dort beschriebenen Technologien als Batterien, Funkgeräte oder gar Raumschiffe identifizieren. Wegen der unscharfen Formulierungen haperte es aber am Verständnis, bis man genau diese Geräte durch eigene Forschung gebaut hatte und feststellte, dass es die gleichen Funktionen verrichtete und genau so aussah. Ab einem bestimmten Entwicklungspunkt war es aber auch möglich, daraufhin zu postulieren, welche Erfindungen man noch machen müsste, um bestimmte Objekte oder Funktionen zu erhalten, z.B. Flugscheiben oder

Wetterbeeinflussung. Atombomben und Ultraschallwaffen haben wir ja inzwischen. Nur unsere Weltraumshuttles sind noch etwas sehr primitiv.

Zu dem unscharfen Formulieren kommt noch hinzu, wie ich schon erläuterte, dass der Viewer auf ein kindhaftes Verständnisniveau heruntergefahren wird.

Aber, um zur personellen Gestaltung zurückzukehren, ein Paar reicht auch für den Anfang. Besser sind selbstverständlich drei Personen, ganz toll sind fünf bis sechs. Mehr Beteiligte würde ich für erste Projekte nicht heranziehen. Sie werden genug zu tun haben, um die organisatorischen und individuellen Fragen in diesem Rahmen in den Griff zu kriegen. Diskussionen sind dann am besten, wenn sie auch mal konstruktiv beendet werden können.

Es hat sich als sehr praktikabel erwiesen, wenn jemand, der als Monitor fungieren möchte, sich schon um ein Thema gekümmert hat. Man kann Projekte deshalb auch so starten, indem jemand der Gruppe sagt: „Hallo, ich habe hier ein Target vorbereitet, seid ihr damit einverstanden, dass wir es bearbeiten?“ Im Falles eines Paares wird es logischerweise keine Frage sein, sondern eine Aussage. In einer Runde von drei Personen schon eher. Nehmen wir an, dass der Vorschlag angenommen ist, kann es losgehen.

Bei drei beteiligten Personen muss einer immer pausieren und der Monitor darf das nicht. Wenn sich zwei Monitore auf einen Viewer stürzen, ist das natürlich vergeudete Ressource, denn man kann zwar sehr wohl denselben Viewer noch einmal auf das gleiche Target setzen, z.B., nachdem man es umformuliert und auf bestimmte Details oder in neue Richtungen gelenkt hat. Man muss zwischen den Sessions aber eine Pause einlegen, in der gut und gern der andere Viewer hätte arbeiten können. Und man hätte mit zwei Viewern natürlich die doppelte Anzahl Sessions herausgekriegt. Der einzige Grund für die Konstellation *zwei Monitore, ein Viewer* ist der Umstand, dass sich alle noch sehr unsicher fühlen und deshalb gern Beistand in der Sessionführung hätten. Dann kann man sich zu zweit als Monitor gut ergänzen. Mit einiger Erfahrung wird diese Hilfsbedürftigkeit aber schnell verschwinden.

In der Dreier-Beziehung sollte man sich deshalb schließlich darauf einigen, dass nach Wunsch jeder einmal ein Projekt leiten dürfe, am besten reihum.

In einer Gruppe von vier Personen tritt erstmal der interessante Aspekt auf, dass zwei Projekte gleichzeitig bearbeitet werden können und insgesamt bis zu drei Viewer zur Verfügung stehen. Schön ist es, wenn zwei separate Zimmer dafür zur Verfügung stehen. Das ist aber nicht immer zu haben. In der Berliner Gruppe, die sich in einem ausgebauten Dachgeschoss traf, war dieser Umstand auch nicht gegeben, jedoch konnten die einzelnen Paare jeweils vier bis fünf Meter voneinander entfernt arbeiten, ohne sich sonderlich zu stören. Schon in der Stufe 1 tauchte der Viewer meist schon ab und kriegte nichts mehr von den anderen, natürlich leise geäußerten Bemerkungen mit. Als Monitor ist man ja immer der Ersatz für die linke Gehirnhälfte des Viewers und bleibt deshalb aufmerksam für alle Einflüsse, aber ab der Stufe 3 findet auch hier ein Ausblenden der Außenreize statt. Das genannte Dachgeschoss in Berlin liegt außerdem noch an einer viel befahrenen Eisenbahnstrecke. Ich kann mich aber nicht erinnern, dass jemals in der Stufe 2 unter „Geräusche, hörst, du was?" die Antwort kam: „Ja, eine Eisenbahn!" Auf direkte Befragung mehrerer Viewer, die ich misstrauisch durchführte, bekam ich regelmäßig die Antwort: „Eisenbahn? Welche Eisenbahn? Nö, nicht gehört!" (Als ich es selbst ausprobierte, kam mir in der Stufe 1 tatsächlich die Rezeption der Umgebungsreize abhanden.)

Sie müssen sich also wegen des Tagungsortes nicht unüberwindliche Anforderungshürden stellen. Ein anderer Effekt ist erheblich bedenklicher.

Als wir in der besagten Gruppe einmal zwei ähnlich gelagerte Targets zur gleichen Zeit bearbeiteten, stellten wir hinterher fest, dass es „Einstreuungen" gegeben hatte. Obwohl eine Gruppe in dem zweiten Raum gearbeitet hatte, der durch eine Tür schalldicht abgetrennt war, brachte der Viewer ganze Abschnitte von Daten, die bei genauer Betrachtung nur dem anderen Target zugeschlagen werden konnten. Es handelte sich aber, wie gesagt um ähnliche Targets aus dem Bereich „Freie Energie". Damit war sozusagen das Rahmenfeld gleich. Da aber beide Targets unterschiedliche Prinzipien und Geschwindigkeiten der gewonnenen Energie enthielten, konnte man deutlich herausarbeiten, dass hier der Viewer von einem anderen, den er weder sah noch hörte, „abgeschrieben“ hatte. Bei unterschiedlichen Targets, wo man sehr leicht hätte diesen Effekt ablesen können, trat er, meiner Erinnerung nach, nie auf.

Es ist aber ein schönes Forschungsgebiet, das Sie gern weiter beobachten können. Vielleicht bekomme ich mal Rückmeldungen zu diesem Thema.

Für Gruppen von fünf Mitgliedern empfehle ich selbstverständlich auch nur zwei Targets. Übernehmen Sie sich nicht! Lassen Sie lieber mal pausieren! Das Tolle hier ist doch, dass Sie bis zu vier Viewer an einer Aufgabe zu sitzen haben!

Sind sechs Menschen anwesend und willig, Remote Viewing zu betreiben, können Sie gern drei Targets gleichzeitig bearbeiten. Im besten Fall fünf Viewer geben natürlich eine Betriebssicherheit her, die auch bei extremen Aussagen eine konkrete Antwort an Fragesteller zulässt. Außerdem wird das Umfeld eines komplexen Targets durch die verschiedenen Viewer von mehreren Blickwinkeln durchleuchtet, sodass oft die eine Aussage die eines anderen Viewers stützt und erklärt.

Man kann sich aber auch entscheiden, nur ein Target abzuarbeiten und gleichzeitig drei Gruppen dranzusetzen. Das gibt dann im ersten Durchgang schon drei Sessions auf das eine Zielgebiet und man kann in einer Gruppe von Monitoren diskutieren, wie man weiter vorgeht, um die Viewer dann noch einmal „darauf laufen lassen“, wie es im RV-Jargon so blumig heißt. Natürlich wird das Target erst aufgelöst, wenn genügend Sessions vorhanden sind. Die letzte Variante ist das typische Sonntagnachmittags-Ereignis, wie wir es auch in Berlin betrieben haben. Nach zwei Durchgängen (und mehr sollte man am Tag auch nicht unbedingt machen wollen) gibt es zu einem Thema eine Fülle von Material und man kann, zur Befriedigung der Viewer, dann auch das Target auflösen und gemeinschaftlich am Abend bei einem entspannenden Gläschen die Ergebnisse besprechen.

Mit etwas Erfahrung vermögen Sie vor einer Einteilung der Gruppe abzuschätzen, wie viel Viewer Sie unbedingt für ein Target benötigen. Überraschungen sind natürlich nicht ausgeschlossen. Und für den Fall, dass es nicht klar herauskam, fühle ich mich noch verpflichtet, Viewer in Schutz zu nehmen, *die wirklich nur viewen und nicht Monitor spielen* wollen. Als Monitor muss man die Methode schon einigermaßen perfekt überschauen, während der Viewer sich im Team auf seine Funktion als einfacher Datenlieferant, dem auch alles egal sein muss, zurückziehen kann. Machen Sie keinen Stress in der Gruppe aus diesen Gründen! Der Solo-Viewer hat sich eben für sein Problem auch selbst entschieden.

Machen wir uns also an die Beantwortung der zweiten Frage: Welches Target soll geviewt werden?

Es liegt mir in jeder Hinsicht fern, Ihnen Vorschriften machen zu wollen, welche Targets Sie viewen sollen, möchte aber einiges zu bedenken geben, das in Ihre Entscheidungsfindung und besonders in die Diskussion mit den beteiligten Viewern eingehen sollte.

Zunächst noch einmal der Hinweis: wenigstens am Anfang keine Mythologie, Theologie, Ufologie, vermisste Personen und zukünftige globale Ereignisse. Auf die Gefahr, mich zu oft zu wiederholen: Den ersten drei Bereichen sind Sie in vielerlei Hinsicht nicht gewachsen. Fragen Sie Remote Viewer, die es bereits hinter sich haben, wenn Sie genau wissen wollen, warum. An dieser Stelle nur: Es wird Sie überfordern.

Ähnliches, nur in rein emotionaler Hinsicht, gilt für vermisste Personen, besonders für vermisste Kinder. Bitte auch keine Konzentrationslager totalitärer Systeme. Oder die Auswirkungen des Erdbebens XY oder des ICE-Unglückes, etc.

Zukünftige globale Ereignisse werden Sie mit Daten überschwemmen und Sie werden den Zusammenhang kaum herstellen könne.

Ja, was soll man denn dann viewen? Das war doch das Spannende, was man nachsehen wollte. Etwas Geduld bitte. Ein einzelner kleiner Sammler wird sich auch kaum daran machen, das Bernsteinzimmer zu rekonstruieren. Überschaubare Themen sind angesagt, nichts Globales, am besten Ziele, die auch mit Bildern belegt sind, um eine gewisse Kontrolle zu haben.

Wenn wir uns jetzt den „operationalen Targets" nähern, dann mit Überblick. Die bisherigen „Trainingstargets" haben sich dadurch ausgezeichnet, dass alle wichtigen Dinge zum Zwecke des Feedbacks entweder auf einem Foto vorhanden waren oder durch die Auskunft eines Zeugen belegbar waren. Jetzt begeben wir uns vorsichtig auf das Terrain der wenig bis gar nicht mehr bekannten Inhalte, deren Beschaffenheit wir nur durch mehrfache Beschreibung (mehrere Leute, mehrere Sessions) als gesichert annehmen können. Deshalb sollten die ersten „operationalen Targets" einigermaßen nachvollziehbar sein.

Wappnen Sie sich aber auf jeden Fall für Überraschungen wie auch Enttäuschungen. Verschwundenes, auch wenn es nur Dinge sind, lassen sich schon orten, es kann aber sein, dass gerade der Umstand, dass sie als verschwunden gelten, sie auch sozusagen unauffindbar macht. Es gibt als Beispiel inzwischen mehrere Tresorschlüssel-Geschichten, die nicht so einfach ausgingen, wie man es gewünscht hätte. Einmal befand sich der Schlüssel in einem Geheimfach, das mit einer Renovierungsaktion samt Schlüssel auf dem Müll landete (und zwar vor dem Zeitpunkt, an dem er gebraucht wurde, denn der Tresor ging eigentlich mit einer Zahlenkombination zu öffnen). Ein anderes Mal befand er sich in einer Kiste in einem Schrank, dessen Schlüssel ebenfalls verschwunden war. Letzteres können Sie in dem Buch „Die Bar am Ende des Universums" nachlesen, einer Zusammenstellung von Ergebnissen und Diskussionen der Arbeit von deutschen Remote Viewern.

Sehr wichtig für ein gut laufendes Projekt ist auch die Targetformulierung. Im Allgemeinen kann man hier einiges an Wegstrecke abkürzen, was zu Zeitersparnissen führt.

Im ersten Teil des Lehrbuches haben wir Formulierungsfeinheiten schon angesprochen. Deshalb möchte ich mich auf die einfachen Regeln in dieser Frage nicht noch einmal einlassen. Es ist klar, dass man Zeitpunkt und Blickwinkel für den Viewer präzisieren und auch das Zielgebiet so weit wie möglich eingrenzen muss, um sich nicht schon hier zu verirren. Wichtig ist darüber hinaus, dass man keine Annahmen, Ungereimtheiten und Phantasieeindrücke mit hineinnimmt. Sie wissen ja, wie man in den Wald hineinruft, so schallt es heraus. Volksmund ist immer eine wunderbare Quelle für Kommentare von Gesetzmäßigkeiten.

An dieser Stelle ist es vielleicht angebracht, sich Gedanken über sinnvolle Formulierungen zu machen. Die Eingrenzung oder Ausrichtung von Targets hängt einsichtigerweise mit der Methode zusammen, mit der man das Target bearbeiten kann oder will, Solo, als Paar oder als Gruppe.

Solotrainierende müssen hier ganz besonders aufpassen, da sie im Laufe der Session sehr schlecht entscheiden können, ob ein sich eröffnender Weg auch lohnt. Sie müssen dann die ganze Datenflut abarbeiten, meist in mehreren Sessions. Die Formulierung „Der Verlauf des Krieges in XYZ" ist deshalb sehr ungeeignet. Der Viewer wird die größten Probleme haben, die Fakten richtig einzusortieren. Im Prinzip wäre er ohne Anwendung mehrerer Stufe-6-Werkzeuge verloren. Da wir an dieser Stelle diese Werkzeuge auch noch nicht behandelt haben, gilt dieser Rat für alle Leser. Ich musste in meiner „Laufbahn" als Remote Viewer öfter feststellen, dass eine Rückkehr zu den Wurzeln am sichersten ist. Und das bedeutet hier genau das, womit die ganze Remote Viewing-Forschung einmal begann: ein Ort zu einer Zeit, Beschreibung!

Wie kann man einfach und ohne Vorannahme oder Phantasieeinstreuung herausbekommen, ob es in der Zukunft Krieg im eigenen Wohngebiet geben wird? Ganz klar: dieser Ort zu einer Zeit, der für den eigenen Bedarf weit genug in der Zukunft liegt, und Beschreibung durch den Viewer!

Wenn drei bis vier Viewer aussagen, da wäre alles ganz normal, da stünden Häuser und wohnten Menschen drin und die Menschen gingen ihren täglichen Verrichtungen nach und die wären auch ganz unspektakulär (kann man in Stufe 4 prima herausarbeiten), ja, dann kann man davon ausgehen, dass mindestens bis dahin kein Krieg ausbricht. Oder eine verheerende Überschwemmung über das Land hereinbrach. Oder der Himmel herunterkam, entweder in Form eines Kometen oder Meteors oder nur als Wolkenbruch, Vulkanasche und was es noch an unerfreulichen Niederkünften mehr gibt.

Sollte dieses Ereignis in einer Session trotzdem auftreten, obwohl es in keiner Weise im Target vorgegeben war, kann man mit Stufe 4 und 5 die Gründe dafür und die Folgen davon aufdecken. Aber bitte: machen Sie mehrere Sessions auf dieses Target und bemühen Sie sich, Ihre eventuellen Verdachtsmomente nicht in der Session keimen zu lassen! Erst wenn mehrere Viewer zu den gleichen Ergebnissen in solch spektakulären Fällen kamen, kann man davon ausgehen, dass es eine gute Chance gibt, dass das Ereignis auch eintritt.

„Warum nun mehrere Viewer und mehrere Sessions?“ werden Sie an dieser Stelle vielleicht fragen: „Ist Remote Viewing so schlecht?“ Nein, der Viewer ist es, und er ist auch nicht schlecht, sondern anfällig gegenüber bestimmten Einflüssen.

Stellen Sie klar, dass in einem Projekt keinerlei Tagesereignis bearbeitet werden soll, kein aktueller Krieg, keine heimische Wirtschaftskrise, nichts, was im Tagesgeschehen die Gemüter erregt, und wenn, lassen Sie es die Viewer schon unter „PI“ abarbeiten. Wenn ein Viewer das aktuelle Geschehen auf der Welt oder im Land mit Interesse verfolgt, wird er mit seinem halb heruntergefahrenen Wachbewusstsein schnell annehmen, genau das wäre jetzt das Thema, was denn sonst? Wenn mehrere, am Geschehen unbeteiligte, also desinteressierte Viewer auf einem Target liefen, kann man eine gute Schnittmenge bilden, in der die Daten nicht von eigenen Ängsten und Erwartungen Einzelner geprägt sind. Es ist Ihnen sicher klar, dass diese Umstände in AULs zum Tragen kommen würden. Aber wenn der Viewer eines verschweigt, wenn Sie etwas nicht beachten oder wenn ein AUL nicht vollständig abgearbeitet wurde, und Sie alles dies als Monitor nicht bemerkt haben, dann kann man dem Sessionergebnis auch nicht vollständig trauen. Wobei das Problem des Engagements durchaus auch beim Monitor liegen kann, besonders wenn es um heikle persönlich betreffende Themen geht. Ich erinnere mich an ein Target, das ich an jemand weit weg von mir weitergab, weil ich mich allzu sehr betroffen fühlte. Es handelte sich um einen geschäftlichen Vorgang, der aufgrund einer Unachtsamkeit meinerseits teuer werden konnte, d.h., ich konnte mich nicht mehr erinnern, ob ich diese Unachtsamkeit begangen hatte, oder nicht. In Sorge darum, dass mir der Lapsus tatsächlich passiert sein könnte, machte ich mich und meine Umgebung verrückt, unnötig, wie sich herausstellte. Der außenstehende, desinteressierte Viewer schrieb: „viel Rauch um Nichts!“ Da war ich beruhigt, und es stellte sich einen Monat später heraus, dass ich tatsächlich doch keinen Fehler gemacht hatte. Aber die Ungewissheit fraß mich auf. Nun, wozu gibt es Remote Viewing? Es ist nur so, dass man es richtig benutzen muss.

Deshalb sollten eigene Probleme möglichst von einem fremden Team bearbeitet werden, wenn der Verdacht besteht, dass es heikel werden könnte, oder man sich sowieso schon Sorgen macht. Dem Umstand, dass fremde Leute zu wenig über Ihre persönlichen Gegebenheiten wissen, können sie mit dem Hinweis an den Monitor, dieses oder jenes Werkzeug anzuwenden, klug umschiffen. Was der Viewer schrieb oder sagte, ist zu lesen oder vielleicht auf einem Video zu sehen und zu hören.

Deshalb ist es auch sehr problematisch, sozusagen unter den Augen der Öffentlichkeit zu arbeiten, weil man versprochen hat, auf eine bestimmte Frage eine Antwort zu haben! Unter diesem Druck kann auch ein guter Monitor versagen und sich Fehlinterpretationen einschleichen.

Und noch eine Gefahr, dass die Öffentlichkeit das Sessionergebnis beeinflussen kann, gibt es und sie kommt besonders in der Stufe 4 zum Tragen: wenn der Viewer in Stufe 4 in der „EI“-Spalte eben die öffentliche Meinung rezitiert, muss klar sein, dass es die öffentliche Meinung ist, und kein Faktum.

Aber, wie Buchanan sagt, in solche Gefahren kann man sehr schnell geraten, auch, wenn man aufpasst. Eine „öffentliche Meinung“ hat eine Menge Personen als Informationsträger. Deshalb besser schon bei der Targetformulierung darauf achten, dass sich dieser Ablauf nicht einstellt.

Im Prinzip können Sie alle Targets, die mit Stufe 4 und 5 gut zu erarbeiten sind, durch die kluge Wahl eines Ortes zu einer Zeit und der diesbezüglichen Beschreibung zur Zufriedenheit aufklären. Wenn Sie Verläufe aufklären wollen, beispielsweise für eine

Person, damit also den Lebensweg für einen bestimmten Zeitraum, nehmen Sie sich die Person am Ende dieses Zeitabschnitts als Zielgebiet.

Viele Viewer behaupten, dass genau hier Remote Viewing die höchste Präzision und sinnvollste Anwendung liefert. Wir greifen einen beschränkten Zeitraum und ein eng begrenztes Feld heraus, und gerade über dieses Feld sind auch am meisten Informationen vorhanden. Wir benötigen kein Photo, die entsprechende Person wird uns die Informationen herausgeben.

Demgemäß formulieren wir also: „XY als Person zum Zeitpunkt YZ“ und bekommen eine Zustandsbeschreibung des Menschen oder: „Die Situation der Person XY zum Zeitpunkt YZ“ und bekommen einen Zustand, in der ein Mensch als Handlungsträger in Stufe 4 auftauchen sollte.

Und für den eingangs erwähnten Krieg irgendwo auf der Welt können Sie das Resultat abfragen: „Die Situation am Ort XY zu Zeitpunkt YZ nach dem offiziellen Waffenstillstand“. Sie haben dann noch die Möglichkeit, unter IT weitergehende Entwicklungen und Aussichten abzufragen. Aber bitte, richten Sie sich bei solchen Targets darauf ein, dass viele Tote im Ergebnis vorkommen. Da müssen Sie durch, wenn Sie ein derartiges Target wählen.

Dass es gar nicht lustig werden kann, darauf müssen Sie sich auch bei allen anderen Zukunftstargets einstellen. Ich verwende hier so viel Platz für diese Art von Targets, weil sie am Anfang hauptsächlich Inhalt von ersten Projekten sind. „Wie wird es mir im nächsten Jahr ergehen“, ist da eines der meistgenannten Zielgebiete. Da aber die Zukunft nur in bestimmten Grenzen festgelegt ist, samt und sonders durch die quantenmechanisch begrenzte Zahl der Entwicklungsmöglichkeiten von jetzt bis dorthin determiniert, ist es angeraten, auch hier in der Targetformulierung vorzusortieren. Wählen wir „die Person XY zum Zeitpunkt YZ“ kann es durchaus vorkommen, dass der Viewer in die unangenehmste Variante gerät, und zwar deshalb, weil sie emotional am stärksten ist und der Viewer deshalb förmlich „hineingesaugt“ wird.

Viewer „fliegen“ auf Emotionen. Natürlich könnten wir am Ende der Session noch versuchen, festzustellen, wie wahrscheinlich das Ganze ist, aber dann haben wir viel Arbeit damit und eine ganze Session schon hinter uns. Besser ist es, den beabsichtigten Inhalt in die Formulierung zu übernehmen, aber eben vorsichtig und angemessen.

So also schreiben wir: „die Situation der Person XY nach einem für sie optimalen Schicksal zum Zeitpunkt YZ“ und versuchen dann, sozusagen von diesem Punkt in der Wahrscheinlichkeit herunter zu unserem jetzigen Standpunkt schauend, zu ergründen, welche Faktoren für diese Situation verantwortlich waren. Wir können auch die „Ebene der größten Wahrscheinlichkeit“ mit hineinnehmen. Alle diese Begrenzungen beeinflussen nicht die Daten im Sinne einer Qualität, wir begrenzen nur quantitativ.

Wir wählen einen Ausschnitt aus dem Komplettangebot des Universums aus, der uns nutzt und mit dem wir umgehen können und wollen. Dass man nachher die Gelegenheiten ergreifen muss, die angesagt wurden, und zwar, wenn sie kommen, ist eine logische Konsequenz. Die Erwartungshaltung, dass sich angesagte „optimale Chancen“ von alleine ausarbeiten, während man fAUL vom Lehnstuhl aus zusieht, ist offensichtlich nicht wirklich vom Erfolg begünstigt, soviel kann ich aus der bisherigen Praxis mit Remote Viewing auch bestätigen. Vielleicht hätte man dann formulieren sollen: „die optimale Entwicklung für mich, obwohl ich nichts dazu beitragen werde“. Der Reichtum des dann folgenden Angebots wäre ein schönes Forschungsthema, das aus verständlichen Gründen bisher noch kaum bearbeitet wurde.

Targets dieser Art nennt man gemeinhin „virtuelle Targets“ im Gegensatz zu „realen Targets“, das sind solche, die man tatsächlich sehen und anfassen kann. Manche Targets sind real, auch wenn man sie nicht anfassen kann. Eine Sonne im Sternbild XXX ist sehr real, jedenfalls behaupten unsere Astronomen das. Ein Viewer wird aber weder sie noch einen möglichen Planeten je anfassen können, was auch für unsere eigene Sonne und die Planeten unseres Systems gilt. Wir können aber auf „normalem“, vielleicht nur messtechnisch zu lösendem Weg Informationen über das Zielgebiet bekommen. Deshalb ist es ein reales Target.

„Sie liebt mich/sie liebt mich nicht" ist dagegen ein virtuelles Target. „Die Person XY zu Zeitpunkt der Session und ihre Einstellung zur Person YZ" wäre in diesem Sinne eine probate Targetformulierung. Solche Targets können durchaus bearbeitet werden, auch wenn man auf eventuelle Enttäuschungen gefasst sein und sehr darauf achten muss, dass die AIs des Viewers klar genannt werden und außen vor bleiben. Und der Viewer sollte sich dann entgiften, „to detox", wie Buchanan es nennt.

Wenn Sie Personen viewen, gibt es natürlich moralische und ethische Grundsätze. Es herrscht eine Diskussion unter den Remote Viewern, wobei die eine Seite die Meinung vertritt, dass man generell niemanden ohne seine Erlaubnis viewen dürfen sollte. Das ist ein sehr ehrenwerter und auch in jeder Hinsicht vertretbarer Standpunkt, der in praktischer Hinsicht auch durch das Bürgerliche Gesetzbuch und das Grundgesetz der Bundesrepublik Deutschland getragen wird. Das Abhören von Gesprächen ist generell nicht erlaubt, die privaten Räume einer Person sind, wie die Würde des Menschen, unantastbar. Das steht schon so ähnlich auf der Berliner Freiheitsglocke im Schöneberger Rathaus.

„Naja", sagt dazu wahrscheinlich jeder Leser, „Papier ist geduldig." Wie wir alle wissen, werden diese Grundsätze selbst durch staatliche Instanzen nicht eingehalten, mit dem Unterschied zum gemeinen Bürger, dass hier einfacher eine Legitimation gefunden werden kann und wird, egal, wie wackelig sie ist.

Deshalb wäre es völlig albern, hier den mahnenden Zeigefinger des Heiligen zu heben. Es ist nicht zu verhindern, dass Leute, die Remote Viewing gelernt haben, diese Technik auch ausüben. Und zwar ohne Rücksichtnahme auf irgendjemanden, auch nicht auf sich selbst.

Wenn ich hier etwas zu diesem Komplex sagen kann, ist es Folgendes: andere Personen, und insbesondere deren inneren Status zu viewen, ist nichts Besonderes. Es gibt nur ein paar Probleme, auf die Sie stoßen werden.

1. Sie werden wegen der Ähnlichkeit der Daten auch viel von der eigenen Einstellung mit hineinbringen und die beiden Datenströme schwer voneinander trennen können.

2. Sie können in der „EI"-Spalte in die Welt der anderen Person hineingesaugt werden und die geviewten Daten als eigene Einstellung übernehmen.
3. Das menschliche System ist ein sehr stabiles, sonst hätte es nicht all die Millionen von Jahren überdauert und sich weiter entwickelt. Es hat auch einen Selbstschutz. Auch in früheren Zeiten, als „Magie" noch intensiver betrieben wurde, konnte nicht tatsächlich und umfangreich auf diese Art eine entscheidende Macht ausgeübt werden. Bei genauerem Hinsehen war es auch eine Mischung aus Menschenkenntnis und Einschüchterung, also Psychologie, die maßgeblich mitbeteiligt war.
4. Wenn Sie auf ein anderes System stoßen, kann es sein, dass das fremde System das stärkere ist.
5. Die geviewte Person kann Ihr Eindringen bemerken.
6. Es ist tatsächlich ziemlich langweilig, was der Nachbar im Kochtopf hat.

Damit habe ich jetzt keinesfalls der Unmoral Tür und Tor öffnen wollen. Wie gesagt, alles, was geht, wird auch ausprobiert. Das ist nicht zu verhindern. Ich möchte allerdings ausdrücklich sagen: „Bitte, schön, lieber Gerade-mal-Freischwimmer, dort ist der reißende, wilde Fluss. Und jetzt spring rein und viel Spaß, mal kucken, ob du da wieder rauskommst!"

Neugier bringt die Katze um. Das ist schon in Ordnung so.

Viele Leser erwarten, dass ich auch zu bestimmten realen Targets Stellung nehme, die nicht in den Bereich des Unwägbaren gehören, aber einen unheimlichen Beigeschmack haben. Da wäre als Erstes der Mond. Es gibt viele Berichte, Photos und Mutmaßungen über eine Alienpräsenz dort. Wenn Sie dieses Target unbedingt abarbeiten (lassen) müssen, befleißigen Sie sich bitte einer neutralen Formulierung. „Die Alienbauten auf dem Mond" ist völlig unzweckmäßig, das haben wir schon besprochen. „Die wichtigste (größte, bedeutendste) Struktur (Formation) auf dem Mond zum Zeitpunkt der Session." Das würde ich für eine unverfängliche Wortkombination halten.

Immerhin kann es Ihnen passieren, dass der Viewer auch ohne Alienkontakt Angst kriegt, vielleicht, weil er doch zu sehr „on Target" ist und im Vakuum keine Luft kriegt. Seien Sie auf jeden

Fall bereit, als Monitor den Viewer sofort aus der Session herauszuführen.

Dagegen sind von Astronomen neu entdeckte Planeten um irgendwelche, weit entfernte Sonnen ein gutes Projektziel. Weil diese Planeten sehr groß und auch sonst mit sehr extremen Bedingungen gesegnet sein müssen, um heutzutage von Astronomen anhand von Bahnschwankungen und Verdeckungen aufgefunden werden können, wird es dort kaum etwas Aufregendes wie z.B. Leben zu finden geben.

Die Liste der unerquicklichen Targets, auf die ich immer angesprochen werde, hat aber auch durchaus irdische Vertreter und es kann auch sein, dass knallharte Fakten zugrunde liegen, die man durchaus ermitteln könnte.

Der Mord an John F. Kennedy ist solch ein Target, das unter Vorbehalt zu empfehlen ist. Nicht nur die emotionale Komponente ist strapaziös. Auch die Ursache ist sehr komplex und möglicherweise werden Sie eher aus Verschwörungstheoriebüchern abschreiben, weil diese interessanter sind.

Viele Ihrer Ermittlungen werden Ihnen ohnehin nichts nützen, weil die offiziell vertretende Meinung bestimmte Erkenntnisse nicht zulassen kann. Außerdem leben wir immer noch in einem Zeitalter, in dem der Stärkste kontrolliert, was über seine Taten gesagt wird, auch wenn sie gegen jedes Recht verstoßen. Gesetzbücher sind, aber das wissen Sie ja selbst, in bestimmten Fällen auch heute (oder gerade heute?) reine Makulatur, daran wird auch ein Remote Viewer oder eine Gruppe davon nichts ändern. Das wird noch einige Jahrzehnte dauern.

Ich hoffe, dass ich Ihnen bezüglich sinnvoller Targetformulierung einen Eindruck geben konnte, welchen Weg man hier beschreiten sollte. Es ist völlig unmöglich, in Form einer klaren Anweisung allen Targets gerecht zu werden, wovon ja auch dieses ganze Buch geprägt ist. Die Welt ist zu vielfältig, um für jeden Fall eine Regel vorab zu formulieren.

Kommen wir abschließend zum körperlichen Einsatz eines Remote Viewers. Besonders am Anfang werden Sie merken, wie anstrengend Sessions sein können, und manche besonders. Deshalb muss man ausdrücklich sagen: Machen Sie Pausen! Brennen

Sie sich nicht aus oder leer. Entspannungsübungen zwischendurch sind sehr gut, raus an die frische Luft, mal eine halbe Stunde Spazierengehen oder entspannt in der Sonne liegen ist geradezu Pflicht.

Und drei Sessions sind das Maximale, was man pro Tag einem Viewer zumuten sollte. Nun, Sie werden es selbst merken, in der dritten lässt die Konzentrationsfähigkeit sichtbar nach. Ja dann: Koordinaten vergeben und los! Die besten Erkenntnisse kommen in der selbst erfahrenen Praxis.

13. Kapitel: Projektauswertung und Zusammenfassung

Schon nach der ersten Viewer-Runde in einem Projekt gibt es meist eine Datensammlung, die durch einige Übereinstimmungen und gerichtete Aussagen ein veritables Bild zeichnet. Viele Projektleiter hat das schon dazu animiert, sich jetzt schon konkret zu den Ergebnissen zu äußern. Das war manchmal etwas vorschnell, wie man später feststellen musste. Deshalb empfehle ich auf jeden Fall eine zweite Runde, auch wenn man beispielsweise schon drei oder vier Sessions auf das Thema gemacht hat und die Ergebnisse derart frappant sich überschnitten, dass eine gewisse Euphorie nicht zu verhindern war.

Beginnen wir aber mit der Auswertung und dem ersten Überblick. Nehmen wir an, dass es sich um ein Target handelt, wie hier beispielsweise um ein Vergnügungs-Fahrgeschäft, das auf seinen geschäftlichen Erfolg hin überprüft wird und ob es zum Ende der Saison noch in Betrieb sein wird. Wir haben von Beginn an eine Menge Informationen über dieses Ziel, anhand derer wir sehr gut feststellen können,

a) ob der Viewer on Target war
b) und ob es schwierig wird, die Wahrscheinlichkeit der zukünftigen Entwicklung befriedigend zu erfassen.

Die Beschreibungen der Viewer können an vorhandenem Bildmaterial abgeglichen werden. Das Target ist sehr eindeutig durch Form, Farbe und Bewegung definiert. In Stufe 4 können wir Sinn und Zweck sowie Art der Benutzung und der Benutzer feststellen. Betrachten Sie zwei Beispiele aus von Sessions auf unterschiedliche Targets. Eines davon ist unser Buchtarget, die Drachenbahn. Die grundsätzlichen Aspekte sollten vom Viewer auch genannt werden, wenn das Target sich z.B. etwas in der Zukunft, nämlich Mitte Oktober des Jahres XY, befindet. Das andere Target ist ein Spaceshuttle in einer Umlaufbahn um die Erde.

Stellen Sie fest, welche Gemeinsamkeiten mit dem Target bestehen und wie viele Daten jeweils zutreffend sind.

Wir können das genauso schon für eine Stufe 2 anstellen, werden dort aber wegen der noch geringen Trennschärfe mehr beidseitige Zuordnungen haben. Dennoch sind auch hier schon eindeutige Zuordnungen möglich.

Wir können hier einen Abgleich mit den Bildern machen und dem, was wir von der Bahn wissen und uns auf der sicheren Seite fühlen. Wenn wir keine Bilder haben, wird die Übereinstimmung nur durch die gemeinsamen Aussagen der Viewer gestützt.

Man sieht insgesamt, ob der Viewer das Target erfasst und zum angegebenen Zeitpunkt als intakt befand.

Das vorliegende Target könnten wir auch so angehen, indem wir zunächst die Drachenbahn zum gegenwärtigen Zeitpunkt oder zum Zeitpunkt der Aufnahme viewen, von dem wir sichere Aussagen machen können, nämlich, dass sie so existiert(e), wie auf den Bildern zu erkennen. Die Untersuchung der zukünftigen Beschaffenheit ist dann als Bewegungsübung durchführbar und wir können die hier anschließende Stufe 4 uferlos ausbauen, bis das Zeitlimit der Session erreicht ist. Auch an dieser Stelle ist die Bezugnahme auf die zuerst ermittelten Eindrücke zu überprüfen.

Wenn wir feststellen, dass irgend etwas Außergewöhnliches passiert sein muss, um den neuen Status zu erreichen (es muss nicht gleich die völlige Zerstörung oder Nichtexistenz sein), können wir verdächtige Begriffe mit einer Stufe 5 auseinandernehmen und auch untersuchen, ob hier der Einfluss von nicht überwundenen AULs eine Rolle spielt. Beispielsweise kann der Viewer privat gerade mit der Lektüre einer Nostradamus-Entschlüsselung beschäftigt sein, die selten ein gutes Haar am Ausgang aller menschlichen Aktivitäten lässt. Verdächtig wird eine negativ angezeigte Entwicklung dann, wenn sie von den anderen Viewern mitgetragen wird.

SEITE 6
STUFE 4

S	D	Ai	Ei	T	IT	AuL	AuL/S
SILBER							
LAUT							
SCHNELL							
HEISS							
EXPLOSIV							
ENG	HOCH						
	LANG						
	ZEITLICH VERSCHWUNDEN + WIEDER DA						
	WEIT WEG						
		ICH BEOBACHTE.					
			"KOMISCHES ESSEN" SPANNUNG ARBEIT				
				METALL "NICHTS"			
					FORSCHUNG		
						LABOR	

Ai: INTERESSANT, ABER SIEHT VON AUSSEN IMMER GLEICH AUS

SEITE 6
STUFE 4

S	D	Ai	Ei	T	IT	AUL	AUL/S
LAUWARM							
LACHEN							
BUNT							
RASANT							
HART + WEICH							
	UNTEN + OBEN						
	IMMER WIEDER						
	AUSSEN						
		FREUE MICH					
			SPASS				
			KINDLICH				
				PLASTIK			
				SITZE			
					TOURISMUS		
					UNTERHALTUNG		
						KARUSSELL	

Ai: WILL DA AUCH MITMACHEN

Bild zum Target „Drachenbahn“ zum Vergleich

Halten wir also fest: In unserem Übungsprojekt führen wir zunächst einen Abgleich jeder Session mit den bekannten Daten durch. Praktisch sind dafür natürlich Zusammenfassungen, die ein Viewer am Ende einer Session macht sowie die Anmerkungen des Viewers, welche Daten er selbst für sicher hält.

Für diesen Abgleich haben wir durchaus eine formale Struktur, nämlich die, die das Protokoll selbst vorgibt. Es gibt von annähernd jedem Trainingsinstitut in den USA Validierungsformulare, die sich aus gutem Grund in dieser Art sehr ähnlich sehen.

Wenn wir unser Sessionergebnis derartig überprüfen und vergleichbar machen wollen, können wir uns einen Vordruck fertigen und kopieren, damit er jeweils wie ein Formular ausgefüllt wird.

Dafür stehen ganz konkret die Kategorien der Stufen 2 und 4 zur Verfügung, wobei wir die Aufschlüsselungen sämtlicher bekannter Protokolle heranziehen sollten, um in unserem Raster möglichst nichts zu vergessen.

Das würde dann so aussehen wie die Tabelle auf der nächsten Seite, wobei noch jeder Eindruck einzeln eingetragen werden kann.

Allgemeine Bewertungstabelle für Trefferquote

Eindrücke aus:	richtig	falsch
Stufe 2, Farben		
Stufe 2, Oberflächen		
Stufe 2, Gerüche		
Stufe 2, Geschmäcker		
Stufe 2, Temperaturen		
Stufe 2, Geräusche		
Stufe 2, Dimensionen		
Stufe 4, sensorische Daten		
Stufe 4, dimensionale Daten		
Stufe 4, emotionale eigene Daten		
Stufe 4, emotionale fremde Daten		
Stufe 4, Anfassbares		
Stufe 4, Funktionen, Wirkungen		

Diese Tabelle lässt sich, je nach Zweck in mehrfacher Hinsicht ausfüllen. Wollen wir nur wissen, „wie gut" wir waren, können wir eine Strichliste aufstellen mit den drei Kriterien: „mit den Targetinformationen übereinstimmend (=richtig)", „mit dem Wissen um das Target nicht übereinstimmend (=falsch)" oder „nicht überprüfbar".

Wollen wir wissen, welche Übereinstimmungen mit anderen Viewern bestehen, müssen wir auch die Begriffe aufzählen, die genannt wurden. Es wird letztlich darauf hinauslaufen, dass man für einen Vergleich eine Beziehung aller überprüfbaren Daten eines Viewers (richtig + falsch) in ein Verhältnis zu den richtigen oder falschen Daten setzt, wobei dann eine Art Prozentzahl herauskommt.

Lyn Buchanan schlägt dies in folgender Form vor:

richtig : (richtig + falsch).

Hier noch ein graphischer Vergleich, der zeigt, ob jemand in bestimmten Bereichen Präferenzen hat:

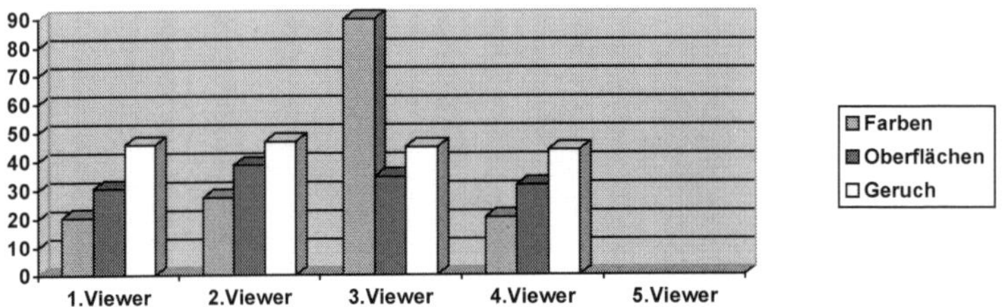

Beispiel: Nehmen wir an, wir haben 48 Aussagen gemacht, die sich anhand des Fotos und der Aussagen von Zeugen überprüfen ließen, und davon wären 30 Angaben richtig, so ergäbe das 30 : 48 = 0,625.

Wenn man möchte, kann man diese Zahl auch als prozentuellen Ausdruck auffassen, das wären dann 62,5 %. Dazu muss man in bekannter Gleichungsregelung nur beide Seiten mit Hundert : Hundert multiplizieren, denn 62,5 % heißt ja 62,5:100, was wiederum 0,625 ist, siehe oben. Grob gesagt hätte dieser Viewer also zu fast zwei Dritteln recht gehabt, was gar nicht so schlecht ist und zwar ein recht „normaler Wert“ für einen Viewer, dennoch ein Ergebnis, das die Wahrscheinlichkeitsrechnung nicht als „normal“ ansehen würde. Nun, deshalb machen wir ja Remote Viewing. (Man kann natürlich auch 18 durch 48 teilen, um zu sehen, wie *schlecht* der Viewer war, das für die Pessimisten.)

Jetzt haben wir also festgestellt, dass der Viewer einigermaßen verlässlich ist. Wir können ihm nun eine Medaille umhängen oder uns um den wichtigen Teil kümmern, nämlich, welche Eindrücke aus seiner Session auch bei anderen Viewern vorkommen. Für diesen Vergleich benötigen wir unbedingt eine Liste der genannten, aber nicht überprüfbaren Daten. Übrigens gehören dazu auch AULs, denn in jedem AUL steckt ein wahrer Kern. Wenn man über ein Target so gar nichts vorher weiß und die erste Sessionrunde nur eine grobe Exploration des damit zusammenhängenden Informationsfeldes sein kann, können AULs weiterhelfen. Man kann ihre Stufe 5-Aufbrechungen vergleichen und Anregungen für eine Umformulierung des Targets für die zweite Viewerrunde erhalten.

Wenn in unserem Fall bei mehreren Viewern das AUL „Rummelplatz, Kirmes, Achterbahn“ vorkommt, ist es schon sehr unwahrscheinlich, dass das Target damit gar nichts zu tun hat, oder?

Wir schreiben also eine Liste aller unüberprüfbaren Daten auf und können auch gerne Striche dahinter machen, wenn ein anderer Viewer den gleichen Begriff ebenfalls genannt hat.

Wenn wir also im vorliegenden Fall der Legoland-Drachenbahn nur Eindrücke der Funktionalität hatten, alle unüberprüfbaren Daten sich nur auf den Betrieb bezogen, den man auf den Bildern nur teilweise sieht, dann ist im Prinzip der Auftrag schon erledigt. Wir wollten ja nur wissen, ob die Anlage im Herbst noch prosperiert.

Treten aber noch andere Daten auf, Begriffe wie „eingesperrt, Überfall, Folter, gefesselt, Zauberer“ auf, sollten Sie dieses Fahrgeschäft schon mal benutzt haben, bevor Sie unnötige Aufregung verursachen. Oder eben das Target für eine zweite Runde nachformulieren.

Die Drachenbahn im Legoland besteht aus zwei Teilen. Zuerst fährt man durch eine unterirdische Welt, voll mit den beliebten Szenen, die aus Hunderttausenden dieser kleinen Bausteine gefertigt wurden, dann geht es hinaus auf die sausende Achterbahn. Die Figuren im unteren Teil der Anlage stellen das Leben in einer mittelalterlichen Burg dar, und das Ganze befindet sich auch in einer sehr schön aufgebauten Burg mit (Lego-) Drachen im Burggraben und sogar einem Restaurant. Eine der dargestellten Szenen ist, wie sollte es auch anders sein, eine Szene in einem Folterkeller, für die lieben Kleinen sehr moderat dargestellt. In anderen Fahrgeschäften sind da viel gruseligere Sachen zu Sachen, da hat auch Disneyland sehr schön nachgerüstet.

Die Harmlosigkeit der Darstellungen sollten einen jetzt aber nicht verleiten, für eine Session ebenfalls anzunehmen, dass immer alles als ungefährlich dargestellt wird. Die Nennung eines Begriffes wie „foltern, Folterkeller, Verließ“ kann bei jedem, nicht nur einem empfindlichen Viewer, zu AI-Reaktionen führen, die dann mit einer Stufe 5 untersucht und abgebaut werden müssen.

Es ist doch so: Ein Target, in dem nichts passiert, in dem außer dem fröhlichen Normalbetrieb eigentlich „nichts los“ ist, kann für einen Viewer sehr langweilig werden. „Wir machen“, denkt er oft, „dieses Remote Viewing doch, um Sensationen herauszufinden! Also suche ich danach.“ Und das tut er dann.

Nachdem er sich an diesen Begriffen ausgetobt hat, wird er vielleicht in einer Stufe 5 mit der Erklärung herausrücken: „Die Szene ist nicht richtig, das ist nur Spiel. Das ist alles so ... zusammengesetzt. Aus ganz kleinen Teilen. AUL: Puzzle!“

Grundsätzlich bietet die EI-Spalte, oder bei Buchanan die SI (side impact)-Spalte eine gute Möglichkeit, in Bedeutungen hineinzufühlen. Dabei sei aber darauf hingewiesen, dass man dies auch vorsichtig zu tun vermag, gemäß der Warnung, dass ein Viewer in starke Eindrücke hineingesaugt werden kann. Der Viewer sollte bei der Übung dieser Spalten, wie überhaupt im ganzen Protokoll, versuchen, vorsichtig „zuzuhören“, was ein möglicher Targetbewohner denkt und fühlt. Es ist durchaus möglich, an dieser Stelle in eine Wechselbeziehung mit dem Target einzutreten, auch in eine unterbewusste Konversation mit jemand im Target.

Das Target „Drachenbahn im Legoland“ ist in allen Ansichten verfügbar, man braucht nur hinzufahren, um die Daten zu überprüfen. Solche Targets finden Sie sicher in Ihrer eigenen Umgebung in ausreichender Menge. Wenn Sie über eine Videokamera verfügen und an einem Urlaubsort etwas ganz Besonderes sehen, nehmen Sie es ruhig von allen Seiten auf! Je mehr Ansichten, desto besser. Machen Sie vielleicht ein kleines Interview mit jemand, der zu diesem Target etwas Besonderes sagen kann, vielleicht seine Geschichte sehr genau kennt. Diese Aufnahmen sind ein unschätzbares Kapital für ein späteres Übungsprojekt im Freundeskreis.

Natürlich interessiert uns viel mehr das, was man nicht sehen kann. Und wo man auch nie im Leben hinkommen wird. Nehmen wir zum Beispiel ferne Sterne. Jeder Remote Viewer startet irgendwann einmal dorthin. Wenn Viewer einen physikalischen Abdruck hinterließen, müsste der Mars schier übersäht sein mit

Fußspuren neugieriger Schnüffler vom Nachbarplaneten. Da könnte kein grünes Männchen ruhig schlafen.

Ingo Swann hat die Planeten unseres Sonnensystems besucht, bevor die Sonden der NASA in ihre Nähe kamen und die physikalischen, chemischen und biologischen Bedingungen sehr präzise und richtig beschrieben. Wenden wir uns deshalb einem viel weiter entfernten Stern zu, nehmen wir ein Target, das viele Lichtjahre entfernt ist. Das muss doch auch funktionieren. Und das wäre auch kein verdächtiges UFO-Target.

Für diesen Fall sollte man sich aus der Liste der Veröffentlichungen in Astronomiezeitschriften eine Sonne heraussuchen, von der man aufgrund von Messungen mit Sicherheit annehmen kann, dass sie mindestens eines Planeten besitzt. Viewen Sie diesen Planeten! Diese Himmelskörper müssen, wenn sie von einem irdischen Astronomen entdeckt werden wollen, ziemlich groß sein. Unsere Erde würde für Beobachter in einigen Lichtjahren Entfernung unsichtbar sein, weil sie aufgrund ihrer geringen Masse kaum zu Störungen des Abbildes unserer Sonne führen kann, auch nicht, wenn sie aus Sicht des Betrachters genau davor vorbeiflitzte. Planeten wie der Jupiter, 1300-mal so groß wie die Erde, haben da schon andere Möglichkeiten, auf sich aufmerksam zu machen.

Die Natur solcher großen Planeten weist meist sehr unwirtliche Bedingungen auf. Ammoniak und Methan führen nicht zur Entwicklung von Leben, wie wir es kennen. Außerdem ist ihre Gravitation sehr hoch, uns ähnliche Lebewesen würden aufgrund ihrer Schwere in sich zusammenbrechen. Auch als UFO-Landeplatz eignet sich so ein Planet nur sehr bedingt und es gibt mit Sicherheit günstigere Stellen in einem Sonnensystem. (Es sei denn, man hat keine andere Wahl, aber die Astronomen vermuten, dass Sonnensysteme mit nur einem Planeten eher die Ausnahme sind.)

So ein Planet ist also sehr geeignet, um ein Remote Viewing Projekt zu üben. Wir haben hier den Fall, dass wir sehr wenig wissen und viel viewen können. Allerdings sind wir nicht ganz ohne Informationen, denn die Astronomen haben durchaus vorgelegt: Mit der Analyse von Spektren und Bewegungseigenarten können sie mit einiger Sicherheit auf bestimmte vorherrschende Gegebenheiten schließen.

Ein Beispiel für solch einen Planeten ist der 1999 mit indirekten Methoden entdeckte Planet, der den 150 Lichtjahre entfernten Stern HD209458 umkreist. Da dort schon ein paar Viewer waren, kann ich dieses Target als „langweilig" im oben genannten Sinne empfehlen. Wichtig ist natürlich der Zeitpunkt in der Targetformulierung.

Hier zunächst die Koordinaten:

248034
408519
209458

„Der Planet, der um HD209458 kreist und 1999 entdeckt wurde. Beschreibe den Zustand im Jahr 1849, als das Licht, das bei der Entdeckung auf die Erde traf, dort ausgesandt wurde."

Möglicherweise wird der Viewer zunächst in einer Sternwarte oder im Hubble-Teleskop landen, das eingesetzt wurde, als bei dem genannten Planeten, einem jupiterartigen Gasriesen, Ende 2001 sogar eine Art Atmosphäre gefunden wurde. Mit einer Bewegungsübung zum Wesentlichen des Targets sollte er aber in dem für die Beobachtung interessanten Raumquadranten auftauchen.

Da die Astronomen bei der Auswertung ihrer Daten fleißig waren, verfügen wir über einige Daten, die wir benutzen können, um festzustellen, wie gut der Viewer „on target" ist. Hier also die Vergleichswerte:

Gasriese Typ „Jupiter" mit 70% von dessen Masse, kreist sehr eng in 3,5 Tagen um seine Sonne und ist tatsächlich optisch wahrnehmbar, da seine Bahn von der Erde aus gesehen genau vor der Sonne verläuft. Dieser Umstand war bei der Untersuchung sehr nützlich: Man konnte das Hubble-Teleskop auf diesen Stern richten und den Planeten direkt beobachten. So entdeckte man, dass er eine Atmosphäre hat. Im spektroskopischen Vergleich zum Licht der Sonne, die nun sozusagen durch ihn hindurchschien, stellte man beim Vorbeilauf als vorhandenes Element zunächst Natrium fest, dessen Licht eine sehr charakteristische Linienstruktur aufweist.

Durch seine Masse und seine Nähe von nur 6,5 Millionen Kilometern bringt der Planet die Sonne HD209458 zum Schwingen. Er ist sehr heiß: Die Temperatur seiner Atmosphäre beträgt etwa 1100 Grad Celsius. Auch die wahnwitzige Geschwindigkeit bei seiner engen Umlaufbahn sollte in einer Session vom Viewer erkannt werden.

Wir haben hier also eine ganze Anzahl von Daten, die zur Kontrolle der geviewten Eindrücke benutzt werden können, obwohl der Targetort so viel weiter entfernt ist als jedes andere Ziel, dass wir auf unserer Erde anpeilen.

Falls Ihnen diese Forschung Spaß bereitet: Mittlerweile wurden über 80 Sonnen ausgemacht, die über mindestens einen nicht strahlenden Begleiter, also einen Planeten, verfügen. Einige darunter könnten sogar Ähnlichkeiten mit unserem Sonnensystem aufweisen, wie der Stern Tau 1 Gruis in 100 Lichtjahren Entfernung. Auch hier wurde zunächst ein jupitergroßer Begleiter entdeckt, der in ähnlicher Entfernung wie dieser in unserem Sonnensystem seine Sonne umkreist. Die Astronomen nehmen heute an, dass es eine Menge Systeme in unserer Galaxis gibt, bei denen diese größeren Planeten außen und die kleineren, wie unsere Erde, innen um ihre Sonne laufen. Auf vielen Internetseiten und in Astronomiezeitschriften finden Sie eine Fülle von Informationen zu diesem Thema, um eigene Exkursionen in die Welt der Sterne zu kontrollieren. Wenn Sie auf ein interessantes System stoßen sollten, lassen Sie es mich wissen.

Zurück zu unserer Erde.

Bei der Auswertung von Sessions in Projekten stützen wir uns also auf die Filterfunktion der gemeinsamen Daten möglichst vieler Viewer. Es gibt aber Daten, die oft nur von einem einzigen Viewer in der Runde gebracht werden, und trotzdem stimmen und u.U. sehr wichtig sind.

Nehmen wir ein Museum, in dem auch ein Restaurant oder Café untergebracht ist. Die meisten Viewer werden den Ausstellungscharakter bringen, die Beschreibung einzelner Exponate und die betreffenden Kunstaspekte. Da diese Eindrücke von allen Viewern getragen werden, beschließen wir, ihnen zu trauen. Einer der Beteiligten bringt aber „Essensgeruch, Kaffee, Leute, die sitzen und sich unterhalten, Klappern wie von Geschirr etc." Müssen wir diese Daten aus unserer Zusammenfassung entfernen?

Es hat sich immer wieder gezeigt, dass es für die Durchführung und Auswertung von Projekten günstig war, wenn Monitor und Auswerter auch etwas über den Viewer wussten und schon einmal miteinander gearbeitet hatten. Wir erinnern uns an das ERV-Protokoll: Hier werden Wahrnehmungstypologien angesprochen, die auch in der NLP-Anwendung Beachtung finden.

Neben den visuellen und auditiven Typen gibt es auch die kinästhetischen Typen, für die Geschmacks- und Geruchseindrücke sehr wichtig sind und auch beim Viewen im Vordergrund stehen. Es ist recht interessant, die eingangs erwähnte Untersuchung der Treffergenauigkeit zu machen. Wie in dem Schaubild dargestellt, können damit auch bestimmte Viewertypen erkannt werden, wie in diesem Fall solche, die viele stimmige Angaben im Geruch/Geschmack- und Fühlbereich gemacht haben.

In einem Fall wie dem genannten Museumstarget könnte man für die zweite Runde nachformulieren: „Andere Funktionen des Gebäudes, in dem das Museum untergebracht ist." (Vorausgesetzt, es ist bekannt, dass es sich um ein Museum handelt.) Aufgrund der Tatsache, dass ein Viewer in der zweiten Session auf dasselbe Target tiefer einsteigt, dürfen wir erwarten, dass neben den Hauptaspekten des Targets nun verstärkt die Nebenaspekte genannt werden. Generell ist die Anzahl der Sessions, die ein Viewer auf das Target machen darf, nicht begrenzt, um es einmal deutlich zu sagen. Das Target sollte nur zwischenzeitlich nicht aufgelöst werden und hartnäckige AULs konsequent abgearbeitet werden.

Wahrscheinlich wird es nicht mehr als vier Sessions geben, bis der Viewer völlig die Lust an dem Target verloren hat und es zu Auseinandersetzungen mit dem Monitor kommt, „warum er dieses blöde Teil schon wieder viewen müsste!" Denn er bemerkt schließlich, dass die Koordinaten gleich sind und besonders bei sowieso stressenden oder langweiligen Inhalten gleichermaßen beginnt der Viewer, renitent zu werden.

Für Solotrainierende oder Paare gibt es natürlich kaum eine Möglichkeit, ein Projekt anders zu gestalten, als mehrfach dem Viewer das gleiche Target zu präsentieren. Um bei Paaren etwas die Luft aus dieser Krise zu lassen, kann man durch Umformulieren und Vergabe anderer Koordinaten den Eindruck erwecken, es ginge jetzt um etwas anderes. Dann muss man nur noch mit der Frage des Viewers klarkommen: „Und was war das letzte Target? Warum darf ich das nicht wissen?"

Ein Ausweg aus dieser Misere, in der jedes Verhalten des Monitors nur verdächtig sein kann, ist es, sich vorher abzustimmen, dass Targets erst drei Tage später aufgelöst werden. Das stellt dann aber den Viewer auf eine ernsthafte Probe, seine Neugier zu zügeln. Probieren Sie es aus, auch dieser Weg ist hart! Trotzdem würde es mich freuen, wenn ich durch diesen Tipp Projekte im kleinen Kreis gerettet hätte. Komischerweise ist es in einer größeren Runde einfacher, die Auflösung vor sich herzuschieben und möglicherweise erst zum Schluss eines „Projektwochenendes" abzuhalten.-

Wenn wir eine mindestens vorläufige Zusammenfassung unseres Projektes machen, werden wir geneigt sein, die Zusammenfassungen der Viewer, die sie am Ende einer Session in Kenntnis der Auflösung machen, verstärkt zu Rate zu ziehen. In diesem Fall, so verständlich er ist und von einigen Remote Viewern auch vertreten wird, sollte feststehen, dass der Viewer überhaupt in der Lage ist, eine stimmige Zusammenfassung zu schreiben. Diese Fähigkeit muss im Rahmen des Trainings auch erst geübt werden und es muss sichergestellt sein, dass für den Viewer am Ende kein AUL, das nicht abgearbeitet wurde, übriggeblieben ist.

Sonst kann es sein, dass die Auswahl der Daten, die der Viewer am Schluss der Session für repräsentativ hält, von einer bestimmten Vorstellung geprägt ist, die er in diesem Moment hat. Die Session ist aber eine stetige Entwicklung, und genau so, wie sich ein Viewer in deren Verlauf von einem entfernten Landeplatz hin zum Zielgebiet begeben kann, so kann er auch in eine völlig unerwünschte Richtung abdriften.

Das haben wir zur Genüge besprochen. Ist es nicht gelungen, den Viewer ins Zielgebiet zu bringen, oder haben wir es gar mit doppelblinden Sessions zu tun, dann muss dieser Umstand bei Betrachtung dieser eigenen Zusammenfassungen logischerweise einbezogen werden!

14. Kapitel: Repetitorium für den Monitor – neutrales Verhalten

Remote Viewing bricht mit den herkömmlichen Regeln des PSI-Gebrauches, auch wenn die gleichen Verfahren verwendet werden, um in den Nutzen der Arbeit des Unterbewussten zu kommen. In fast allen Methoden des Hellsehens ist der Seher die leitende, wenn nicht einzige beteiligte Person. Lediglich bei mehr therapeutischen Methoden wie Rückführung, Familienaufstellung, Nathal und auch bei der Hypnose generell bedarf es einer Art Führer. So kam es auch zu der Vorstellung, Remote Viewing als Individual-Technik zu verkaufen, sozusagen als „stand alone device" für jedes Individuum. Wie wir erfahren haben, ist diese Beschreibung nur sehr bedingt und nur für sehr Wenige gültig. Schon bald bemerkt der Trainierende, dass Remote Viewing Teamarbeit ist und nach zwei bis drei Trainingstagen kommt meist die Bemerkung auf: „Ist der Monitor nicht wichtiger als der Viewer?"

Nach kurzer Diskussion und einem weiteren Trainingstag steht für die meisten fest: Es ist der schwierigere Job. Ein Viewer kann und soll sich fallen lassen und ohne Beurteilung seine Eindrücke wiedergeben. Der Monitor muss ständig hellwach und konzentriert, über den Zustand des Viewers informiert sein, die Methode vollständig überblicken und gleichzeitig Pläne für den Ablauf der Session machen. Er ist verantwortlich dafür, die Zeit und Anstrengung des Viewers nicht zu verschwenden, muss einen sicheren Halt geben, falls Schwierigkeiten auftauchen und im Ernstfall auch konsequent eingreifen und die Session beenden.

In einer Solo-Session muss zwar der Viewer auch alles können, er steht aber nicht unter dem Erwartungsdruck, der sich in gemonitorten Sessions aufbaut. Wenn etwas danebenging, kann er sich noch einmal und noch einmal sich aufs Target stürzen, das wird nicht unbedingt jemand anderes erfahren, wenn man es nicht erzählt. Ein Monitor steht unter dem Druck des Viewers, der hinterher sagt, „Mensch, hättest du mal, ich war doch da ..." Möglicherweise sind sogar Zuschauer zugegen, die jeder ihre eigene Vorstellungswelt haben und hinterher muss man sich in der Projektgruppe darstellen und unter Umständen rechtfertigen. Wie Dirk R. so treffend meinte: „Ich weiß ja nicht, was ich als Viewer tue. Wenn es schiefgeht, hat der Monitor Schuld."

Man mag einwenden, dass die Struktur des Protokolls genügend Halt gibt, um immer eine brauchbare Session zu produzieren. Das stimmt für den Anfang und bis Stufe 3 durchaus. Aber schon, wenn eine Bewegungsübung ansteht, liegt es in der Hand des Viewers, wie die Session weiter verläuft. Ab Stufe 4 müssen Entscheidungen getroffen werden, welche Eindrücke der Viewer abarbeiten soll und wie.

Ab Stufe 5 kommt es zu einem ständigen Dialog mit dem Monitor und darüber hinaus „schickt" der Monitor den Viewer herum, an Orte und in Perspektiven, die die besten Erkundungsmöglichkeiten bieten. Es ist folglich klar, dass nicht nur an das Wissen, sondern auch an das Verhalten des Monitors einige Erwartungen geknüpft sind.

Völlig zu Recht fordert die Wissenschaft die Eliminierung des „Versuchleitereffektes" in einem Experiment, und wir können eine Remote Viewing Session auch als solch eine Untersuchung auffassen. Im Hintergrund steht ja immer, ob der Viewer „on target" ist, ohne dass er von jemand im Raum Hinweise über Körpersprache und Formulierungen bekommt.

Wir können als erfahrene Viewer diese Frage nicht einfach damit abtun, dass man oft schon in der Stufe 1 in eine „Zone" gleitet, in der diese Beeinflussung keine Rolle mehr spielt. Die unzähligen Sessions, in denen der Viewer bis aufs Messer gereizt behauptete, das Target wäre so und nicht anders beschaffen, während der Monitor verzweifelt versuchte, ihn woanders hinschauen zu lassen, sprechen da für sich. Solche Situationen können oft nur mit einer Bewegungsübung gelöst werden, den unerwünschten Signalfluss wie einen gordischen Knoten durchschlagend.

Trotzdem müssen wir ständig bemüht sein, als Monitor höchste Neutralität zu bewahren, um jeder späteren Diskussion um zweifelhafte Ergebnisse schon in dieser Hinsicht entgegenzuwirken.

Grundsätzlich zählt dazu ein Herunterfahren der Körperreaktionen. Obwohl in seiner Session vertieft, und später, wenn er seinen inneren Eindrücken nachspürt, ist der Viewer zwar „in der Spur", aber so sensitiv, dass ihn Ereignisse um ihn herum beträchtlich stören können, wenn sie wiederholt auftreten. Dazu gehören Räuspern und Husten, aber auch nervöses Kniewippen. Ein Viewer fühlt sich am wohlsten, wenn er nur die Stimme des Monitors hört.

Natürlich darf sich der Monitor schon bewegen, ja er muss es oft, indem er ein neues Blatt reicht, ein Beschriebenes anordnet, selbst etwas aufschreibt, auf eine bestimmte Stelle deutet oder sogar eine Passage abdeckt.

Die Bewegungen aber darauf zu reduzieren, dazu gehört eine immense zusätzliche Konzentration; es gelingt auch nicht immer, denn wir sind ja keine Roboter.

Auch die Körperreaktionen, die die Entwicklung der Session kommentieren, haben zu unterbleiben. Erstauntes Einatmen, Handbewegungen und Minenspiel zu den Zuschauern sollten möglichst zurückgehalten werden. Der Viewer bemerkt es manchmal und es verunsichert ihn eher, als dass es ihn in seinem Tun bestärkt.

Wir haben zwar festgestellt, dass der Versuchsleitereffekt durch diese Ereignisse nicht eintritt (oder nur sehr selten), aber prinzipiell sollten wir hier keine Diskussionen anzetteln, die nur zu kontraproduktiven Zerfleischungen durch die Zähne von Skeptikern führen können.

Diese Zurückhaltung gilt auch oder besser: hauptsächlich für die Art der Sprache, die der Monitor benutzt. Sie muss einfach, klar, aber ohne jede inhaltliche Vorgabe sein. Das ist nicht so einfach. Wer vielleicht einmal in dem schönen Spiel „Schwarz-weiß/Janein“ mitmachen konnte, hat schon einen Vorgeschmack. Im Training kommt es zu Anfang schon vor, dass der Monitor sich verplappert und fragt: „Ja, und wie sehen die Waggons dieser Achterbahn nun aus?“

Um allen Problemen durch etwas, das man hinterher als „in den Mund gelegt“ bezeichnen könnte, zu entgehen, lohnt es sich für den Monitor, „Neutralsprache“ zu lernen.

Es ist an sich nicht schwer, diese unbestimmte Ausdrucksweise zu verwenden und wenn man den Sinn dieses Vorgehens erkannt hat, verfällt man als Monitor beinahe automatisch darauf. Es ist nichts weiter, als alle speziellen, kennzeichnenden, bestimmenden Worte gegen solche auszutauschen, die keine Vorgaben für den Viewer beinhalten. Im Grunde ist es die Weiterführung dessen, was der Viewer in der Anwendung der Stufe 1 lernen muss: Empfinden statt mit direkten Sinnen zu versuchen, Eindrücke einzufangen. In der Formulierung „fühl` mal rein!“ ist diese Art der Sensorik schon treffend aufgefasst. Es geht darum, optische, akustische und kinästhetische Eindrücke zu „empfinden“. Wenn wir versuchen, uns als Monitor hier sprachlich anzupassen, helfen wir dem Viewer, sich in dieser Art zu konzentrieren.

Natürlich gibt es dafür Ausnahmen. In der Stufe 2 sagen wir schon: „Geräusche, hörst du was?“, denn mit der Abarbeitung der Stufe 1 können wir darauf vertrauen, dass der Viewer sich in diese Wahrnehmungsart „hineingeschaltet“ hat und es würde doch etwas albern klingen, zu sagen: „Geräusche, was fühlst du?“ Die Neutralsprache-Version ist eigentlich „Was gibt es dort für Geräusche?“ aber es hat sich gezeigt, dass in den frühen Stufen das direkte Ansprechen von Sinnen noch eher hilfreich ist.

Je klarer der Viewer aber das Zielgebiet beschreibt und Zuordnungen herstellt, besonders auf den zentrierenden Ablauf des Protokolls bezogen, desto mehr muss sich der Monitor hinter neutrale Formulierungen zurückziehen. Das gilt besonders für die AUL-anfällige Stufe 5.

Es gibt Grundformulierungen, die, leicht abgewandelt, immer passen.

„Was gibt es dort für ... (Farben, Oberflächen, Dimensionen etc.)? ist sozusagen der Grundstandard, „was hast du für Eindrücke?“ eine dafür auch zu verwendende Abwandlung, wie auch „wie würdest du das beschreiben?“ oder auch kurz, nach Nennung eines Begriffes: „Beschreib mal bitte!“

Das ist die erste Regel: Keine Begriffe vorgeben.

Die zweite Regel ist: Das Vorhandensein irgendwelcher Eindrücke ausdrücklich dem Viewer zu überlassen (oder in Frage zu stellen): „Gibt es dort ...?“- „Hast du etwas in dieser Kategorie?“ - „Kannst du dazu etwas sagen?“

Wir erinnern uns noch einmal an das ERV-Protokoll, Stufe 4. Hier werden Inhalte wie ein Multiple Choice-Test vorgegeben und der Viewer muss testen, ob etwas in der vorgegebenen Art vorhanden ist. Ich habe hier angemerkt, dass diese Vorgabe problematisch sein kann. Erfahrene Viewer werden darüber lachen und erklären, dass sie natürlich in der Lage wären, zu unterscheiden, **ob** da etwas sei oder nicht. Die Vorgabe wäre nur eine Spezifizierung wie beispielsweise die Frequenz oder die Vorgabe „Wasser?" beim Rutengehen. Ich akzeptiere das. Sollte sich jedoch der Viewer hier bereits mit einem sich anbahnenden, unterschwelligen AUL beschäftigen, wird dieser Trend verstärkt und davor sind auch gestandene Remote Viewer nicht sicher. Deshalb: im Zweifel für die Wissenschaft, für die Neutralität. Hat man eine Bild/Ton-Aufzeichnung gemacht, kann man an fraglichen Stellen sehr schön nachschauen/hören, was der Monitor wirklich gefragt hat.

Für die Stufe 3 sieht das dann ungefähr so aus: „Gehört dieser Teil hier zum Target?" „Was findest du noch im Targetbereich?" „Gibt es noch andere Eindrücke hier?" Möchtest du noch etwas hinzufügen? Fehlt dir noch etwas in deiner Skizze?"

Dritte Regel: Wenn wir schon nicht um das Aufgreifen von Eindrücken des Viewers herumkommen, können wir sie aber sprachlich neutralisieren. In der Stufe 3 würde das zum Beispiel so aussehen: „Wo ist der Aspekt von gelb in deiner Zuordnung?" In den Stufen 4 und 5 schließlich kommt man um die Nennung eines Begriffes nicht mehr herum, denn man will ja genannte Begriffe untersuchen. Auch hier gibt es auch neutralisierende Formulierungen. Wir haben für die Stufe 4 schon Hilfssätze kennengelernt wie z.B. für die Nachfrage nach der IT-Spalte: „Was macht es, tut es? Wofür ist es gut? Was ist die Bedeutung von xyz?"

Spätestens hier, aber auch schon früher tauchen Lebewesen auf. Diese werden oft schnell durch AUL-Serien charakterisiert. Aber, wie wir wissen, lange, blonde Haare sind nicht unbedingt weiblich, kurze, schwarze Haare nicht unbedingt männlich. Zudem kommt in einer Remote Viewing-Session oft ein innerer, hormonaler oder Stimmungsaspekt zum Tragen, sodass eine reale Frau schon mal „männlich" zugeordnet bekommen kann und einem

Mann kann umgekehrt das Gleiche passieren. Oft sind es Eigenarten des Auftretens, des Verhaltens, der Art von Konfliktlösungen etc., die hier den Viewer veranlassen, biologischer Prädikate zu vergeben bzw. zu solchen Generalisierungen verleiten.

Um hier entgegenzusteuern, benutzen wir ebenfalls neutralisierende Bezeichnungen, wie wir sie auch schon aus der Mathematik her kennen. Personen sind dann eben, in der Reihenfolge ihres Auftretens, P_1 bis $P_{(n)}$. Manchmal kommen recht viele Personen zusammen. Sie formieren sich zu Gruppen, die natürlich auch A, B, C etc. benannt werden und sich nur durch die Beschreibungen unterscheiden, nicht aber durch Benennungen. Diese wären im Prinzip auch ein AUL. Politische Parteien sind so ein Fall. Dazu ein kleiner Tipp: Die christlich-sozialen Parteien bekommen oft von dem Viewer die Farbe Blau verpasst. Ob das mit verwendeten Wahlplakaten zusammenhängt, ist bisher nicht geklärt. In der traditionellen chinesischen Lehre der *Fünf Elemente* ist den konservativen Kräften der Begriff Struktur und die Farbe Weiß zugeordnet. Vielleicht finden Sie diese Anhaltspunkte auch einmal wieder. Rot, gelb und grün dagegen werden fast immer richtig zugeordnet.

Wenn wir einen bestimmten Zeitpunkt anpeilen, dann ist erst recht die Neutralisierung angesagt. „Was tut P_1 zum Zeitpunkt T_1?"

Das mag vielleicht albern oder verwirrend klingen, aber in der Session werden Sie merken: Der Viewer versteht es ohne Probleme. Ihm ist letztlich auch ganz richtig egal, wie das, der oder die heißt, aus der Auswahl der Personen, die er da beschreiben soll. Und Orte oder Zeitpunkte durchzunummerieren, ist noch die leichteste Übung, vorausgesetzt, der Viewer kann immer einen Bezug dazu in seinen Aufzeichnungen herstellen. Die Möglichkeit, „reinfühlen", „reintippen" oder auch „reinpieken" zu können, ist dann sehr hilfreich und sollte als Rückversicherung unbedingt benutzt werden.

Das wird uns in der Stufe 6 weiterhin sehr oft beschäftigen. Hier werden dann Verben wie „sitzen, stehen, fliegen" durch „befinden" ersetzt. Für Ortswechsel benutzen wir statt laufen, fahren fliegen: „Bewege dich hierhin oder dorthin."

Wir sind diesen Substitutionen auch schon bei der Bewegungsübung begegnet. Hier können wir eine weitere Neutralisierung einsetzen. Es kommt gar nicht so selten vor, dass der Monitor den Viewer in eine bestimmte Entfernung zum Target schicken, diese Angabe aber ungern aussprechen möchte. Dann besteht die Möglichkeit, ersatzweise diese Entfernungsangabe auf einen Zettel zu schreiben und sie mit einer Ersatzbezeichnung zu verknüpfen.

Beispiel:

100 Meter = Entfernung A Von oben = Blickrichtung B

Bewegungsübung: Aus der Entfernung A in Blickrichtung B sollte etwas (das Wesentliche) wahrnehmbar sein.

Auch der Begriff „wahrnehmbar“ ist ein Substitut, er ersetzt nämlich so zielgerichtete Anweisungen wie „sichtbar“ und „hörbar“. Alle weiteren kinästhetischen Bezeichnungen sind natürlich nicht ausgeschlossen, werden aber eher selten sein.

Sie werden im Laufe Ihres Trainings feststellen, dass diese Vorgaben nicht immer eingehalten werden können. Die Art eines Sessionverlaufes ist jedes Mal anders und es kann in der Nähe zum Geschehen schon die eine oder andere deutliche Äußerung entschlüpfen. Wichtig ist, dass Sie sich der Problematik bewusst sind und sich bemühen, den Viewer soweit wie möglich neutral anzusprechen.

Wenn er in Stufe 4 konkrete Gegenstände bringt, muss man eher darauf achten, dass die Benennung nicht zu speziell ausfällt, was dann ein AUL wäre. (Siehe: Markennamen für generelle Gegenstandsbezeichnungen, z.B. Autos.) Natürlich könnte man formulieren: „Untersuche mal das, was du Haus nennst“, aber wir müssen auch nicht päpstlicher als der Papst sein und unser Verhalten exzessiv schablonisieren. Wenn wir um die genannten Effekte wissen und wenigstens versuchen, sie zu beachten, sind wir schon einen großen Schritt weiter. Viele Viewer sind ohnehin so stabil in der Zone, dass man sie so nicht herauskriegen würde.

Demgemäß ist es dem Monitor durchaus erlaubt, dem Viewer bei der Findung einer exakten Beschreibung zu helfen, wenn er, verzweifelt nach einem treffenden Wort schnappend, eine akute Schreibhemmung hat. Es ist besser, er schreibt einen Vorschlag als AUL weg, als dass er sich noch minutenlang mit der unbefriedigten Suche nach diesem einen nicht zu findenden Wort beschäftigt.

Ebenso kommt es vor, dass der Viewer aus einer Überladung heraus beginnt, zu stottern. Er wiederholt sich, ohne weiterzukommen und scheitert an mehreren Bruchstücken, die er als geschlossene Formulierung nicht hinbekommt. Hier kann der Monitor eingreifen und für eine Niederschrift diese herumschwirrenden Beschreibungsfetzen zusammenfassen, allerdings nicht ohne Rückversicherung beim Viewer, ob sich diese Formu-lierung für ihn richtig anfühle. Es kommt gar nicht einmal selten vor, dass der Viewer sagt: „Nein, es ist eher so und so ...“, aber dann hat er die besseren Worte bereits gefunden und ist dankbar für den Anstoß des Monitors. Und dadurch kann er diese Daten auch ablegen und sich ungehemmt neuen Eindrücken zuwenden.

In jedem Fall, das sollte dem Monitor auch beständig klar sein, hält er mit allen seinen Anweisungen und Hilfen den Viewer „auf Trab“, getreu der Grundregel: „keep moving“ und „beachte die 3-Sekunden-Regel“. Diese Regel steht über allem, was wir hier in diesem Kapitel diskutiert haben. Im Zweifelsfall „geht“ der Viewer zum nächsten Eindruck über, ehe wir uns als Monitor verzweifelt eine angemessene Sprachakrobatik ausdenken.

15. Kapitel: Ein paar nette Vorschläge für Projekte

Es ist nur recht und billig, wenn ich zum Abschluss dieses Buches auch ein paar Targets vorstelle, die ein paar aufschlussreiche Projekte ergeben, nachdem ich vor anderen Zielen gewarnt habe. Teilweise sind dies Targets, die schon mehrmals in Projekten, meist zur Übung in neu entstandenen RV-Gruppen durchgeführt wurden. Analog dazu, dass jeder seine Erfahrung als Viewer selbst machen muss, ist offenbar auch das Durcharbeiten bestimmter Projekte geradezu Standard, das heißt, alle Gruppen kommen irgendwann darauf.

Hierbei handelt es sich meist um Zielgebiete, die mindestens einem Teammitglied sehr bekannt sind, so wie damals, als man mit Outbound-RV begann, in Amerika die Forschung an PSI am Stanford Research Institute systematisch anzugehen. Natürlich können Sie gern jemand per Zufallswahl irgendwohin schicken und währenddessen Sessions machen, wo sich diese Person gerade befindet. Das hat einen gewissen Unterhaltungswert wie jene Rundfunkquizspiele, in denen ein Hörer ausgeschickt wird, bestimmte Aufgaben zu erfüllen und sich der Sender von Zeit zu Zeit hinüberschaltet, um zu fragen, wie es denn so voranginge mit der Durchführung des meist ziemlich unsinnigen Vorhabens. Heutzutage kann man diese Situation in einer Projektgruppe auch schön simulieren. Der „Outbounder" ist ja beständig über das Handy zu erreichen. Mit dem Unterschied natürlich, dass die Aufgabe von dem zuhause gebliebenen Viewer gelöst werden muss.

Wie uns aber inzwischen bekannt sein sollte, existiert beim Remote Viewing kein Zeitproblem, wir müssen also aktuell niemand hinausschicken, um ein interessantes und stimmiges Target zu haben. Wir können jeden Aufenthaltsort eines jeden Mitmenschen zu einer bestimmten Zeit viewen lassen. Das hat den Vorteil, dass auch der „Outbounder" eine Session machen kann. Dabei ist es völlig egal, welche Person als Target genommen wird, wenn die Information darüber nur bei den Monitoren bleibt. Als verschärfte Variante kann man nehmen, dass nur der Projektleiter den Ort kennt und alle anderen Monitore nur wissen, dass es um einen Ort zu einer Zeit geht. In diesem Fall kann man sogar versuchen, die

Rollen noch einmal zu vertauschen und auch die Monitore viewen lassen. Ein interessantes Experiment, denn diese sind ja nicht wirklich „frontloaded", also vorinformiert, denn sie wissen auch nur, dass es ein Ort in nicht allzu großer Ferne sein muss. Womit wir wieder bei den alten Experimenten von Stanford sind: Der Outbounder konnte sich auch nicht gar so weit entfernt haben. Dem Wert des Projektes tut das aber nicht den geringsten Abbruch. Die Möglichkeiten, wie dieser Ort aussieht, sind in jeder Umgebung (außer, wenn man das Projekt anlässlich einer Wüstensafari oder an den Polen durchführt) derart unterschiedlich, dass man das Argument der Vorinformation in dieser Hinsicht getrost vergessen kann. Meist ist der Standort eines Projektes ohnehin in urbaner Umgebung, was die Variationsbreite der angehenden Orte eher erhöht. Die Straßenszene oder der Hausinnenaspekt sind keineswegs zwingend vorgegeben.

Der Viewer muss sich vielmehr mit dem AUL herumschlagen, dass der Outbounder bzw. die Zielperson aus einem dringenden Bedürfnis heraus einen Park oder ein Erholungsgebiet aufgesucht hat. Gerade Städter überfällt oft der Wunsch, „mal eben ins Grüne zu gehen" und die Zahl der Städte, in denen dies Makulatur bleibt, sind zum Glück doch eher gering. Selbst Husum hat seinen zentrumsnahen Schlosspark, auch wenn in der Fußgängerzone eifrig „die graue Stadt am Meer" des größten Dichterbürgers Theodor Storm zelebriert wird: „bloß keine Bäume, das macht nur Dreck, da muss man immer die Blätter zusammenfegen."

Dafür ist man nach genau dreieinhalb Minuten Fußmarsch vom Marktplatz mitten in der flächendeckenden Krokusblüte, einem lilanen Meer, für das einmal vor Jahrhunderten eine Klosterbesatzung verantwortlich zeichnete. Wobei die ganze Touristenattraktion auf einem Irrtum beruhte, die Mönche wollten für eine angestrebte Safranproduktion eigentlich gelbe Blüten haben. Husum ist ein schönes Target. Nehmen Sie als Zeitpunkt Anfang bis Mitte April, dann ist die Krokusblüte mit von der Partie.

Ein anderes neckisches Spiel ist es, sich in der Runde gegenseitig als Person zu viewen. Damit sollten aber alle Anwesenden einverstanden sein, wobei man ganz deutlich sagen muss, dass man als Remote Viewer immer mit diesem Target rechnen sollte. Der erste Tiefschlag, von dem sich ein RV-trainierender erholen muss, ist ohnehin, dass es keine Geheimnisse mehr gibt. Das impliziert, dass man ständig darauf gefasst sein muss, selbst geviewt zu werden. Aber das ist nur am Anfang problematisch. Irgendwann ist einem auch das wieder egal. In der Berliner Gruppe haben wir sogar versucht, herauszufinden, ob sich zwei Viewer, die sich zum gleichen Zeitpunkt gegenseitig viewen, bemerken, was sie tun und ob sie von dem anderen gerade angepeilt werden. Es blieb aber bei einer Beschreibung des anderen ohne diese Rückmeldung. Laut Lyn Buchanan ist die Erklärung dafür, dass sich nur die Unterbewusstseine unterhalten würden, was nicht ins Wachbewusstsein vordringt. Ich war allerdings der Meinung, dass in einer Session diese Beschränkung durchbrochen sei, konnte aber keine Bestätigung für diese These erfahren. Vielleicht haben Sie da mehr Glück und nehmen telepathisch Verbindung auf. Lassen Sie es mich wissen. Das wäre sicher einen Artikel in einem RV-Magazin wert.

Zu der ganzen Kategorie der „hausgemachten“ Targets gehört natürlich auch der verlorene Gegenstand. Es muss nicht gleich ein Tresorschlüssel sein, wie es nun schon mehrmals durchgeführt wurde. Es gibt immer genügend wichtige Gegenstände, die irgendwie verschwunden sind. Remote Viewing ist ein unterhaltsames Spiel, diese Umstände aufzuklären. Achten Sie aber darauf, dass es ein wirklich wichtiger Gegenstand ist, sonst sind die Viewer eher gelangweilt, und Spaß soll ein Projekt ja auch bereiten.

Sie können auch einen Gegenstand absichtlich verstecken, um die Beschreibung des betreffenden Ortes besser kontrollieren zu können. Wobei es gerade hier verschiedene Schwierigkeitsgrade gibt. Etwas offen in einer anderen Wohnung liegen zu lassen und die Wohnung zu beschreiben, ist erheblich einfacher, als etwas in einem Kästchen irgendwo in einem Schrank in dieser Wohnung. Im Ernstfall führt diese Konstellation dazu, dass der unglückliche Verlierer alle Kästchen sucht und öffnet, die er in seinem Umfeld findet. Leider ist ein genaueres Orten mit den Kenntnissen der Stufen 4 bis 5 noch nicht möglich. Deshalb: Machen Sie es sich nicht unnötig schwer!

Wenn Sie unbedingt hammerschwere Targets brauchen, um es sich zu beweisen, dann können Sie auch gerne zu sogenannten Kalibrierungstargets greifen. Das sind Ziele, die sehr wenig Informationen enthalten und meist von einer einzigen Farbe, einem Gegenstand, einem einfachen Sinnzusammenhang geprägt sind. Zum Beispiel: eine Gurke auf dem Küchentisch (Foto), ein Symbol von einer Spielkarte (Abbildung), ein Stück Rasen (Foto) oder eine einzige Flasche mit Inhalt (Foto). Wenn Sie eine Zeichnung fertigen, die geviewt werden soll, müssen Sie allerdings darauf gefasst sein, dass der Viewer auch denjenigen beschreibt, der das Werk verrichtet hat. Gemälde von van Gogh ergeben sehr fein strukturierte Bilder und einen ziemlich verrückten Maler.
Deshalb kann es sein, dass der Viewer die Personen beschreibt, die sich das Target ausgedacht haben, die beispielsweise nur einen kleinen Kringel auf ein leeres Blatt gemacht haben. „So, das soll er mal viewen!“ Vielleicht sagt der Viewer: „Es ist sehr langweilig. Und trotzdem sind da zwei Leute, die sitzen zusammen und kringeln sich vor Vergnügen!“
Und dann können Sie darüber diskutieren, ob „kringeln“ ein EI oder ein AUL ist. Durch solche Spaß-Sessions lernt man auch ungemein.
Es ist natürlich nicht nur der Lernaspekt, der die ersten Projekte prägt. Neben Spaß und Staunen will man auch Fragen klären, die einem schon lange auf der Seele brennen. Von den Targets aus diesem Bereich, von denen ich, wie vorher beschrieben, nicht grundsätzlich abrate, sind zwei Kategorien am häufigsten:

1. der persönliche Lebensweg,
2. alte Kulturen und ihre Geheimnisse.

Zu Ihrer persönlichen Lebensaussage habe ich mich auch schon geäußert. Machen Sie es, aber machen Sie es bewusst und vorsichtig. Bewusst heißt, wählen Sie den Zeitpunkt oder den Weg dorthin nicht allzu weit in der Zukunft und bestimmen Sie einen genauen Termin dafür. Entweder schauen Sie sich den Status zu diesem Termin an oder Sie lassen die Ereignisse beschreiben, die dorthin führen. Vorsichtig meint, nehmen Sie die optimale Entwicklung als Vorlage, und zwar die optimale und wünschenswerte Entwicklung für den Geviewten. Was wir nicht benötigen,

schon um keinen unnötigen Schrecken aufzuwirbeln, sind unangenehme Ereignisse, die aber nicht wahrscheinlich, sondern nur spektakulär für den Viewer sind.
„Beschreibe die Ereignisse für xx auf seinem optimalen und für ihn wünschenswerten Lebensweg bis zum Termin yz", wäre solch eine Formulierung. „xx als Person zum Punkt yz nach einer optimalen und für ihn wünschenswerten Entwicklung", ist die Status-Variante. Beachten Sie bitte, dass die Fakten, die genannt werden, nicht 100% wahrscheinlich sind und von der betreffenden Person auch erst durchgeführt bzw. angenommen werden müssen.

Alles, was genannt wurde, kann mit entsprechendem Aufwand auch verhindert werden. Die Exploration der eigenen Zukunft kann man als Sylvesterspielchen machen, ähnlich wie Bleigießen, aber dabei sollte auch klar sein, dass die Details weit entfernter Zeiten ungenau werden können. Es ist klar, dass „unterwegs" bis zu diesem Zeitpunkt sehr viel Möglichkeiten bestehen, dass etwas geändert werden kann.

Meine Erfahrungen dazu sind, dass Voraussagen daraufhin trotzdem sehr präzise sein können, was wohl daran liegt, dass die meisten Entscheidungen ohne viel Bewusstseinsarbeit und nach einem feststehenden, persönlichen Schema erfolgen, das eben den Charakter des betreffenden Individuums ausmacht. Mehrere bewusste Entscheidungen gegen den vorgegeben Ablaufplan haben deshalb logischerweise auch seine Außerkraftsetzung zur Folge. Dann muss man wieder viewen.

Meistens ist es so, dass solch eine Entscheidung „gegen die Session" jedoch nicht getroffen wird, weil es „unvernünftig" ist. Auf dieser Logik baut anscheinend unser ganzer Lebenslauf auf. Wobei es ohne Probleme zu überraschenden Wendungen, Treffen und Abläufen eines Vorhabens kommen kann. Unsere Definition von „Wunder" ist lediglich das Gegenteil vom Mittelwert einer Statistik. Dieser Mittelwert kann sich auch aus Extremen zusammenrechnen, was wir meistens übersehen, uns aber täglich widerfährt.

Die „Halbwertszeit" solch einer Voraussage ist schwer zu ermitteln. Meine Erfahrungen haben ergeben, dass selbst Voraussagen für fünf und mehr Jahre eingetroffen sind, aber ich würde als Richtwert nicht mehr als ein Jahr ansetzen. Bei sehr detaillierten Daten und dem Wunsch des Betroffenen, sein Schicksal nun selbst in die Hand zu nehmen, kann der Ereignishorizont auf ein halbes Jahr oder auch nur ein paar Tage schrumpfen. Sie werden es selbst merken: Tritt ein vorhergesagtes Ereignis ein und Sie erkennen es und entscheiden sich bewusst gegen die in der Session aufgetretenen Variante, sollten Sie bald eine neue Session machen, um zu sehen, wie es nun weitergeht. Diesen Themenkomplex habe ich ausgiebig in meinem Buch „Schritte in die Zukunft" diskutiert.

Kommen wir zum zweiten „Wunschkomplex": alte Kulturen und ihre Geheimnisse. Wieder ist anzuraten, schon bei der Targetformulierung höchste Präzision vorzugeben und keine Annahmen oder Wunschvorstellungen mit in die Session zu nehmen. Viewer Sie meinetwegen „Die Pyramiden von Gizeh zum Zeitpunkt ihrer Entstehung, Bauweise und Techniken, die dazu angewandt wurden." Aber bitte formulieren Sie keine Meinung dazu vor.

Von großem Interesse ist dabei selbstredend auch der Inhalt von bisher ungeöffneten Kammern. Benennen Sie diese Kammer! Es gibt davon noch einige, und auch die spezielle Pyramide sollte benannt werden, denn auch davon gibt es eine ganze Anzahl.

Für solche Projekte ist es im Nachhinein interessant, sich mit anderen Viewern abzugleichen. Schaun Sie ins Internet und fragen Sie, wer gerade Ihr Projekt auch bearbeitet! Vielleicht gibt es einen nützlichen Erfahrungsaustausch. Aber bitte, machen Sie erst Ihre Sessions und nehmen Sie dann Kontakt auf! Lassen Sie sich nicht von den Vorgaben anderer Viewer oder Projektleiter beeinflussen. Remote Viewing ist sehr wichtig als eine Methode für jeden Einzelnen, sich ein eigenes Bild von in irgendeiner Hinsicht verborgenen Umständen zu machen!

Spannend finden es auch viele, Technologien der Zukunft zu ermitteln. Auch hier sollten keine pauschalen Ausdrücke bei der Targetformulierung verwendet werden. Nehmen Sie sich ein zukünftiges Industrieprodukt einer bestimmten Firma zu einem festgelegten Zeitpunkt und untersuchen Sie es. Das ist auch recht spannend. Hier allerdings spielt das technische Vorwissen des

Viewers eine große Rolle bei der Beschreibung von Funktionen und Konstruktionsdetails. Aber das haben Sie sicher schon in anderen Sessions bemerkt. Wenn Ihr kognitiver Bereich keine Übersetzungsmöglichkeit findet, gibt er die wunderlichsten Sätze von sich. Die auftretenden Formulierungen werden Sie sehr stark an die der alten Propheten in der Bibel erinnern, wenn sie mit göttlicher Technologie konfrontiert wurden. Bedenken Sie auch hierbei, dass der Viewer von seinem Beurteilungsstatus in die Kindheit zurückgefahren wird, wie im sechsten Kapitel ausgeführt.

Kommen wir auf unserem Streifzug durch den Wald der Lieblingsziele zu den Wirtschaftstargets. Darunter fallen die Börsenentwicklung genauso wie der aktuelle Zustand einer Firma und die Möglichkeiten, Fehler herauszufinden und eine optimale Entwicklung einzuleiten. Für Börsenspekulanten sei auch hier wieder gesagt: überfrachten Sie nicht die Fragestellung und konzentrieren Sie sich auf überschaubare Bereiche! Vielleicht nutzt manchmal die Gesamtentwicklung der Notierungen, im Allgemeinen wird man wissen wollen, wie sich ein bestimmter Titel zu einem festgelegten Zeitpunkt verhält. Genau das ist eine bewährte Targetformulierung. Wie wir gelernt haben, sind Zahlenwerte kaum ermittelbar. Man kann aber unterschiedliche Bilder als Synonyme für einen bestimmten Zustand vorgeben. Das Hochhaus, die Wüste, der Frosch, der ins Wasser springt, der Fels, der vom Berg herunterkullert, all das sind leicht wiederzuerkennende Bilder für damit verknüpfte Abläufe. Mit diesen Bildern kann man das Ergebnis auch skalieren.

Ich bin überzeugt davon, dass geniale Spekulanten auch höchst aktive PSI-Anwender sind und waren. Warnen möchte ich jedoch noch einmal davor, sich bei solchen Projekten einem Druck auszusetzen. Es mag einige Male gut gehen, aber entweder Sie arbeiten mit Viewern zusammen, die sehr erfahren sind und schon hunderte von Sessions erfolgreich hinter sich haben, oder Sie wechseln ständig die Bezugsperson.

Leider sind das sehr erschwerende Bedingungen und wenn Sie Ihre Freunde in der Viewerrunde mit den Worten begrüßen: „Nein, bitte nicht schon wieder Börse (Lotto, Toto, Pferderennen und Roulette)!“ werden Sie sich der Probleme von spezieller Projektarbeit deutlich bewusst werden.

Ein Viewer möchte immer etwas Abwechslung haben und einige finden Börse generell unangenehm oder langweilig. Bedenken Sie bitte, wenn Sie sich für andere solche Projekte oder Targetserien ausdenken, was Sie selbst sagen würden, wenn Sie in dieser Weise instrumentalisiert werden. Wahrscheinlich haben Sie absolut keine Lust, die optimale Vorstandskonstellation des örtlichen Kaninchen- (Hunde-, Pferde-, Vogelspinnen- oder Turnierkrokodil-) Züchterverbandes zu viewen, was aber für jemand anderen durchaus eine daseinsentscheidende Frage sein kann.

Trotzdem gehört diese Kategorie noch zu den interessanteren im Wirtschaftsbereich, weil es hier um Menschen geht. Menschen viewen am liebsten Menschen, besonders Frauen, ich erwähnte das schon. Mit Remote Viewing kann man sehr schön schlecht funktionierende Firmenstrukturen aufdecken, Mobbingfälle überprüfen und Stellen optimaler besetzen. Heutzutage wird für diesen Bereich schon gern die Methode der Familienaufstellung von Bert Hellinger verwendet und ich meine, dass sich beide Methoden gut und ergänzend verwenden lassen.

Probieren Sie es aus! Auch die Gründe für Misshelligkeiten im familiären Bereich lassen sich gut viewen und so kann man sie vielleicht abstellen und ein friedlicheres Leben in Einsicht und mit konstruktiven Diskussionen führen. Ohne Frage hat Remote Viewing hier auch einen persönlichkeitsbildenden Einfluss. Durch die Bewusstwerdung all dieser Vorgänge und Möglichkeiten nimmt man auch die eigene Wichtigkeit zurück, wird des Anderen und seiner Wünsche und Bedürfnisse eher gewahr und gelangt so zu einer sozial vermittelnden Sichtweise. Davon hätten wir heutzutage gern mehr, würde ich sagen.

Ein bestimmtes Klientel von Remote Viewing-Interessierten wird sich sicher langsam fragen, warum ich das Thema „Technik aus der Zukunft importieren“ bisher so auffällig ausgeklammert habe. Es ist beileibe kein „Un-Target“ und enthält normalerweise auch nur die üblichen Gefahren. Es ist nur eines der Allerschwierigsten. Gewiss, es ist kein Problem, pauschal und als Überflieger zu viewen, welche technischen Sensationen oder auch alltäglichen Lebensumstände mit Technik zu tun haben. Wenn ein Viewer gut drauf ist, wird er auch schon einmal ein Flugzeug der Zukunft zeichnen oder beschreiben, wie man dann über Entfernungen kommuniziert. Solche Beschreibungen finden Sie genauso in Science Fiction-Romanen.

Den Viewer oder Projektleiter wird vielmehr interessieren, wie diese Gegenstände funktionieren. Das werden Sie in einer Session nicht hinkriegen, es sei denn, sie beschäftigen gerade einen Spezialisten auf dem angepeilten Gebiet als Viewer. Der wird eventuell einiges der Zukunftsinformationen übersetzen können. Wenn aber auch noch andere Bereiche mit hineinspielen wie z.B. ein neues Material, eine neue Legierung, dann wird auch er passen müssen, weil er nicht auch noch die chemisch-physikalischen Hintergründe und den Produktionsprozess schildern kann.

Unser Hauptproblem, nämlich dass der Viewer nicht versteht, was er da an Daten herüberschaufelt, kommt in diesem Targetbereich voll zum Tragen. Auch wenn es gelingt, augenscheinlich valide Daten zu ermitteln, wird man feststellen, dass es immer Teilbereiche gibt, die der Viewer „vergessen" hat. Auch bestimmte funktionale Zusammenhänge, besonders wenn es um Computer geht, sind extrem schwierig zu viewen.

Es ist klar, dass diese Sorte Targets wirklich nutzbringend nur mit größeren Ressourcen durchgeführt werden können. Firmen wie z.B. Northrop, Boeing, BMW oder in einem anderen Bereich Schering können sich solch ein Team leisten, das aber den Entwicklungsingenieuren nur Hinweise geben kann oder Fragen der Auswahl bestehender Möglichkeiten zu lösen vermag. Vielleicht kann das Team von Viewern beantworten, welches das beste der zur Verfügung stehenden Materialien ist; wie dieses Material hergestellt wird, ist aber eine andere Frage.

Wenn Sie in diesem Bereich Erfahrungen sammeln möchten, dann schauen Sie sich vielleicht doch eine einfache Technologie der Vergangenheit an, voll mechanisch und handgefertigt. Dann haben Sie es nicht so komplex und der menschliche Einsatz bringt zusätzlichen Anreiz beim Viewen, auch für diejenigen, die sich nicht für Technik interessieren. Ein römischer Streitwagen, der Fertigungsprozess eines Ritterschwertes oder die Konstruktion eines Pfahlbaues vorgeschichtlicher Kulturen sind lohnenswerte Ziele.

Versuchen Sie, in einer zweiten Stufe 3 nach der Bewegungsübung das Target zu zeichnen und in den nachfolgenden Stufen Konstruktionsdetails herauszuarbeiten! Wenn Sie dieses erfolgreich betrieben haben, melden Sie sich gern bei mir. Es gibt eine Anzahl wirklich sehr interessanter Targets, die für den Hausgebrauch von Bedeutung werden könnten.

Auch den Heilbereich habe ich bisher ausgeklammert. Bitte betreiben Sie auf diesem Stand des Wissens um Remote Viewing keine Heilpraxis, auch wenn Sie „aus Spaß" einige richtige Erkenntnisse über andere Menschen gewonnen haben. Das Opfer einer möglichen Kurpfuscherei ist ein komplexes, fühlendes Lebewesen wie Sie auch. Was Sie aber machen können, ist, analog zum eben besprochenen Wissensgebiet, bei der Auswahl der von Fachkräften (Ärzten, Heilpraktikern, Masseuren etc.) angebotenen Methoden Klarheit zu gewinnen, was im speziellen Fall den größten Nutzen bringen könnte.

Aber bitte: Wir sprechen hier von Projekten. Das beinhaltet immer mehrere Sessions. Sie werden zwar feststellen können, dass die Sessions unterschiedlicher Viewer auch zu solchen Themen sehr kongruent sind, die Möglichkeit, dass der einzelne Viewer sich in einem speziellen Weg verrannt hat, besteht aber immer. Wir versuchen hier, Präzision in die Tätigkeit eines ungeheuer vielschichtigen Lebewesens zu bringen, die es normalerweise nicht ausübt.

Die in einem Remote Viewing-Training und in den relativ seltenen Sessions aufgewendete Zeit, diese Fähigkeit zu üben, ist vergleichsweise sehr gering im Gegensatz zu den vielen Jahren, die wir zugebracht haben, die jetzigen Fähigkeiten unseres Wachbewusstsein zu erreichen. Bleiben wir auf dem Teppich. Es hat keinen Sinn, einem Kind im Vorschulalter einen Chemiebaukasten zu schenken mit der Aufforderung, den Kraftstoff des Zukunftsautos zu entwickeln.

Bei der ganzen Darstellung interessanter Targets habe ich möglichst vermieden, Ihnen die Koordinaten zu nennen, die in meinem Sichtbereich schon einmal für ein Target vergeben wurden. Vielleicht tritt auch über diese Verknüpfung eine Infiltration von Daten ein. Wir wissen es noch nicht so genau. Um zu vermeiden, dass Sie sich schon von vornherein in die Vorstellungen und Ergebnisse anderer Viewer begeben oder gar hineinrutschen, empfehle ich Ihnen, eigene Koordinaten zu verwenden, gegebenenfalls auszuwürfeln. Dafür gibt es in Spieleläden diese hübschen, zehnflächigen Würfel, die Sie natürlich auch von Remote Viewern bekommen können. Vielleicht haben Sie auch das Remote Viewing-Komplettset gekauft, da war er ohnehin mit in der Ausstattung.

Wenn Sie versuchen, Remote Viewing mit meinen Büchern zu trainieren,
sollten Sie eigene Erfahrungen machen, Ihr eigenes Repertoire des Fühlens erkennen.

Wichtig ist dabei, dass Sie üben. Viele Sessions, viel Erfahrung, steigende Sicherheit im Umgang mit sich selbst und der Methode. Und auch für Remote Viewing gilt, wie für alle anderen Bereiche des Wissens und Könnens: Machen Sie Fehler! Eine strahlende Session mit tollen Ergebnissen ist ein guter Ansporn. Freuen Sie sich genauso über eine Session, in der Sie Einiges falsch gemacht haben. Der kürzeste, eindringlichste, nachhaltigste und für die Herausbildung von Kenntnissen förderlichste Vorgang ist der, Fehler zu machen.

Warum auch nicht? Es guckt doch niemand Wichtiges zu. Sie sind doch in keinem professionellem Team, auf dem die Hoffnung der Menschheit oder das Wohl und Wehe einer Hightechfirma lastet.

Na, jedenfalls noch nicht.

Kleines Glossar der beim Remote Viewing verwendeten Begriffe

Ästhetische Impression (AI)

engl. „aesthetical impact“, persönliche, emotionale Reaktion des Viewers auf Eindrücke in einer Remote Viewing Session aus dem Zielgebiet. In der amerikanischen Theorie wird hierdurch ein plötzlicher, „dramatischer“ Einstieg in den Kontakt mit der Matrix signalisiert, vorzugsweise beim Übergang von Stufe 2 zu Stufe 3. In der Praxis hat sich gezeigt, dass ein AI in jeder Stufe und zu jedem Zeitpunkt möglich ist, dass sogar schon nach Nennung der Koordinaten ein erstaunter Ausruf des Viewers kommen kann, der sich dem Target angemessen von Größe oder Energiegehalt des Zieles beeindruckt fühlt.

Aus diesen Gründen sollte man schon nach Abschluss der Stufe 1 ein AI abfragen, da unterdrückte AIs im Fortlauf der Session Daten beeinflussend wirken und zu hartnäckigen AULs führen können.

Manche Viewer haben große Probleme damit, sehr schwache eigene emotionale Reaktionen zu erkennen, deshalb sollten generell nach Ende jeder Stufe AIs abgefragt werden, auch wenn der Viewer „nur“ eine Stellungnahme zum Ablauf der Session von sich gibt, z.B. „Das ist ja völlig bescheuert, was ich hier mache!“ In diesem Fall wird ein gefühltes Beurteilungsdefizit des Wachbewusstseins kenntlich gemacht. Die Bearbeitung eines AIs geschieht ähnlich wie bei AULs: Stopp, Stift hinlegen, Pause, aus dem Aufmerksamkeitsbereich entfernen.

Akasha-Chronik

Im Remote Viewing übergeordnetes Informationsfeld, das sich eingegrenzt auf alles bezieht, was mit dem Planeten Erde zu tun hat.

Demgemäß hätten andere Planeten, Sonnen oder Sternsysteme eigene „Chroniken". In einem Universum, das überall gleichzeitig und ungeteilt ist (Äthertheorie), kann man hierunter nur eine menschgemachte Definition verstehen, die aber wie alle diese Vorgaben beim Tasking hervorragend funktionieren, um den Viewer in die Nähe eines Targets zu bringen.
Akasha ist ursprünglich ein Begriff der traditionellen indischen Philosophie und bezeichnet den Raum, in dem sich alle Möglichkeiten des Universums in wahrnehmbarer Existenz manifestieren. In der Unterscheidung von zwei fundamentalen Gegebenheiten des Universums, Raum und Bewegung, ist diese Jahrtausende alte Lehre erstaunlich nahe an den Denkbegriffen der modernen Quantenphysik.

Analytische Überlagerung (AUL)

Äußerung des Viewers, die durch einen Analyseprozess des Wachbewusstseins zustande gekommen ist. Besonders in der Anfangsphase einer Session, wenn das Wachbewusstsein noch nicht „vollbeschäftigt" ist, kommt es zur Erstellung von komplexen Bildern durch einen einfachen, richtigen Eindruck aus dem Zielgebiet, z.B. „schnell, voller Energie" = „Flugzeug". AULs sind meist keine tatsächlichen Bestandteile des Zielgebietes und müssen deshalb durch eine besondere Bearbeitung aus dem Aufmerksamkeitsbereich des Viewers entfernt werden. Es gibt sehr unterschiedliche Formen von AULs (engl. AOL), die von völlig absurden Schlussfolgerungen bis zu haargenauen Treffern reichen. Vertreter anderer Protokollformen haben auch unterschiedliche Definitionen und Bezeichnungen eingeführt, deren Besprechung hier erheblich zu weit führen würde.

Anfangserfolg

Auch im Remote Viewing auftretendes Phänomen des Lernverhaltens. Erste Sessions in einem Training oder Selbstversuch können spektakulär positiv ausfallen, während nachfolgende dagegen dürftig oder scheinbar „daneben“ sind. Das Erlernen von Remote Viewing folgt allgemein der bekannten Lernkurve, nach der immer wieder auf ein Ansteigen des Wissens oder der Fertigkeit eine Ruhepause folgt.

Bei RV war speziell feststellbar, dass diese Lernkurve extremer ausfällt. Nach einem Anstieg bleibt sie nicht gleich, sondern fällt oft sogar erheblich wieder ab, bevor sie erneut und höher ansteigt. Erstaunliche Anfangserfolge sind auch dadurch zu erklären, dass das Wachbewusstsein des Probanden durch die Anwendung des RV-Protokolls sozusagen „überrumpelt“ wird und sich dann unbewusst vornimmt, „so etwas“, also die eigene Wegschaltung, nicht wieder vorkommen zu lassen und verdächtige Situation wie z.B. Remote Viewing-Sessions besser zu kontrollieren.

Antippen

Aktion des Viewers im Verlauf des Protokolls. Der Stift berührt das Blatt kurz in einem bestimmten Bereich der Aufzeichnungen (Ideogramm, Aspekt, Kategorie) Antippen bewirkt als synonyme Handlung die Kontaktaufnahme mit dem Targetaspekt in der „Matrix“ und enthält gleichzeitig den Aufforderungscharakter, die Daten herauszuziehen.

Das Halten eines Targetkontaktes kann auch über längere Zeit notwendig sein (z.B. Herausführungen), dann bleibt der Stift bis zur Beendigung der Aktion (Direktive des Monitors) auf dem Papier.

Aspekt

Begriff aus der Neutralsprache. Bezeichnet einen besonders zu nennenden Teil oder eine Sichtweise im Target. Beispiel: „Wo ist der Aspekt von Blau in deiner Zeichnung?“ oder: „Welchen Aspekt findest du am wichtigsten?“

Archetypen

Einfacher, durch Piktogramm darstellbarer, zusammenhängender Informationskomplex, dessen Bedeutung weiter gefasst ist, als aus dem Begriff selbst zu schließen wäre. „Berg" ist somit jede Art von Erhöhung in einem einförmigen (flachen) Umfeld, „Wasser" jede Art von flüssigem Aggregatzustand, „Land" bezeichnet eine größere, flächenartige Beschaffenheit. Andere von Remote Viewern verwendete Archetypen sind: Struktur, Bewegung (auch Ablauf), Energie, Geschwindigkeit, Lebewesen, Geist und Vakuum.

Die Piktogramme der Archetypen kann man auch im Training zum Einüben (Zulassen) eines Ideogramms benutzen.

Auswertung

Arbeitszeitraum in einem Remote Viewing-Projekt, in dem alle Aufzeichnungen im Sinne der Aufgabenstellung (Target) zusammengestellt und in einen Sinnzusammenhang gebracht werden.

Im Allgemeinen kennt der Auswerter (...) die Targetformulierung. Es kann aber auch sein, (z.B. im Auftrag eines Geheimdienstes,) dass bei einem Projekt die wirkliche Aufgabenstellung nur dem Auftraggeber bekannt ist. Das führt oft zu Nachfragen beim Auswerter und zu detaillierten Statements. Es empfiehlt sich deshalb nicht nur für Auswerter sondern auch für Auftraggeber, Grundzüge des Remote Viewing zu erlernen um erhobene Daten im speziellen Fall auch selbst einordnen zu können.

Auswertungen können in jeder Phase eines Projektes durchgeführt werden: nach einer ersten (Explorations-)Session, nach jeder Arbeitsrunde bis hin zu einem Abschluss nach allen angesetzten Durchläufen. Auswertungen, die der Viewer selbst durchführt, meist ohne Kenntnis des Targets, nennt man Zusammenfassung (edging).

Bewegungsübung

Maßnahme im Sitzungsablauf, um den Targetkontakt des Viewers herzustellen oder zu erneuern. Die Durchführung entspricht einer Stufe 1, wobei statt der Koordinaten eine genauere Angabe übermittelt wird, z.B. die Aufforderung, das Target von einem bestimmten Standort aus zu beschreiben. Eine Bewegungsübung kann angezeigt sein, wenn der Viewer eine ganze Reihe von Eindrücken produziert, die nicht zum Target gehören oder der Monitor aus den Vieweräußerungen nicht ersehen kann, wo im oder am Target sich der Viewer befindet. Eine Bewegungsübung wird ungern angewandt, weil sie kostbare Sitzungszeit verbraucht. In Doppelblinden Sitzungen, in denen der Monitor ebenfalls keine Informationen über das Target besitzt, kann man eine Bewegungsübung „zur Sicherheit" durchführen, um einen optimalen Targetkontakt zu gewährleisten.

Blind / Doppelblind / Frontloaded

Arbeitsansätze zur Durchführung einer Remote Viewing-Sitzung/ eines Projektes.
„Blind" bedeutet in der Regel, der Viewer kennt das Target nicht, der Monitor aber mindestens die Fragestellung.
„Doppelblind" bedeutet, dass Viewer wie Monitor nicht wissen, was sich hinter den einzig gegebenen Koordinaten verbirgt.
„Frontloaded" meint, dass Viewer wie Monitor das Target/die Fragestellung kennen.
Im Normalfall sollte der Viewer „blind" arbeiten, d.h. das Target nicht kennen, da sich sonst durch das Vorwissen seine Daten bis zur Unkenntlichkeit verzerren können und/oder er hochgradig anfällig für AULs wird. Fundamentalisten und Skeptiker fordern, dass jede ernstzunehmende Session doppelblind abgehalten werden sollte, um Informationsübertragungen z.B. durch den Monitor auch unterschwellig (Versuchsleitereffekt) zu verhindern.
Es hat sich allerdings gezeigt, dass dieser Effekt fast immer zu vernachlässigen ist, wenn sich der Viewer nach den Regeln des

Protokolls um eine ordnungsgemäße Abarbeitung bemüht. Dann kann es sein, dass der Monitor versucht, einen Viewer von einem (Irr-)Weg abzubringen, z.B. weil er weiß, dass die wichtigen Informationen woanders zu finden sind, der Viewer aber davon überhaupt keine Notiz nimmt und weiterhin seine zwar richtigen, aber für den Auftraggeber uninteressanten Eindrücke präsentiert. Weiterhin gab es einige sehr eindrucksvolle Projektabläufe, deren (richtige) Ergebnisse völlig anders ausfielen, als Projektleitung und Monitore erwartet hatten.

„Doppelblind" hat zudem ähnliche Eigenarten wie blindes Solo-Viewen: Da keine Informationen darüber verfügbar sind, welche Aspekte genauer betrachtet werden sollten / wichtig sein könnten, gibt es einfach einen höheren Zeit- und Arbeitsaufwand.

Solo-Viewer machen in der Regel zwei bis vier Sessions, wenn gemonitorte Viewer nur ein bis zwei Sessions benötigen.

„Frontloaded" Sessions sollten nur in Ausnahmefällen und von sehr erfahrenen Viewern durchgeführt werden.

Cool-Down-Phase

Einführungsabschnitt einer RV-Sitzung, in der sich der Viewer bemüht, sich von vorherigen Tätigkeiten und Stimmungen zu distanzieren und von Alltagseindrücken frei zu machen. Mittel dazu sind Entspannungsübungen, Atemtechniken und Vorstellungsarbeit aus dem NLP-Bereich. Ziel ist eine Einstellung des interessierten, aber entemotionalisierten „Schauens". In der Frühzeit der Protokoll-Entwicklung und in meditativen Techniken hat die Cool-Down-Phase eine große Bedeutung.

Nach Fertigstellung des CRV-Protokolls konnte man bemerken, dass die Stufe 1 in dieser Funktion gute Dienste leistet. Aus diesem Grund wird in neuerer Zeit der Cool-Down-Phase herkömmlicher Art weniger Beachtung beigemessen; stattdessen achtet man auf eine doppelte Durchführung der Stufe 1: einmal, um sich vom Alltag zu lösen, ein zweites Mal, um in die Sitzung einzusteigen.

Coordinate Remote Viewing

Remote Viewing unter Benutzung von Koordinaten, hier speziell von geografischen Koordinaten.

Decodierung (I/A/B-Ablauf)

Nach Übergabe der Koordinaten produziert der Viewer ein Ideogramm (I), das den ersten Kontakt mit dem Target bzw. seinen Daten darstellt. Vertreter der Theorie der Signallinie sehen in dem Ideogramm eine komprimierte Form der verfügbaren Daten, die nun decodiert werden müssen. Dazu befasst sich der Viewer intensiv mit seinem Ideogramm. Unter „A" beschreibt er zunächst den Verlauf der Linie (des abgeteilten Linienteils) und danach zeichnet er erste, einfache Eindrücke auf, wie „hart", „weich", „flüssig", „fest", etc.

Unter dem nächsten Punkt „B" vermerkt er dann erste analytische Reaktionen, wie „künstlich", „natürlich", „Berg", „Wasser", „Bewegung", „Struktur", etc. Hierbei können die Archetypen als Vorlage dienen. Am Ende der Stufe 1 gilt das Ideogramm als dekodiert. Zugleich ist der Zugang zur „Signallinie" eröffnet.

Unter dem Aspekt der deutschen Theorie findet im I/A/B-Ablauf eine wechselseitige Arbeit der beiden Gehirnhälften statt: Durch die Übergabe der Koordinaten wird eine Spannung aufgebaut, die sich in der Aufzeichnung des Ideogramms entlädt, was gleichzeitig ein Durchbruch einer Reaktion des autonomen Nervensystems darstellt, die durch die Vereinbarung, jetzt die Session durchzuführen, vom Wachbewusstsein zugelassen wird.

Der erste Teil der „A"-Bearbeitung ist eine serielle Tätigkeit, die die linke Hemisphäre beschäftigt, sodass im zweiten Teil die intuitive Information durchgelassen wird. „B" stellt demgemäß eine Ventilfunktion des wiedererstarkenden Wachbewusstseins dar, die unbedingt abgearbeitet werden muss, bevor der nächste A/B-Ablauf (nächstes Ideogrammteil) angegangen werden kann.

Deskriptives RV

Beschreibender Teil des Remote Viewing Vorgangs. Als 1995 RV aus der Geheimhaltung entlassen wurde und den Weg über den Ozean nach Europa fand, vertrat man die Theorie, dass der Viewer sich Daten „aus der Matrix herunterlädt", die er dann dekodiert und aufschreibt. Nach einiger Erfahrung und Untersuchungen in einem Gehirnlabor stellte man in Deutschland fest, dass eine PSI-Aktivität zu keiner Zeit eine passive Angelegenheit ist, sondern der Viewer und damit jeder Mensch aktiv die im Universum gespeicherten Daten abgreift.

Vom deskriptiven RV spricht man deshalb, solange in der Targetformulierung und in der Sessiondurchführung keine Veränderung der Matrix intendiert ist oder während der Sitzung durchgeführt wird. Aktives Remote Viewing lernte man später unter dem Begriff Remote Influence kennen.

Mit deskriptives RV meint man in der Regel auch die protokollgetreue Anwendung der Stufen 1-6.

Energie

Bezeichnung in allen Protokolltypen für ein vorhandenes Potenzial für eine mögliche Leistung oder als Zustandsbeschreibung. Der Begriff Energie wird in der Regel dabei rein physikalisch verstanden. Beispiele: Die Sonne hat Energie, Naturereignisse wie Wind und Wellen enthalten Energie, Maschinen haben oder brauchen Energie, Solarzellen wandeln sie um, Batterien speichern sie.

Der Energieaspekt tritt in Sessions aber auch bei Segelschiffen und bei besonders aktiven Personen auf. Energie gehört als Begriff zu den Archetypen und kann wegen der unspeziellen Bedeutung gut in der Neutralsprache des Monitors verwendet werden.

ERV

(Extended Remote Viewing) Ursprüngliche Bezeichnung für einen Sessionablauf, der eher meditativ und mit weniger strikten Arbeitsrichtlinien (Protokoll) ausgerichtet war (Frühzeit des Remote Viewing). Später wurde die Bezeichnung ERV für ein Protokoll verwendet, das parallel zur CRV-Version in einer zweiten US-amerikanischen RV-Einheit in den 1980er Jahren auf Hawaii entwickelt wurde.

Neben den deutlichen Gemeinsamkeiten bzw. Parallelen zu CRV (Ideogramm, Ausfilterung von Phantasie- und Störeindrücken) ist der Ablaufplan stärker durch Techniken der Meditation und des NLP bestimmt. Für die höchste Stufe existieren keine festgelegten Werkzeuge und Anwendungen. Zur Aufzeichnung der Informationen bedient man sich gern technischer Mittel (Tonband, Video). Im Wirrwarr der (amerikanischen) Kurzbezeichnungen wird ERV auch für andere Durchführungen benutzt.

Feedback

Rückmeldung des Monitors zu den vom Viewer vorgetragenen Eindrücken. In der amerikanischen Theorie lässt der Monitor den Viewer nicht im Unklaren über seine Treffsicherheit und kommentiert dessen Eindrücke mit „Correct!“, „Possibly Correct!“ (wenn der Monitor das Zielgebiet nicht kennt oder nicht erkennt, oder Schweigen, wenn der Eindruck des Viewers falsch ist oder nicht zum Zielgebiet gehört. Im Training mag es hilfreich sein, den Viewer dazu zu bringen, „richtige“ von „falschen“ Eindrücken zu unterscheiden, in der Praxis führt dieses Verhalten eher zur Stärkung des Wachbewusstseins (deutsche Theorie) und dazu, dass der Viewer versucht, krampfhaft „gut“ zu sein. Das wiederum wirkt sich sehr ungünstig auf die vom Viewer geforderte Grundhaltung aus: interessiert am Verlauf, also einer guten Arbeit, aber gleichgültig den zu rezipierenden Daten gegenüber. Im schlimmsten Fall entsteht ein „Kaninchen-Schlange-Syndrom“.

Langjährige Erfahrungen zeigen, dass lediglich die vom Monitor geäußerte Aufmerksamkeit („Hm“, „Aha“, „Weiter!“, „Noch etwas?“ etc.) am förderlichsten ist. Der Viewer fühlt sich wahrgenommen und begleitet und kann sich dem Einstieg hingeben, im Vertrauen darauf, dass ihn der Monitor begleitet und vor eventuellen Problemen mit Targetinhalten bewahrt. Für den ganzen Verlauf einer Session gilt die Forderung, eine neutrale Sprechweise zu benutzen, die den Viewer nicht zu AULs verleitet oder ihm den Weg zum Zielgebiet unterschwellig mitteilt („tunnelt“).

Herausführung

Technik aus dem aktiven Bereich des Remote Viewing, die dazu geeignet ist, den Viewer vor (unliebsamen) Inhalten seiner Datenermittlung zu trennen. Die einfachste Herausführung wird zum Abschluss jeder Session gemacht: Distanzierung vom Geschriebenen, symbolisiert durch drei Striche und dem Aufschreiben des Wortes „Ende“. Nach Remote Influence-Sitzungen empfiehlt sich eine erweiterte Herausführung, die bis zu einem detaillierten Entgiftungsprozess (detox) führen kann.

Langjährige Erfahrung zeigt, dass in 1-3% der Sitzungen auch eine schnelle und intensive Herausführung innerhalb der Sitzung nötig wird, wenn der Viewer sich zum Beispiel mit sehr belastenden Daten zu stark verbunden hat oder durch die geviewten Informationen eigene Traumata oder Phobien angesprochen wurden. Diese Herausführungen kommen häufig in Trainings vor, wenn noch wenig über persönliche Eigenarten eines angehenden Viewers bekannt ist oder er/sie noch nicht gelernt hat, damit umzugehen. Eine Abart der Herausführung eignet sich auch als Therapiemethode für eine Reihe von psychischen Problemen. Damit verwandt ist auch die chinesische Quantum-Methode (CQM), mit der organische Störungen behandelt werden.

Hindernisse

Begriff aus dem ERV-Protokoll (obstacles). Innerhalb der Kaskade der Phase 4 sucht der Viewer nach „Behinderungen in seinem Wahrnehmungsfeld“, die er am Anfang nur zählt, ohne Aufforderung, sie genau zu beschreiben oder zu benennen. Dieser Arbeitsgang wird dann mit Hilfe des NIMO-ICONS bewältigt, als Mittel, um Phantasieeindrücke zu vermeiden. Hindernisse im Wahrnehmungsfeld des Targets können Landschaftseigenarten sein, aber auch jeder Art von „Dingen“ die zu einem Target gehören oder die Sicht darauf verstellen. Sie entsprechen in etwa dem Begriff „Objekte“ im CRV-Protokoll.

Ideogramm

Spontane Reaktion des Viewers auf die Aufgabenüberstellung, im RV-Protokoll die Nennung der Koordinaten. Um diese Reaktion für die weitere Bearbeitung eines Ziels nutzbar zu machen, wird sie durch einen Stift auf das Papier gebracht. Erklärt wird dieser Vorgang durch die Reaktion des autonomen Nervensystems auf den Kontakt zur Matrix, sozusagen als Eintreffen eines Signals von dort, einer Rückmeldung gleich. Ideogramme sind nicht zu klassifizieren oder zu generalisieren. Jeder Viewer kann zu jedem Target bei mehrfacher Bearbeitung auch sehr unterschiedliche Ideogramme fertigen.

Diese Ideogramme können jede Form oder Größe annehmen. Obwohl man annehmen muss, dass deshalb kein besonderer Bezug zur Konfiguration der Daten in der Matrix besteht, ist doch feststellbar, dass ein durchschnittliches Ideogramm, so aufgeteilt, dass Archetypen entstehen, über deren Bedeutung die wichtigsten Merkmale im Zielgebiet repräsentiert werden. (Z.B. „Wasser“ und „Struktur“ oder „Berg“ für unseren Leuchtturm). Sparsame Ideogramme können genau so zu einer tiefschürfenden Session führen wie extensiv ausladende Kritzeleien, die das ganze Blatt bedecken.

Nach zehn bis zwanzig Sessions stellt sich beim Trainierenden meist eine „mittlere“ Größenordnung ein, wobei der Viewer meist zwischen drei und fünf Unterteilungen findet. Dieser Vorgang ist auch unter dem Aspekt des Zeitverbrauchs zu sehen. Ein kurzes Ideogramm kann ausreichen, um in den Prozess ausreichend einzusteigen, ein komplexes Ideogramm verbraucht viel Zeit und ist deshalb nicht unbedingt förderlich, weil der Viewer durch die vermeintliche Eindringtiefe in den folgenden Stufen nicht unbedingt Zeit spart.

Nach mehr als zehn Jahren Umgang mit Remote Viewing kann ich feststellen, dass ein spontanes Ideogramm zwar sehr hilfreich ist, um den Einsteige-Prozess auszulösen, aber nicht allein dafür erforderlich ist. Befriedigende Sessionergebnisse stellten sich genau so mit absichtlich „hingemalten“ Linien wie auch mit von fremden Personen gefertigten Ideogrammen ein. Wichtig ist hier offenbar die Abarbeitung durch den Viewer, der anscheinend durch jede Art von konzentrierter serieller Arbeit „einsteigen“ kann, was eher die Theorie der „Vollbeschäftigung der rechten Hirnhälfte“ (G. Haffelder, Gehirnforscher) stützt als die amerikanische „Signal-Line-Theorie“.

Kalibrierungstargets

Targets zu Trainingszwecken, die „wenig Energie enthalten“. In der Regel einfache, mit wenig Eindrücken beschreibbare Bilder wie z.B. „ein grünes Blatt“ oder „ein Stein in der Wüste“. Ziel einer Kalibrierungssession ist es, einen Viewer aus gesteigerter Erwartungshaltung („ich bin ein Super-Viewer und kann alles!“) oder thematischer Erregung (z.B. nach UFO-Targets) herauszuführen.

Kalibrierungstargets können auch zur Steigerung der Sensibilisierung verwendet werden oder um den Umgang mit AULs zu üben (einige verschiedene Teile, z.B. von verschiedenen Motoren, die nicht zusammengehören, auf einem Tisch). Hier wird das unspezifische Interesse an der Viewertätigkeit trainiert, abseits vom Erfolgsdruck.

Kaskade (cascade)

Technik des ERV-Protokolls in der „Phase 4", vergleichbar mit der Anordnung der Stufe 4 der CRV-Protokolls. Aus der Matrix „herabfallende Daten" werden in bestimmten Kategorien „aufgefangen", die aber ihrerseits durch die Benennung Aufforderungscharakter (Stimulation) haben.

Der Viewer beantwortet damit also auch Fragen, wie z.B. „Ist da Leben?" Sind da Strukturen?" Abweichend von CRV wird hier nicht nur nach Qualität sondern auch nach Quantität gefragt: (z.B.) Strukturen? – 1 plus 1 und noch eine = 3. Nach der Kaskade folgt im ERV-Protokoll die Abarbeitung der einzelnen dort gefundenen Eindrücke mit Hilfe des NIMO-ICONS.

Kategorie

Inhaltlich zusammenhängender Bereich von Informationen in einem Protokoll. Z.B. „Dimensionen" oder „Pläne, Konzepte, Ideen im Target". Aufgabe einer Kategorie ist nicht nur die Zusammenfassung von Eindrücken unter einem Oberbegriff sondern auch die Stimulierung des Viewers, indem er durch Nennung der Kategorie „hineinfühlt", was unter diesem Oberbegriff im Targetbereich (Zielgebiet) vorhanden ist. Hat ein Viewer alle Eindrücke genannt, die ihm in diesem Bereich und zu diesem Zeitpunkt zugänglich sind („Kognitronen entpackt"), führt er selbstständig einen Wechsel durch, d.h. er geht zur nächsten im Protokoll aufgeführten Kategorie über.

Leinwand, innere (Blackboard)

Technik des ERV-Protokolls, Targetinformationen über Visualisierung zu generieren. Der Viewer befindet sich in einem Raum mit gedimmtem Licht und stark reduzierten visuellen Reizen (neutralgraue Wände) und beobachtet, was nach der Koordinatenübergabe wahrnehmbar wird. Das (unscharfe) Starren auf eine schwarze Tafel (Blackboard) soll das Einfließen von subliminalen Informationen in den Datenübertragungsweg zwischen Auge und auswertender Gehirnpartie begünstigen, sodass der Viewer meint, tatsächlich etwas wie auf einer inneren Projektionsfläche zu „sehen". Diese Technik ähnelt stark traditioneller chinesischer Meditation, in der sich der „Viewer" von allen Eindrücken des Alltags „entleert" um dann interessiert, aber unbeteiligt (ohne Emotionen) zu beobachten, was sich auf dem Spiegel (Oberfläche) eines vorgestellten Sees manifestiert. Der Ablauf im ERV-Protokoll wird durch Vorgaben des NLP gesteuert. Hierfür wurde speziell eine Arbeitsmaske entwickelt, das NIMO-ICON, in dem verschiedene Wahrnehmungsbereiche „angesteuert" werden können.

Matrix

Virtuelles, hypothetisches und holografisch beschaffenes Speichermedium für alle Informationen in diesem Universum.
Möglicherweise ist es die gesamte Materie des Universums, wenn man den Schwingungsaspekt von Quarks oder Superstrings, je nach Theorie, zugrunde legt. Auch nach der Äthertheorie könnte man die Matrix so definieren, denn sie beinhaltet, dass auch der Körper des Viewers untrennbarer Teil aller Materie ist und somit Zugang zu allen Informationen haben muss. Andererseits wäre es auch möglich, dass es ein völlig immaterieller Aspekt des Seins ist, (kollektives Unterbewusstsein) oder aber sogar die viel zitierte „Dunkle Materie", die den Hauptteil unseres Universum ausmachen soll.
Auf jeden Fall scheint jedes Lebewesen einen (geistigen) Zugang zu den dort gespeicherten Informationen zu besitzen, der durch Ausbildung und eine spezielle Methode erheblich weiter gesteigert werden kann, als ein Außenstehender für glaubhaft halten würde. (Kommunikationsproblem mit Menschen, die diese Erfahrung nicht gemacht haben.)

Monitor

Der „Überwacher“ in einer Remote Viewing-Sitzung (Session). Er übergibt die Aufgabe an den Viewer, was durch das Nennen der Koordinaten vollzogen wird und überwacht die Einhaltung des Ablaufplans (Protokoll). Er achtet auch darauf, dass analytische und ästhetische Eindrücke aufgeschrieben und abgearbeitet werden. Im Verlauf der Session, spätestens in der Stufe 4 oder 6 ist er für die Strategie der Vorgehensweise hauptverantwortlich. In Solo-Sessions, in denen der Viewer jede Aktion selbst initiieren muss, wird die Rolle des Monitors durch Standard-Strategien ersetzt.

Morphogenetische/ morphische Felder

Begriffe, die durch den britischen Naturwissenschaftler Rupert Sheldrake geprägt wurden. Nach Versuchen über die Lernfähigkeiten geografisch weit entfernter (Schüler-) Gruppen ergab sich ein signifikanter Anstieg der Fähigkeiten bei den (zeitlich) folgenden Gruppen. Sheldrake postulierte eine übergeordnete Verbindung aller Probanden, die er aber nicht genauer beschreiben konnte und deshalb morphisch (=von unbestimmter Gestalt) oder morphogenetisch (=von unbestimmter Herkunft) benannte. Bei Verwendung der Vorstellungen der Feldtheorie wären morphische Felder im Remote Viewing diejenigen (übergeordneten) Informationsfelder, die Viewer untereinander oder mit jeweiligen Targets verbinden bzw. auf die sie Zugriff haben und die durch die Benennung (Targetformulierung) als Teil der Matrix definiert sind. Oft werden die Begriffe auch als Synonym für die Matrix als solche gebraucht.

Neutralsprache

Sprachregelung während der Remote Viewing Sitzung, die verhindern soll, dass der Monitor den Viewer durch eigene Vorstellungen vom Target beeinflusst. Verwendet werden Worte und Formulierungen, die möglich keinen wertenden Bezug aufweisen, z.B. „Welcher Aspekt ist für dich der wichtigste?“ oder „Beschreibe diesen Bereich, den du hier skizziert hast!“

Begriffe, die das Target genauer definieren, können dann gebraucht werden, wenn sie vom Viewer genannt worden sind. Der Monitor darf allerdings nur genau diese Worte und Formulierungen aufgreifen bzw. wiederholen. Z.B. „Findest du hier deinen Aspekt von Blau wieder?“ oder „Wo ist die löcherige Struktur/ die lauten brausenden Geräusche aus der Stufe 2?“

NIMO-ICON (Neuro interrogation mask overlay - Icon)
deutsch: NLB-Maske (Neuro-linguistische Befragungsmaske)

Werkzeug im ERV-Protokoll, das auf Studien des NPL zurückgeht, welche Augenbewegungen ein Mensch beim Erzählen, Erinnern und Vorstellen bestimmter Inhalte macht. Dieser Zusammenhang wird rückbezüglich angewandt, um das subliminale Erfassen bestimmter Inhalte zu stimulieren. Z.B. Augen nach links oben = visuelles Erinnern. „Wie sah der Targetaspekt zum Zeitpunkt x aus?“ (=Achsenproben). Auch bei Anwendung des CRV-Protokolls kann man feststellen, dass der Viewer die dem Wahrnehmungsbereich entsprechende Augenbewegung durchführt, wenn er „viewt“. Deshalb kennt man als „typische“ Viewerhaltung das geradeaus gerichtete Gesicht mit nach oben gerichteten (unfokussierten) Augen.

NLP

Abkürzung für Neuro-Linguistisches Programmieren, wurde in den 1970er Jahren von dem Mathematiker Richard Bandler und dem Linguisten John Grinder entwickelt. Sie untersuchten Verhaltensweisen von Menschen und stellten fest, dass es Kommunikationsformen und Verhaltensweisen gibt, die, einmal formuliert, leicht von anderen Menschen gelernt und übernommen werden können. Damit wurde eine Methode geschaffen, die in vielen Bereichen persönlicher Defizite und psychischer Störungen angewendet werden kann, sowohl zur Verbesserung der persönlichen Gestimmtheit als auch zur psychologischen Therapie.

Ziel ist es dabei, einen angestrebten Status zu definieren und dafür notwendige Verhaltensmuster und Kommunikationsformen zu ermitteln und einzuüben. „Neuro“ bezieht sich auf alle nervlichen Aktivitäten (Wahrnehmung, Gefühle, Denken, Verhalten, Lernen etc.), „Linguistisch“ bedeutet, dass hierbei die Sprache eine vorrangige Rolle spielt, (Formulierung, Wortwahl, Kommunikation) und „Programmieren“ weist auf den Wunsch der Änderung eines vorherigen Zustandes hin. Am bekanntesten wurde NLP als Methode, im Beruf erfolgreicher zu werden (Verkäufer, Manager, Führungspersonal).

Operationale Targets / Übungstargets

Operationale Targets nennt man Ziele, über die man etwas erfahren will, um damit weiter zu handeln, zu „operieren“, werden also geviewt, um das Wissen in der realen Praxis anzuwenden. Operationale Targets können Kundenaufträge sein oder aber auch jede Frage, auf die man mit herkömmlicher Recherche keine ausreichende Antwort findet.

Übungstargets dienen der Vervollkommnung der RV-Fertigkeiten. Sie sind bekannt, d.h. man kann die Informationen, die geviewt werden auch auf normalem Wege herausfinden, beispielsweise indem man das gewählte Bild aus dem Umschlag zieht. In einem Training sollten Übungstargets inklusive ihrer Umgebung sehr gut recherchiert sein, eventuell mit einem Film oder mehreren Bildern, um die Ergebnisse des Trainierenden zu überprüfen, der oft mehr „sieht“, als auf einer bloßen Urlaubspostkarte enthalten ist. Gewissenhafte Trainer benutzen soweit wie möglich selbst aufgenommene Fotos/Filme von Orten, die sie auch im weiteren Umfeld gut kennen.

Verblüffende Erfahrung mit den beiden Targetarten: Der Viewer scheint sofort zu merken, ob er „bloß ein Übungstarget“ oder „etwas Ernstes“ zu viewen hat. Übungstargets fordern nach einiger Zeit den gelangweilten Viewer zu einer höheren Zahl von AULs heraus, bei operationalen Targets ist der Viewer plötzlich sehr interessiert, Müdigkeit verfliegt und er arbeitet sehr konzentriert.

Optimum

Eigentlich „Optimum trajectory“ oder „Optimaler Ablaufplan“. In der Targetformulierung verknüpfter, bestmöglicher Ablauf von Geschehnissen, zum Beispiel einer persönlichen Zukunftsentwicklung. Als Folge der Theorie der veränderbaren Zukunft, die auch durch die Quantentheorie gestützt wird, gibt man in bestimmten Fällen vor, zukünftige Geschehnisse zu viewen, die einen größtmöglichen Nutzen für die Person/die Gesellschaft bieten.

Eine gut geführte Session bietet dann einen kausalen Ablaufplan, in dem die bestmögliche Entwicklung in Form von Ereignisbeschreibungen enthalten ist. Wenn diese Ereignisse eintreten, kann man anhand dieses Planes kontrollieren, ob man sich auf dem „optimalen Weg“ befindet und ob und welche Entscheidungen für die weitere Entwicklung nötig sind. Verlässt die Entwicklung den Plan, ist eine neue Sitzung nötig.

In einer Optimum können durchaus auch als negativ empfundene Ereignisse auftauchen. Eine Optimum wird auch oft im Vorfeld einer Remote Influence-Sitzung angewendet. (Man muss schließlich wissen, was man verändern will und ob es überhaupt nötig ist.)

Persönliche Impression (PI)

(engl. „personal inclemencations“ = persönliche Unpässlichkeiten) Nach der Angabe von Viewername und Datum/Uhrzeit der erste Arbeitsschritt des Protokolls. Hier werden momentane körperliche und geistige Zustände des Viewers eingetragen, die Einfluss auf den Verlauf der Session haben können, z.B. „müde,

Schmerzen, neugierig, muss auf Toilette“ etc. Unangenehme Zustände, die sich beseitigen lassen, z.B. Hunger, Harndrang etc. sollte man sofort angehen.

Andere Bemerkungen dienen nach Abschluss der Session zur Beurteilung des Ganzen. Besonders am Anfang einer Session sollte man auch abfragen, ob der Viewer konkrete Verdachtsmomente hat, was das Target sein könnte. Diese kann man dann wie AULs behandeln. Der Arbeitsschritt „PI“ unterstützt den Versuch des Viewers, sich auf eine neue Session neutral einzustimmen und seinen Kurzzeitspeicher zu entleeren (Cool-Down-Phase).

Phonics

Bezeichnung für Stör- oder Neben-“Geräusche“ in einer ERV-Sitzung, Eindrücke, Ideen und Vorstellungen, die den Geist des Viewers während der Session beschäftigen, ohne dass sie direkt zum Target gehören. Vergleichbar damit sind die Begriffe „Stray Cats“ (SC) aus der Protokollversion von Lyn Buchanan (Coordinate RV) oder natürlich AUL bzw. AUL/S im CRV / TRV-Protokoll. Phonics werden auf ein neues Blatt Papier geschrieben, das man symbolisch für die Nichtbeachtung nach dem Schreiben umdreht. Man kann die Aufzeichnungen in diesem Sinn auch vorher noch durchstreichen, um sich davon zu distanzieren.

Projekt

Übergeordnetes oder komplexes Thema, das mit Remote Viewing geklärt werden soll. Projekte umfassen in der Regel eine größere Anzahl von Sitzungen (Sessions) und können auch über einen längeren Zeitraum geführt werden. Nicht selten bleiben Projekte offen, d.h. sie werden nicht abgeschlossen, sondern die Ergebnisse werden nur auf den neuesten Stand gebracht (Update).

Dazu müssen die Targetformulierungen zwischenzeitlich meist ebenfalls angepasst werden, um in den Sessions neu auftretende Fakten zu hinterfragen oder mit überraschenden Wendungen in der Datenerhebung fertig zu werden. (Dass sich RV-Ermittlungen unerwartet gestalten ist nicht selten! Deshalb macht man ja auch Remote Viewing.)

An einem Projekt sind meist mehrere Viewer beteiligt, manchmal sehr viele. Je wichtiger ein Projekt ist, desto mehr Sessions möchte man übereinanderlegen, da jeder Viewer seine persönliche Sichtweise hat und verschiedene Sitzungen zwar Schnittmengen von Daten aufweisen, nie aber völlig deckungsgleich sind.

Projekte erfordern meist neben den Viewern auch eine größere Anzahl von Monitoren und Auswertern. Optimal ist es, die verschiedenen Aufgaben personell zu trennen, z. B. auch für das Tasking jemand eigenständig einzusetzen.

Je nach Thematik empfiehlt es sich, die personelle Besetzung an das Thema eines Projektes anzupassen. Die berufliche Ausbildung eines Menschen bestimmt die Grundfertigkeiten, erhobene Daten darzustellen. Zum Beispiel sollten Projekte mit technischen Targets auch mit Viewern ausgestattet sein, die sich mit Physik und Mechanik beschäftigt und auch technisches Zeichnen gelernt haben. Eine Gruppe aus Sozialpsychologen, Kindergärtnerinnen Altphilologen ist hier denkbar ungeeignet.

Genau so sind soziale Targets für rein technisch interessierte Menschen schwer darstellbar. Eine stringente Ausrichtung wird sich aber kaum realisieren lassen und die Frage ist auch, ob man nicht mit einer wohl ausgewogenen Mischung am besten fährt, da man nie vorher sagen kann, was in einem Projekt alles enthalten ist.

Remote Viewing (RV)

Intuitive Wahrnehmung von nicht bekannten Gegebenheiten oder Umständen, die der einfachen Wahrnehmung nicht zugänglich sind, mittels eines bestimmten Ablaufplans (Protokoll), der die beiden Gehirnhälften des Ausführenden unterschiedlich einsetzt. Anders als bei der landläufigen Vorstellung von Hellsehen gibt es bei Remote Viewing eine Definition von Fantasie und Kontrollmechanismen dafür.

Eine Remote Viewing-Sitzung (Session) findet meist in der Besetzung Viewer und Monitor, also Wahrnehmender und Kontrollperson statt. Es ist auch möglich, das Protokoll von einer Person „solo“ abarbeiten zu lassen, wobei aber einige Eingriffsmöglichkeiten in den Prozess wegfallen. Die Folge davon ist meist eine geringere Informationsfülle. Der Begriff wurde 1971 am ASPR in New York geprägt, nach ersten PSI-Forschungen von Ingo Swann, Clive Backster und Gertrude Schmeidler und von Hal Puthoff am kalifornischen SRI 1972 übernommen. Die deutsche Übersetzung „Fernwahrnehmung“ hat sich nicht durchsetzen können.

Remote Viewer

Der „Wahrnehmende“ in einer Sitzung, also derjenige, der aktiv den Ablaufplan (Protokoll) durchführt und seine mentalen Fähigkeiten für die Informationsgewinnung einsetzt. Üblicherweise ist er über die Aufgabenstellung nicht informiert und bekommt für seinen Handlungsbeginn nur eine für ihn sinnlose Zahlen- oder Buchstabengruppe (Koordinaten) genannt.
Alle Informationen sind ihm nicht durch die Benutzung seiner normalen fünf Sinne zugänglich, da sie sich meist örtlich oder zeitlich entfernt befinden oder aber, wie beispielsweise im Training, als Bild in einem undurchsichtigen Umschlag.

Session

„Sitzung“, die Abarbeitung des RV-Protokolls in Hinblick auf eine Aufgabenstellung. Gesamtdauer ungefähr 60 Minuten, auf jeden Fall nur so lange, wie die Überbeschäftigung des Wachbewusstseins (der Aufenthalt in der „Zone“) aufrechterhalten werden kann. Falls nicht vorher beendet, kündigt sich die Rückkehr des Viewers in den Normalzustand durch gesteigerten Widerstand gegen die Weisungen des Monitors an. („Ich hab keine Lust

mehr!") Informationen aus diesem Zeitbereich sind mit Vorsicht zu betrachten.
Im Allgemeinen rechnet man für Stufe 1: 10-15 Minuten, Stufe 2: 5-10 Minuten, Stufe 3: 5-10 Minuten, Stufe 4: 5-10 Minuten, Stufe 6: 15-40 Minuten, je nach Übungsstand.

Signal

Nach der amerikanischen Theorie der 1970er und 1980er Jahre der Impuls, der zum Empfang der Informationen aus der Matrix nötig ist, analog zum Beispiel einer Rundfunkwelle.

Signallinie

Nach der amerikanischen Theorie der 1970er und 1980er Jahre die Verbindung, die der Viewer zu Matrix herstellt und über die die Informationen zum Viewer transportiert werden (Trägerwelle). Für diesen Transport sind alle Daten codiert. Dem Viewer fällt die Aufgabe zu, sie zu decodieren und in den verständlichen Sprachgebrauch zu übertragen.

Springen

Plötzliches Viewen von Daten aus einer anderen Kategorie. Entweder als Durchbruch ganz neuer Bestandteile des Targets oder als Erläuterungen zu neuen Teilen im Target. Beispiel: Nachdem der Viewer schon in der Tangiblen-Spalte ist und Stein und Haus geschrieben hat, kommt er plötzlich mit „rot und weiß, geduckt, nicht sehr groß, sehr gemütlich dort", was ein Springen gleich in drei Kategorien darstellt. Solange alle Eindrücke richtig aufgeschrieben werden, stellt Springen keine Belastung des Arbeitsablaufs dar, kann aber Indiz für einen sehr intensiven Zielkontakt sein.

Stufen

Einzelne Abteilungen des Protokolls, die aufeinander aufbauen und nicht austauschbar sind. Durch die Anordnung wird ein optimales Hineinführen des Viewers in seine mentale Arbeit gewährleistet. Jede Stufe bietet eine eigene Qualität der Daten, beginnend mit sehr einfachen Eindrücken bis hin zu komplexen Operationen im Target (Zielgebiet), sowie eigene Aufforderungs- und Kontrollmechanismen.

Subliminale Schwelle

Angenommene, virtuelle Grenze zwischen Bewusstsein und Unterbewusstsein.

Target

Das Ziel einer Remote Viewing-Sitzung. Es kann ein reales materielles Objekt oder Gebiet auf der Erde oder einem anderen Himmelskörper sein, aber auch jede sinnvolle Aufgabenstellung, die nur durch eine sprachliche Formulierung existiert. Als man die Remote Viewing-Methode entwickelte, benutzte man ausschließlich geografische Targets. Bei der Formulierung von Aufgabenstellungen jeder Art sollte streng darauf geachtet werden, keine unbewiesenen Annahmen einzubeziehen, da sie das Ergebnis beeinflussen können.

Tasker

Diejenige Person, die das Target erstellt. Optimalerweise eine Person, die für dieses Target nicht als Viewer oder Monitor eingeteilt ist. Besonders bei Solotrainierenden sollte eine unabhängiger Person gefunden werden, um hier jeden InformationsFluss zu unterbinden.

In Projekten mit kleinen Teams wird einer der Monitore als Tasker fungieren. Er sollte dabei darauf achten, während der Formulierung strenge Psychohygiene zu betreiben, also nur an die Aufgabenstellung zu denken und nicht zu anderen, weitläufigen oder eigennützig interessanten Zielen abschweifen. Die Verknüpfung der Koordinaten mit dem Ziel erfolgt durch die geistige Beschäftigung damit. Allein von Computern generierte Targets sind schwierig oder gar nicht abzuarbeiten. Computer haben offenbar keinen „Geist".

Unterbrechung (Break)

Eine Unterbrechung des Ablaufplanes (Protokolls) kann auch unterschiedlichen Gründen erforderlich sein. Zum einen kann es sein, dass eine Störung von außen eintritt oder der Viewer eine Unpässlichkeit bemerkt. Dann notiert der Viewer: „Unterbrechung" und die Uhrzeit.

Damit ist die Session sozusagen in der Schwebe, bis sie weitergeführt wird („Wiederaufnahme: -Uhrzeit- „). Die Unterbrechung benutzt man auch bei AIs und AULs, um dem Viewer die Gelegenheit zu geben, sich von unerwünschten Eindrücken zu distanzieren oder zu trennen. In diesem Fall wird nach Notieren „AUL: Turm" nur der Stift hingelegt und nach dem Loslösen von dem Eindruck der Stift wieder aufgenommen und die Arbeit an der Stelle des Protokolls weitergeführt, an der man unterbrechen musste.

Wachbewusstsein

Teil des menschlichen Bewusstsein, das die kognitiven, rationellen Aktionen kontrolliert wie Beurteilen, Entscheiden, Steuern. Die Funktionen dieses für die Bewältigung des „Alltags" vorgesehene „Programm" wird von Gehirnforschern in die linke Hirnhemisphäre verlegt, während die intuitiven Vorgänge ihren Sitz eher in der rechten Gehirnhälfte haben. Beim Remote Viewing wird die linke, seriell arbeitende Hemisphäre soweit durch hintereinander liegende Arbeitsteile beschäftigt, bis sie ihre dominante Rolle aufgibt und den Zugang zu den intuitiven Funktionen zulässt.

Diese „Beschäftigungs"-Arbeit besteht in der Durchführung des Protokolls und im Niederschreiben der Eindrücke, ist also kein Leerlauf, sondern im Sinne der Informationsermittlung zweckgebunden. Nach einer Session sollte man darauf achten, dass das Wachbewusstsein Zeit hat, seine gewohnten Kontrollfunktionen wieder voll wahrzunehmen. Es ist also angeraten, nicht zu schnell „gefährliche" Aktionen des Alltags durchzuführen, wie z.B. Autofahren oder handwerkliche Arbeiten mit scharfen Gegenständen.

Wechsel

Sprunghafte Änderung der Kategorie durch den Viewer (ohne Aufforderung durch den Monitor). Zeigt meist an, dass er/sie keine weiteren Eindrücke zur gerade bearbeiteten Kategorie hat („mit einem Inhalt fertig ist"). Ein Wechsel findet immer zur nächsten im Protokoll festgelegten Kategorie statt.

Zeitbeschränkung

Temporale Begrenzung der Arbeit eines Viewers. In Ausnahmefällen hat sich gezeigt, dass eine Sitzung bis zu zwei Stunden ausgedehnt werden kann, je nach körperlichem Zustand und Übungsstatus des Viewers. Zu Beginn der RV-Geschichte hielt man 45-60 Minuten für das Maximum. Es zeigte sich aber, dass es große Abhängigkeiten von Tagesform, Ausbildungsstand und Interessenlage gibt, auch die unterschiedliche Arbeitsgeschwindigkeit eines Menschen kommt hier zum Tragen.

Im Allgemeinen wird der Aufmerksamkeit des Monitors nicht entgehen, wenn es Zeit wird, die Session zu beenden. Meist zeigt der Viewer durch sein Verhalten (Widerspruch, Nörgeln, Erschöpfungszeichen), dass die Herrschaft der rechtshemisphärischen Tätigkeit nicht mehr lange weitergeführt werden kann.

Zielgebiet

Datenbereich, in dem sich das Target befindet bzw. mit denen das Target zu beschreiben ist. Man kann es als die Aufgabe des Remote Viewing-Protokolls ansehen, einen Viewer in den Bereich/Zustand/Datenkontakt zu bringen, in dem er ohne Schwierigkeiten das Target beschreiben kann. Dabei kann das Zielgebiet virtuell oder scheinbar physikalisch als Zentrum der Fragestellung mit dazu gehörender Umgebung gesehen werden.
Ob ein Viewer im Zielgebiet angekommen ist, kann der Monitor, besonders bei sehr unbekannten Targets, oft erst nach einer größeren Menge an geviewten Informationen feststellen. Manchmal allerdings verrät sich das getroffene Zielgebiet schon in der Stufe 1 durch ganz spezielle Worte oder Wortschöpfungen, die sehr speziell und treffend sind. (Ich werde nie vergessen, wie ein Viewer zum Trainingstarget „Segelschulschiff Gorch Fock" in der Stufe 1 sagte: „Ich habe das Gefühl, dort ist es wie *gewienert*!" Für alle, die das Wort wienern nicht kennen: „unter hohem Aufwand sehr blank geputzt", eine Arbeitsmaßnahme, wie sie schon vor Jahrhunderten auf Segelschiffen üblich war, oft auch nur, um der Langeweile unter der Mannschaft beizukommen.)

Zusammenfassung (Edging)

Bericht des Viewers am Ende einer Session, in der er die für ihn markantesten, wichtigsten und targetbestimmenden Eindrücke aus seiner Sicht darstellt und einordnet. In den meisten Fällen wird die Zusammenfassung vor der Bekanntgabe der Targetformulierung geschrieben. Sie ist nicht mit dem Bericht des Auswerters zu verwechseln, zeigt diesem höchstens, aus welcher Sicht der Viewer seine Daten erhalten hat.

Für neueste Informationen oder ein persönliches Remote Viewing-Training schauen Sie bitte mal herein:

www.rv-akademie.de
www.rv-akademie.com
Internationaler Arbeits- und Lehrverbund für Remote Viewing im deutschen Sprachraum

www.rv-akademie.com/index.php/training
Ausbildung zum Remote Viewer, Training und Betreuung

www.remoteviewing.de
1. REMOTE VIEWERS STORE: Bücher, Videos, Zubehör.
Portofreier Versand innerhalb Deutschlands

www.remoteviewer.de
Bücher über Remote Viewing portofrei innerhalb Deutschlands

www.remoteviewing-news.de
Online-Magazin für Nachrichten zum Thema Remote Viewing, diverse Autoren,

www.kondor.de/trv/forum/index.php
Forum für Remote Viewer seit 2006

www.remoteviewing.yoocoo.de
Forum und Kommunikationsportal für Remote Viewer seit 2011

www.endedesuniversums.info
Die Bar, in der sich Remote Viewer treffen und Erlebnisse austauschen, real und virtuell.

www.remote-viewing.net
Dirk Rödels RV-Internetpräsenz

Weitere Bücher über Remote Viewing bei

www.aheadandamazing.de

Die Bar am Ende des Universums

Worüber sprechen Remote Viewer, wenn sie sich treffen, wenn sie in einer Bar irgendwo in diesem Universum zusammensitzen?
Kommen Sie mit auf die Reise ans Ende des Universums, in die Bar, in der die Remote Viewer erzählen.
Es gibt diese Bar wirklich, und sie ist keine Hafenbar, in der Kapitäne im Ruhestand ihr Garn spinnen. Alles in diesem Buch ist wahr, dafür stehen die beteiligten Autoren, und wenn sie (nur) eine Theorie entwerfen, dann sagen sie das auch. Die legendäre erste Ausgabe dieser Buchreihe

1. Anflug:
M. Jelinski (Hrsg.) 2003, Paperback, 220 Seiten, viele Abbildungen
€ 17,80 ISBN 978-3-933305-16-9

2.Anflug:
M. Jelinski (Hrsg.) 2007, Paperback, 286 Seiten, viele Abbildungen
€ 17,80 ISBN 978-3-933305-17-6

3.Anflug:
M. Jelinski (Hrsg.) 2011,
Paperback, 260 Seiten, viele Abbildungen
€ 17,80 ISBN 978-3-933305-22-0
E-Book:
€ 7,99 ISBN 978-3-933305-91-6

Guido Schmidt: Schatzsucher der Matrix

Guido Schmidt sucht verlorene Gegenstände, Schmuck und Täter und schickt aufgrund von Sessionergebnissen Taucher tief hinab in die Irische See. Und er findet.
Ein Buch voller Abenteuer, aber auch voll kritischer Diskussion der Probleme von Remote Viewern als Schatzsucher der Matrix.

2004, Hardcover, 200 Seiten, viele Fotos

€ 17,80 ISBN 978-3-3-933305-19-0

Manfred Jelinski: Tanz der Dimensionen

Remote Viewing in Deutschland

Das erste umfassende deutsche Standardwerk über Remote Viewing. Remote Viewing in der Praxis, Forschungsergebnisse aus dem Gehirnlabor, Erfahrungsberichte, Projekte, Zusammenfassung der wichtigsten Erkenntnisse der amerikanischen Remote Viewer.

2000/2008 Paperback, 420 Seiten, viele Bilder und Skizzen
€ 19,90 ISBN 978-3-933305-15-2

Manfred Jelinski: Schritte in die Zukunft

Remote Viewing und die Gesetze der Veränderung

Was heißt "Wünschen" und "Beeinflussen"? Strategien zur Ermittlung der Zukunft und Interaktion mit der Matrix. Gesetze und Möglichkeiten.

2001/2002 Paperback, 224 Seiten, viele Abbildungen
€ 17,80 ISBN 978-3-933305-10 -7

Manfred Jelinski: Sportwetten mit Remote Viewing

Unterhaltsam, ertragreich und nicht ohne Tücken

Die inzwischen jahrzehntelangen Erfahrungen mit Remote Viewing haben gezeigt, dass man diese Technik zur Auffindung verborgener Information beinahe für jeden Zweck benutzen kann – warum also nicht auch für das Glücksspiel oder die Börse?

2009 Paperback, 180 Seiten, viele Abbildungen
€ 12,90 ISBN 978-3-933305-21-3

Frank Köstler: Geheimnisse des Remote Viewing

Auf der Spur der Matrix

Praxis des Selbststudiums mit Tipps und Hilfen sowie Beispielen aus eigener Erfahrung.

2002, Paperback, 244 Seiten, viele Abbildungen
€ 17,80 ISBN 978-3-933305-09-1

Frank Köstler: Verdeckte Ziele

RV, Massenbewusstsein, Targetschutz

Nachdem Frank Köstler einige Zeit Remote Viewing praktiziert hatte, störten ihn die Warnungen anderer Viewer über Niemandsländer der Matrix. Er ist trotz allem hinausgegangen: auf den Mond, auf den Mars, in UFOs und andere „verbotene Zonen“. Frank Köstler steht mit beiden Beinen auf der Erde und hatte nie viel für Verschwörungstheorien übrig. Er versucht, so distanziert wie möglich seine sehr beunruhigenden Ergebnisse zu erörtern.
2003, Paperback , 220 Seiten, € 17,80 ISBN 978-3-933305-18-3

Frank Köstler: Der verborgene Plan

Jeder Remote Viewer hat sie bereist, die Datenmatrix, diese geheimnisvolle Ordnung hinter den Kulissen unseres Alltags. Einem Strickmuster vergleichbar, durchwebt sie Raum und Zeit. Alles scheint von ihr bestimmt.
Frank Köstler ist ihrer Chiffrierung nach-gegangen. Seine Recherchen führen zu einem erstaunlichen Fazit.
2006, Paperback , 350 Seiten, € 19,90
ISBN 978-3-933305-20-6

Frank Köstler: Alltägliche Wunder

Serien und das Gesetz der Anziehung ... ein Buch zum Staunen.

In diesem umfassenden Buch werden erstmals Ereignisse, Orte und Personen im Zusammenhang einer hintergründig wirkenden Kraft dargestellt. Sie ist seit Jahrtausenden bekannt, hat sogar in Physik und Biologie Einzug gehalten.
Dinge passieren oft mehrmals kurz hintereinander. Flugzeugabstürze, Bahnunfälle, oft auch Kleinigkeiten im Alltag. Dies wird an einer Vielzahl unterschiedlicher Beispiele des Weltgeschehens aufgezeigt und untersucht.
Grund ist eine versteckte Kraft gegenseitiger Anziehung. Gleiches wird überall miteinander verbunden.
Es wird Zeit, diese Kraft sinnvoll für das eigene Leben einzusetzen.
Die Autoren stoßen mit der Sicht der Remote Viewer in ein wenig bekanntes Gebiet vor.
2010, Paperback , 270 Seiten, € 19,90   ISBN 978-3-933305-23-7

Manfred Jelinski: Remote Viewing - das Lehrbuch

Einführung in die Technik des Remote Viewing
Das einzige in Deutschland veröffentlichte Buch, das diese Technik des Hellsehens ausführlich erklärt!

Teil 1 : Stufe 1 – 3
Paperback 240 Seiten, viele Abbildungen
Überarbeitung 2012
€ 17,80 ISBN 978-3-933305-08-4

Der zweite Teil des Lehrbuches über Remote Viewing führt uns über die rein deskriptive Phase der Stufen 1-3 hinaus nun direkt hinein in die "Schatzkammer der Matrix". Dieses Buch versteht sich als Fortsetzung des ersten Teils und setzt die dort beschriebenen Schritte und Hintergründe voraus.

Teil 2 : Stufe 4 – 5, überarbeitete Fassung
Paperback 282 Seiten, viele Abbildungen
€ 19,90 ISBN 978-3-933305-12-1

Band 3 dieses fundamentalen Lehrbuches beendet mit der Beschreibung der Stufe 6 die Erklärung des investigativen Remote Viewing. Der Interessent findet erstmals für diesen Protokollabschnitt eine klare und übergreifende Systematik für die verwendeten Techniken und Werkzeuge. Neben der Ermittlung von vergangenen und zukünftigen Geschehnissen werden auch die geografische Ortung und die Persönlichkeits-analyse eingehend behandelt.
Dieses Buch versteht sich als Fortsetzung des zweiten Teils und setzt die dort und im ersten Teil beschriebenen Schritte und Hintergründe voraus.

Teil 3 : Stufe 6
Paperback 210 Seiten, viele Abbildungen
€ 17,80 ISBN 978-3-933305-13-8

Manfred Jelinski: Remote Viewing - das Lehrbuch Teil 4

Es gibt erheblich mehr über Remote Viewing zu sagen, als man öffentlich zuzugeben wagt.
Band 4 dieses fundamentalen Lehrbuches wendet sich den aktiven Techniken zu. Das Wissen um Begegnungen in der Matrix, Remote Influence und Schutzfunktionen werden umso wichtiger, je mehr Menschen Remote Viewing lernen.
Dieses Buch versteht sich als Fortsetzung des dritten Teils. Damit ist das letzte, verborgene Kapitel von "Tanz der Dimensionen" veröffentlicht.

Teil 4: Interaktive Prozesse und Remote Influence

2007 Paperback, 290 Seiten,
viele Bilder und Skizzen
€ 29,90 ISBN 978-3-933305-14-5

Durch Remote Viewing kamen wir von einer ganz neuen Seite zu der Theorie des Universums, die in der wissenschaftlichen Welt immer mehr Verfechter unter den Physikern und Mathematikern hat, nämlich dass wir nur in einer von unzähligen wahrscheinlichen Welten leben. Über dieses „Universum nebenan" lässt sich viel spekulieren. Was aber wäre, wenn man sich die Mühe machte, mittels einer Handlung den Gesetzmäßigkeiten nachzugehen?
Es gibt einige Leser, die Romane ablehnen, weil sie meinen, nur in Sachbüchern würden „Wahrheiten" stehen. Ein Roman muss sich ebenfalls in seiner Welt beweisen, besonders, wenn man die Handlung sehr weit spannt.
Hier ist ein Versuch dazu, der die Praxis im Umgang mit parallelen Welten untersucht.
Was wäre, wenn es gelänge, in andere Wahrscheinlichkeiten zu reisen?
Das ist der Inhalt der groß angelegten Multiversen-Romanserie

Wahrscheinliche Welten

Von M. O. Jelinski

Der erste Zyklus (5 Bände) "Die Bücher Mühlheim" ist bereits erschienen.
Band 1: **Das geheime Tor der alten Mühle**
Je harmloser eine Geschichte beginnt, desto tiefgreifender ihre Auswirkungen. Ein winziges Dorf mit gerade einmal 21 Hausnummern, bevölkert von Rentnern

und Stadtflüchtlingen dämmert in der ländlichen Einöde vor sich hin, bis eines Tages ein 13-jähriger Junge spurlos verschwindet.
Bald ist nichts mehr, wie es war. Die Einwohnerschaft ist tief gespalten. Die einen wissen nichts von dem Weltentor in der alten Mühle, die anderen müssen um jeden Preis verhindern, dass diese Information nach außen dringt. Auch fremde Mächte aus anderen Wahrscheinlichkeiten haben hier ein lohnendes Ziel entdeckt.
Das erste Buch einer Romanserie, die den vielen Realitäten der Quantenphysik nachspürt, wurde nicht nur in Remote Viewer-Kreisen mit Begeisterung aufgenommen. Wer sich für diese Geheimnisse interessiert und Jelinskis Stil mag, wird hier spannend unterhalten und zum Weiterdenken angeregt.

Das geheime Tor der alten Mühle (Das erste Buch Mühlheim)
265 Seiten, geb., mit Give-away "Alte Wassermühle in NF" 2003
ISBN 978 3-933305-55- 8 € 15,90

Das Tor der Dinosaurier (Das zweite Buch Mühlheim)
280 Seiten, gebunden, mit Mini-CD "FPM auf der Elektrischen Ranch"
2004 ISBN 978- 3-933305-56-5 € 15,90

Der Gesang der toten Welten (Das dritte Buch Mühlheim)
280 Seiten, Softcover, 2005 ISBN 978- 3-933305-58-9 € 9,80

Wahrscheinlich Ferien auf dem Mars (Das vierte Buch Mühlheim)
260 Seiten, Softcover, 2007 ISBN 978- 3-933305-63-3 € 9,80

Der Untergang von Mühlheim (Das fünfte Buch Mühlheim)
271 Seiten, Softcover, 2008 ISBN 978- 3-933305-64-0 € 9,80

Im Herbst 2010 erschien das erste Buch des zweiten Zyklus:
„Die Hüter der Wahrscheinlichkeit": Der Plan der Engel
Die Jugendlichen aus den „Büchern Mühlheim" sind nun erwachsen geworden und lernen als Novizen die Geschicke des Universums lenken. Der gesamte Zyklus umfasst fünf Bücher.
Das „Große Verschwinden" alarmiert die HÜTER DER WAHRSCHEINLICHKEIT, die alle ihre Möglichkeiten einsetzen, dem Urheber auf die Spur zu kommen. Aber gibt es den überhaupt? Vielleicht ist das natürliche Ende des Universums gekommen?
270 Seiten, Softcover 1. Auflage 2010 ISBN 978- 3-933305-85-5 € 11,90

„Die Hüter der Wahrscheinlichkeit", Band 2, erschien im Dezember 2011: Verschollen im Abgrund
250 Seiten, Softcover 1. Auflage 2011 ISBN 978- 3-933305-86-2 € 11,90

Mehr Informationen: www.wahrscheinlichewelten.de
www.hueter-der-wahrscheinlichkeit.de